B

BLUE BOOK

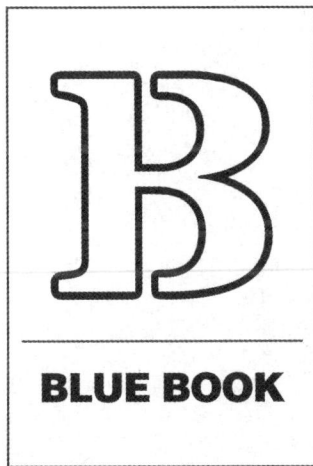

智库成果出版与传播平台

陕西蓝皮书

BLUE BOOK OF SHAANXI

陕西文化发展报告

（2024）

REPORT ON CULTURAL DEVELOPMENT

IN SHAANXI (2024)

组织编写／陕西省社会科学院

主　　编／程宁博　王建康　王长寿

社会科学文献出版社
SOCIAL SCIENCES ACADEMIC PRESS（CHINA）

图书在版编目（CIP）数据

陕西文化发展报告 . 2024 ／程宁博，王建康，王长
寿主编 . --北京：社会科学文献出版社，2024. 5
（陕西蓝皮书）
ISBN 978-7-5228-3302-6

Ⅰ . ①陕…　Ⅱ . ①程…　②王…　③王…　Ⅲ . ①文化发
展 - 研究报告 - 陕西 - 2024　Ⅳ . ①G127.41

中国国家版本馆 CIP 数据核字（2024）第 039861 号

陕西蓝皮书
陕西文化发展报告（2024）

组织编写／陕西省社会科学院
主　　　编／程宁博　王建康　王长寿

出　版　人／冀祥德
责任编辑／张　超
责任印制／王京美

出　　　版／社会科学文献出版社·皮书分社（010）59367127
　　　　　　地址：北京市北三环中路甲 29 号院华龙大厦　邮编：100029
　　　　　　网址：www. ssap. com. cn
发　　　行／社会科学文献出版社（010）59367028
印　　　装／天津千鹤文化传播有限公司

规　　　格／开　本：787mm×1092mm　1/16
　　　　　　印　张：17. 25　字　数：255 千字
版　　　次／2024 年 5 月第 1 版　2024 年 5 月第 1 次印刷
书　　　号／ISBN 978-7-5228-3302-6
定　　　价／158. 00 元

读者服务电话：4008918866

陕西蓝皮书编委会

主编简介

程宁博 陕西省社会科学院党组书记、院长，陕西省第十四次党代会代表，陕西省社会科学院学术委员会主任，陕西蓝皮书编委会主任。长期从事理论研究、政策宣讲、出版管理、社科研究与管理等工作，主要研究领域为马克思主义中国化时代化、思想政治教育、宣传思想文化等，对习近平新时代中国特色社会主义思想、党的路线方针政策、陕西省情、新型智库建设与管理等研究深入。多次参与重要书籍编写和重要文件、重要文稿起草工作，多项研究成果在中央和省级主流媒体刊发。

王建康 陕西省社会科学院党组成员、副院长、研究员，主要从事农村发展、区域经济研究。先后主持完成国家和省级基金项目6项，主持编制省级规划6项、区县发展规划20余项，承担世界银行、国家发改委、农业农村部等招标或委托课题18项；出版著作10余部，发表论文和调研报告60余篇；研究成果先后获得省哲学社会科学优秀成果奖5项。兼任省决策咨询委员会委员、省青联常委、省委理论讲师团特聘专家。省第十二次党代会代表，省第十三次党代会报告起草组成员，十二届全国青联委员，陕西青年五四奖章获得者，陕西省优秀共产党员。

王长寿 陕西省社会科学院文化与历史研究所首席专家，管理学博士，研究员，硕士生导师，陕西省"六个一批"人才，陕西省人大立法咨询专家，陕西省公共文化体系建设专家委员会委员，全国文化智库联盟理事，陕西省城市经济文化研究会副会长，陕西省陕甘宁革命根据地史研究会会长。主要研究方向为文化产业、公共文化、区域经济等，发表文章 50 余篇，出版著作 10 余部，主持国家课题 1 项、省级课题 20 余项，获省部级科研成果奖 6 项。

摘　要

《陕西文化发展报告（2024）》是由陕西省社会科学院编撰的第16本"陕西蓝皮书"文化系列研究报告。

《陕西文化发展报告（2024）》首先从陕西黄河流域历史文化、文学艺术发展、文化短视频传播、文化国际传播能力建设等宏观视角来审视陕西文化的发展脉络；其次从打造万亿级文旅产业集群、文化企业数字化转型、文化科技融合创新、文创产品开发、旅游演艺产品发展等视角来描绘陕西文化发展的新生态；再次从公益电影标准化放映、古代书院文化保护传承弘扬、中医药古籍资源转化利用、不可移动革命文物保护利用等方面来探索陕西公共文化发展的新路径；最后从区域文化发展的视角对陕南生态文化旅游发展、西安工业遗产保护利用与文旅融合发展等进行了实地调查和深入探讨，针对其中存在的问题和不足提出了具体对策与建议。

《陕西文化发展报告（2024）》研究认为，2023年全省宣传思想文化战线以党的二十大精神和习近平文化思想为指引，在省委坚强领导下，聚焦"加快构建支撑有力的文化建设体系、在推进文化自信自强上争做西部示范"目标任务，凝心聚力、坚定不移走高质量发展之路，全年工作不断取得新成绩、实现新突破，文化强省建设稳步推进。

2024年是全面贯彻落实党的二十大精神的关键之年，也是深入实施"十四五"规划的攻坚之年。根据中共陕西省委十四届五次全会精神以及对2023年陕西文化发展状况的综合分析，预测2024年陕西社会文明程度、文化事业发展水平将得到新提高，公共文化服务质量进一步提升，一系列重大文化工程项目有序推进，文化产业高质量发展，文旅融合不断走向深入，人文经济不断深化，文化强省建设迈上新的台阶。

关键词： 公共文化　文旅产业　人文经济　陕西

Abstract

Report on Cultural Development in Shaanxi (*2024*) is the 16th research report of the Blue Book of Shaanxi cultural series, compiled by the Shaanxi Academy of Social Sciences.

Report on Cultural Development in Shaanxi (*2024*) first examines the development of Shaanxi culture from a macro perspective, including the historical and cultural development in the Yellow River Basin of Shaanxi, literary and artistic development, cultural short video dissemination, and cultural international communication capacity building; Secondly, from the perspectives of building a trillion level cultural and tourism industry cluster, digital transformation of cultural enterprises, cultural and technological integration and innovation, development of cultural and creative products, and development of tourism and entertainment products, describe the new ecology of cultural development in Shaanxi; Exploring new paths for the development of public culture in Shaanxi from the perspectives of standardized screening of public welfare films, preservation and promotion of ancient academy culture, transformation and utilization of traditional Chinese medicine and ancient book resources, and protection and utilization of immovable revolutionary cultural relics; Finally, from the perspective of regional cultural development, field investigations and in-depth discussions were conducted on the development of ecological and cultural tourism in southern Shaanxi, the protection and utilization of industrial heritage in Xi'an, and the integration of culture and tourism. Specific strategies and suggestions were proposed to address the existing problems and shortcomings.

The research of the *Report on Cultural Development in Shaanxi* (*2024*) believes that in 2023, the province's propaganda ideological and cultural front will be guided by the spirit of the 20th National Congress of the Communist Party of China and Xi Jinping's cultural thought. Under the strong leadership of the Provincial Party Committee, it will focus on the goal and task of "accelerating the construction of a strong cultural construction system and striving to be a western demonstration in promoting cultural self-confidence and self-improvement", and concentrate on and unswervingly follow the road of high-quality development. Throughout the year, new achievements and breakthroughs have been continuously achieved, and the construction of a culturally strong province has steadily advanced.

2024 is a critical year for the full implementation of the spirit of the 20th National Congress of the Communist Party of China, and it is also a year for the in-depth implementation of the "14th Five-Year Plan". According to the spirit of the Fifth Plenary Session of the 14th Shaanxi Provincial Party Committee of the Communist Party of China and the comprehensive analysis of the cultural development status of Shaanxi in 2023, it is predicted that the level of social civilization and cultural undertakings in Shaanxi will be newly improved in 2024, the quality of public cultural services will be further improved, a series of major cultural projects will be promoted in an orderly manner, the cultural industry will develop with high quality, the integration of cultural tourism will continue to deepen, the humanities and the economy will continue to deepen, and the construction of a strong cultural province will reach a new level.

Keywords: Public Culture; Cultural Tourism Industry; Humanities and Economy; Shaanxi

目 录 ▷

Ⅰ 总报告

Ⅱ 宏观视野篇

Ⅲ 行业篇

Ⅳ 公共文化篇

Ⅴ 区域篇

皮书数据库阅读**使用指南**

CONTENTS ⟨⟩

I General Report

II Macro Vision Reports

Ⅲ   Industries Reports

Ⅳ   Public Culture Reports

V   Regional Reports

总报告

2023年陕西文化发展现状与趋势

陕西省社会科学院课题组*

摘　要： 2023年，陕西全面贯彻落实党的二十大精神和习近平总书记历次来陕考察重要讲话重要指示，加强新时代党的创新理论学习宣传贯彻，深入培育和践行社会主义核心价值观，推进新时代文明实践中心建设，文艺精品力作不断涌现，大力保护传承中华优秀传统文化和革命文化，弘扬伟大建党精神和延安精神，现代公共文化服务体系建设持续推进，文化产业高质量发展，文化旅游深度融合，对外文化交流硕果盈枝。2024年，陕西将深入学习宣传贯彻习近平新时代中国特色社会主义思想特别是习近平文化思想，聚力文化传承发展，深入实施国家文化数字化战略，加快打造万亿级文旅产业集群，持续推进陕西文化"走出去"。

---

* 课题组组长：王长寿，陕西省社会科学院文化与历史研究所首席专家，研究员，管理学博士，主要研究方向为文化产业、公共文化、人文经济学。课题组成员：赵东、颜鹏、曹云、杨梦丹、张寅潇、董亚锋、田语。

关键词: 陕西 文化发展 公共文化 文化产业

2023 年是全面贯彻落实党的二十大精神的开局之年,也是实施"十四五"规划承上启下的关键之年,陕西以习近平文化思想为引领,激发全省文化创新创造活力,坚持创造性转化、创新性发展,以文铸魂、以文传脉、以文惠民、以文兴业、以文立标,大力保护传承中华优秀传统文化与革命文化,弘扬伟大建党精神和延安精神,发展社会主义先进文化,不断满足人民群众日益增长的精神文化需求,全面推进文化自信自强,着力加强文化建设,文化软实力和影响力不断提升。

一 陕西文化发展整体状况与成就

在省委的坚强领导下,2023 年陕西宣传思想文化战线坚持以习近平新时代中国特色社会主义思想为指导,全面贯彻落实党的二十大精神和习近平总书记历次来陕考察重要讲话重要指示精神,举旗帜、聚民心、育新人、兴文化、展形象,倾力推动新时代党的创新理论在三秦大地落地生根,"为奋力谱写中国式现代化建设的陕西新篇章提供了坚强思想保证、强大精神力量、有利文化条件"。①

陕西充分发挥理论学习平台作用,开设"习近平总书记在陕西"频道和"习近平治国理政金句"等专题专栏,"学习强国"平台建设工作走在全国第一方阵。在习近平总书记榆林考察 2 周年之际,2023 年 9 月 14 日,省委理论学习中心组集体学习时强调要持续在整体学习、系统领会、一体推进上下功夫,要在坚守"魂"与"根"中深刻把握中华文明的突出特性、深层理解"两个结合"的重大意义,深入推进文化建设的具体实践,加快建

---

① 《为奋力谱写中国式现代化建设的陕西新篇章凝聚强大精神力量——全省宣传思想文化工作综述》,《陕西日报》2023 年 11 月 23 日。

设文化强省，更好地担负起新时代新的文化使命。

全省宣传思想文化战线围绕开展"三个年"活动、"大力发展'四个经济'"等中心工作，紧扣全省重点项目观摩契机等，统筹开展主题宣传、形势宣传、政策宣传、成就宣传、典型宣传，持续强信心、聚民心、暖人心、筑同心。① 为培育和践行社会主义核心价值观，陕西不断建立健全相应联席会议制度和协调指导工作机制，深化群众性精神文明创建，开展诚信缺失突出问题专项治理，推进新时代文明实践中心建设，探索形成了"蓝田新婚礼""志丹文明大篷车""城固乡贤说事大院"等各具特色、富有成效的经验做法；推广"文明餐桌""文明上网""车让人·人守规"等文明实践活动，西安、铜川、延安等 9 个市（县）获得全国文明城市荣誉称号。截至 2023 年底，陕西省共有全国文明单位 278 个、文明村镇 125 个，省级文明单位 1371 个、文明村镇 204 个、文明校园 224 个。通过深化"厚德陕西"建设，推出"三秦楷模发布厅"融媒体节目，推出"时代楷模"3 人，选树"三秦楷模"14 人、7 个团体，15 人获全国道德模范荣誉称号。

2023 年，陕西文艺工作者凭借精湛的技艺和卓越的艺术成就在全国范围内赢得了金鸡、华表、梅花、金钟、山花五个重要奖项，充分体现了陕西文艺的深厚实力和繁荣景象。一部部优秀文艺作品，反映了全省广大文艺工作者厚植文化根基，扎根三秦沃土，不断攀登文艺高峰，不断开创陕西文艺事业发展新面貌，不断真情讲述陕西故事，使文化陕西品牌更加响亮，陕西形象更加生动。

2023 年，陕西省在推进中华文明探源工程、深化考古与历史研究、加强文物保护利用、弘扬革命文化工作中不断取得新的成就。举办首届亚洲文化遗产保护联盟大会、第四届中国考古学大会、2023 年全国革命纪念馆高质量发展论坛，加强古树名木保护，黄帝陵古碑保护和古建筑抢险治理工程、兵马俑馆区环境提升、西安碑林博物院改扩建工程等文化标识项目稳步

---

① 《为奋力谱写中国式现代化建设的陕西新篇章凝聚强大精神力量——全省宣传思想文化工作综述》，《陕西日报》2023 年 11 月 23 日。

推进，石峁博物馆正式对外开放。颁布实施《陕西省革命文物保护利用条例》，延安革命文物国家保护利用示范区创建完成评估、验收工作。长城、长征、黄河国家文化公园（陕西段）建设加快推进，陕西黄河文化博物馆建成开放，2023年黄河非遗大展、首届中国非物质文化遗产保护年会等活动取得显著实效。省文物局联合省财政厅印发《财政支持文物事业高质量发展的若干措施》，有力夯实了文物保护利用工作基础。陕西历史博物馆秦汉馆建成开放，并推出"天下同一——秦汉文明主题展"。延安市被评为全国民间文艺版权保护与促进试点单位。

以人民为中心，陕西积极推动公共文化服务均等化、品质化、普惠化发展，公共文化设施全面覆盖，建成便捷高效、保基本、促公平的现代公共文化服务体系。陕西创新实施文化惠民工程，推出系列文化惠民活动，不断升级各级公共文化场馆服务效能，广泛开展群众文化活动和全民健身活动，提升人民群众获得感、幸福感。"我们的中国梦——文化进万家""戏曲进乡村""书香中国·悦读三秦"等活动不断丰富公共文化供给，陕西公共文化云、"游陕西"智慧旅游平台、"长安画派"艺术中心、陕西省文化馆曲江馆区的建设使用，让公共文化服务更智能、更便捷、更接地气。

文化产业高质量发展，制定《关于贯彻落实国家文化数字化战略的实施方案》，成立秦创原（文旅产业）创新促进中心，推进文化与旅游、科技、金融等融合发展，曲文投集团连续12年荣膺"全国文化企业30强"。实施文化产业重大项目带动战略，印发《关于推动"十四五"规划102项重大工程项目实施的工作方案》，出台《陕西省关于加快文旅产业发展的若干措施》，推进8条重点文化旅游产业链建设，努力打造万亿级文化旅游产业集群。策划举办"与陕西 共赢未来"等项目招商引资推介会，签约项目61个，涉及金额220多亿元。加强国有文化资产监管，印发《陕西省国有文化企业深化改革加快发展的实施意见》。省文旅厅聚焦万亿级目标，坚持"大文旅"引领，推动"链群式"发展，全年国内旅游收入达6578.46亿元，同比增长150.63%。陕文投集团长安十二时辰主题街区项目获评"中国文旅先锋奖"等多项荣誉，受到国内外主流媒体广泛关注，全网曝光量超百亿次。新华出版传媒集团连续三年超额完成主要经营指标任务。西影集团获陕西首家中国"2022年度十大著作权人"单位。安康市打造国内首个"毛绒玩具"主题机场,建设"毛绒玩具"主题街区,创新开展"毛绒玩具+文旅"系列活动,产业优势逐步显现。

2023年陕西文化持续"走出去",承载着中华文明密码的"国宝"、参与亚洲文化遗产保护行动的广大文博工作者,不断走出国门,不断为陕西打开对外交往、合作交流的新窗口。

二 陕西各文化领域发展状况

2023年陕西全面贯彻落实党的二十大和省第十四次党代会精神,紧紧围绕担当新的文化使命,锚定文化强省建设目标,对标对表抓落实,守正创新谋发展,在各个文化领域取得了重大成就。

(一)宣传思想工作凝聚强大精神力量

全省宣传思想文化战线坚持不懈用习近平新时代中国特色社会主义思想凝心铸魂,学习贯彻习近平文化思想,认真学习贯彻习近平总书记历次来陕考察重要讲话重要指示精神,主题教育走深走实,不断凝聚出强大的精神力量。

1.加强理论宣传,构建理论宣讲大格局

陕西创新采取"1+3+N"宣讲模式,组建省委宣讲团("1"),马院院长宣讲团、媒体总编宣讲团、新时代文明实践宣讲团("3")和各行业、群体宣讲团("N"),分赴全省各地各行业,推动党的二十大精神家喻户晓、深入人心。同时,陕西省实施文明实践"十百千万"宣讲工程,实现省、市、县(市、区)、镇(街道)四级分别示范宣讲10场、100场、1000场、10000场的目标,全力推动党的二十大精神走进群众、扎根基层、入脑入心。[1]"习

---

[1] 《为奋力谱写中国式现代化建设的陕西新篇章凝聚强大精神力量——全省宣传思想文化工作综述》,《陕西日报》2023年11月23日。

语润秦""延安故事会"等宣讲品牌越叫越响,"新思想润铜川""聚力建设幸福安康"等宣讲活动深入人心,省市县"学习强国"宣传矩阵传播效应持续增强。①

2023年5月17日、7月29日,习近平总书记先后在听取陕西省委和省政府工作汇报时以及在汉中考察时发表重要讲话,充分体现了习近平总书记对陕西发展的殷切期望、对三秦人民的关怀厚爱。陕西省委高度重视,及时跟进学习,研究贯彻落实措施。省内各地各部门认真传达学习习近平总书记来陕考察重要讲话重要指示精神。省委十四届四次全会审议通过《中共陕西省委关于深入学习贯彻习近平总书记重要讲话精神奋力谱写中国式现代化建设的陕西新篇章的决定》,形成了贯彻落实习近平总书记重要讲话重要指示精神的实践体系、执行框架、施工图表,明确提出加快构建支撑有力的文化建设体系等"六个体系",努力在推进文化自信自强等"六个方面"争做西部示范。

2.扎实推进学习贯彻习近平新时代中国特色社会主义思想主题教育

在第一批主题教育中,陕西各单位大兴调查研究之风,用好"深、实、细、准、效"五字诀,开展督查式调研。②陕西各地各部门剖析群众信访举报热点难点,确定专项整治重点,以具体问题为切入点、突破口,深入调研、以督促改,不断推动主题教育走深走实,用为民办实事成效检验主题教育成效。③通过总结第一批主题教育的经验做法,陕西坚持科学谋划、统筹安排、分类施策,从解决影响改革发展的具体问题出发、从解决群众关心的关键小事入手,学习推广"四下基层"制度,紧盯就业、教育、医疗、托

---

① 《凝聚奋力谱写陕西新篇章的强大力量——2023年陕西宣传思想文化工作综述》,《陕西日报》2024年1月16日。
② 《陕西省推动主题教育走深走实——开展督查式调研抓实整改整治(学思想 强党性 重实践 建新功)》,《人民日报》2023年8月16日。
③ 《在破解难题上见真章见实效——陕西扎实推进主题教育整改整治工作》,《陕西日报》2023年8月31日。

育、住房、养老等领域，不断推动第二批主题教育深入扎实开展。[①]

3. 推动媒体深度融合，做大做强主流舆论

陕西不断加强全媒体传播体系建设，推进市级媒体改革发展，扩大优质内容产能，推进媒体纵向联通，探索多元化发展路径。"爱+地名"系列App实现所有县区全覆盖，全省"一朵云""一张网"全媒体传播体系基本形成。制定《陕西省推进市级媒体加快深度融合发展工作方案》，召开现场推进会，持续完善县级融媒体中心功能。延安、榆林被中宣部确定为全国市级融媒体中心建设试点，宝鸡、铜川被中宣部纳入支持范围，榆林市传媒中心"'一体化'推进榆林市级全媒融合"被评为全国地方党媒深度融合年度示范项目。《陕西日报》设置"深入学习贯彻习近平新时代中国特色社会主义思想""认真学习宣传党的二十大精神"等专题专栏，推动党的创新理论入脑入心；开设"高质量项目推进年 营商环境突破年 干部作风能力提升年""高质量发展在陕西"等专版报道全省"三个年"活动开展以及高质量发展情况。陕西持续推出《新时代课堂》《理论宣讲面对面》等融媒体产品，完善"1+11"强国传播矩阵，上线运行陕西"强国TV"并覆盖全省144万移动高清电视用户。

4. 深入推进"厚德陕西"建设，新时代文明实践工作取得新成果

陕西深入推进"厚德陕西"建设，各地道德模范、身边好人等评选表彰和学习宣传广泛开展，举行学雷锋志愿服务项目实践活动3万余场次。延安市宝塔区宝塔消防救援站被中宣部授予"时代楷模"称号，2个单位获评全国学雷锋活动示范点，1人获评全国岗位学雷锋标兵。截至2023年，陕西建成新时代文明实践所1313个、新时代文明实践站20108个，打造文明实践基地、站点、广场4万多个，新时代文明实践中心建设实现全覆盖。截至2024年1月，陕西共有全国文明单位278个、文明村镇125个、省级文明单位1371个，近2.1万个市县级文明单位与新时代文明实践中心（所、

---

① 《陕西高标准高质量开展第二批主题教育 分级分类深学 精准发力破难》，《中国组织人事报》2023年11月14日。

站）开展共建。① 举办首届陕西省网络文明大会，推动全省网络文明建设再上台阶，为奋力谱写中国式现代化建设的陕西篇章提供坚强思想保证、强大精神动力和良好网络环境。

5. 大力发展哲学社会科学事业

陕西不断深化习近平新时代中国特色社会主义思想、习近平文化思想等研究阐释，举办重要学术理论研讨活动 120 余场，在中央"三报一刊"和《学习时报》刊发理论文章 17 篇，获国家社科基金年度项目立项 265 项，省社科基金年度立项 504 项。深入实施马克思主义理论研究和建设工程，召开全省高校马克思主义学院建设现场推进会，大力推进"大思政课"综合改革试验区建设。2023 年 1 月，中共陕西省委党校（陕西行政学院）"陕西红色资源与党性教育研究中心"、陕西省社会科学院"陕西历史文化研究中心"等 18 个基地被确立为第四批陕西省哲学社会科学重点研究基地，进一步加强了省哲学社会科学新型智库建设，推动哲学社会科学研究更好服务全省经济社会发展，在整合科研力量、推动理论创新、服务发展等方面发挥了重要作用。陕西省社会科学院全年报送资政《送阅件》134 期，98 期获省级以上领导肯定性批示，"思想库""智囊团"作用得到有效发挥。省社科联设立智库项目 140 余项，与 33 家单位联合开展课题研究，合作范围和影响力不断扩大，桥梁和纽带作用日益凸显。

（二）文艺精品力作不断涌现

2023 年，陕西文艺工作者认真学习贯彻习近平新时代中国特色社会主义思想，从时代进步中汲取力量，以文艺精品吹响时代号角，以实际行动践行文化自信，文艺事业取得全方位进步和历史性成就。

1. 文学创作生命力旺盛

陕西省作家协会深抓"百名优秀中青年作家扶持计划"（简称"百优计

---

① 《凝聚奋力谱写陕西新篇章的强大力量——2023 年陕西宣传思想文化工作综述》，《陕西日报》2024 年 1 月 16 日。

划"），逐步夯实人才基础，举办第二期"百优计划"作家作品改稿会和第二期"百优计划"作家高级研修班，开展"发挥文学力量　助力乡村振兴"——第二期"百优"作家走进汉中采访等调研活动，深入感受新时代山乡巨变，用心用情打造更多精品力作，以文学力量为陕西高质量发展赋能助力。举办"陕西文学周"，邀请知名作家走进校园、文学展览馆、图书馆、机关、社区等，与基层作者、市民读者、青年学子面对面交流，进行专题授课；召开"推动新时代陕西文学事业高质量发展"座谈会，为陕西文学事业建言献策。

贾平凹的《秦岭记》获 2022 年度人民文学奖长篇小说奖，陕西省 17 部作品参评第十一届茅盾文学奖。孙卫卫的儿童文学作品《装进书包的秘密》荣获第八届中华优秀出版物图书奖；和谷的长篇报告文学《春归库布其》（与杨春风合著）荣获第八届中华优秀出版物图书提名奖。清扬婉兮的《有依》荣登第二届"扬子江网络文学最具 IP 潜力榜"，惊蛰落月的《大山飞出金凤凰》入选 2022 年陕西省"五个一百"网络精品"网络正能量文字"。小高鬼（张军）的《深空救援》、刘芳芳的《欢迎来到机器世界》获"星际风云榜·最佳少儿科幻短篇作品·中国少年科幻馆"奖。第六届柳青文学奖共评选出 18 部获奖作品，阿莹的《长安》获长篇小说奖。第五届陕西青年文学奖在神木市颁布，多名青年作家获奖。商洛市成功举办"在希望的田野上"全国纪实散文征文大赛，荣获"中国散文之乡"称号。

2. 影视行业发展迈入快车道

2023 年，陕西电影产量和质量稳居西部首位和全国第一方阵，实现票房收入 13.95 亿元，开展农村公益电影放映 24 万场次，2420 万人次观影。① 《远山淡影》等 24 部影片在央视六套播出，电影《树上有个好地方》获得第十九届华表奖优秀少儿题材影片。电影《树上有个好地方 2：美术老师的放羊班》荣获莫斯科国际儿童电影节最佳影片奖。电影《远山花开》斩获

---

① 《凝聚奋力谱写陕西新篇章的强大力量——2023 年陕西宣传思想文化工作综述》，《陕西日报》2024 年 1 月 16 日，第 1 版。

北京国际儿童电影展金花奖组委会推荐大奖、第三届陕西电影奖最佳儿童片奖。电影《拨浪鼓咚咚响》获第36届中国电影金鸡奖最佳儿童片奖。

2023年前三季度，在中央广播电视总台"中国之声"频率和学习强国"学习电台"播出的陕西广播剧已达43部226集。① 《破晓东方》等4部作品在央视一套黄金时段播出，《爱在这里延伸——抗癌厨房里的温暖烟火》获"中国广播电视大奖2021~2022年度广播电视节目奖"广播专题作品奖，《堡子乱弹》获广播文艺类作品奖。多部纪录片在首届中国纪录片大会获得表彰。

多部影视作品入选2023年度陕西省重大文化精品项目：《鹦鹉杀》等10部电影，《会飞的大象》等7部电视剧，《永远的东方红》等6部纪录片，《秦岭深处小慢慢》等7部广播剧，动画片《大隋帝陵》，文艺节目《"陕亮"新声（2023）——陕西文艺评论专栏》和《2024丝路嘉年华·丝路春晚》。电视剧《沙城情缘》《阳明传》、电影《平凡的世界》入选跟踪项目。电视剧剧本《躁动的黎明》等3部影视剧本入选《2023年度省委宣传部重点文艺创作资助项目入选名单》。②

3. 戏剧创作持续升温

在戏剧方面，秦腔现代剧《生命的绿洲》获第37届"田汉戏剧·剧目奖"。演员王航凭借秦腔《诗圣杜甫》获第31届中国戏剧"梅花奖"；秦腔《安国夫人·擂鼓战金山》和《雁荡山》入选2023年全国地方戏精粹展演。秦腔现代戏《陕北往事》、儿童剧《遇见星海》获陕西省第十六届精神文明建设"五个一工程"优秀作品奖。话剧《路遥》、秦腔《昭君行》入选文化和旅游部"新时代舞台艺术优秀剧目展演"。剧本《史圣司马迁》获评"戏剧中国"2022年度戏曲类最佳剧本。

2023年5月14日，话剧《生命册》在西安人民剧院上演。在中国—中

---

① 《陕西广播剧在奋进中谱新篇、迎双节》，陕西省广播电视局官网，http://gdj.shaanxi.gov.cn/info/1714/26723.htm，最后访问日期：2023年12月18日。

② 《2023年度陕西省重大文化精品项目入选名单》，陕西宣传网，https://www.sxxc.gov.cn/#/central_leader_link?id=314796161024802816，最后访问日期：2023年12月18日。

亚峰会欢迎仪式上举办了《携手同行》文艺演出,欢迎来自中亚各国的贵宾。5月29日,先锋舞剧《生命之重》在陕歌大剧院上映。5月31日,旨在弘扬延安精神、呼唤社会主义文艺创作初心的话剧《延水谣》在西安话剧院首演。

第九届丝绸之路国际艺术节展播了37台国内外精品演艺佳作,举办80余场专题特色活动。第十届陕西省艺术节展示了来自全省52部参评参演剧目、70件群众文艺作品,为广大人民群众奉献了一场集自然之美、历史之美、城市之美、人文之美于一体的文化盛宴。

省政府积极筹备建设西安戏剧学院,建成后将极大地提升陕西省戏曲人才培养质量。三篇调研报告获评全国文化和旅游系统2022年度优秀调研报告。《中国戏曲剧种全集》"陕西卷"已完成所有撰写审核工作。

4. 音乐文化活动丰富

2023年陕西举办多场音乐节活动,如草莓音乐节、长安音乐节等,极大丰富了市民群众的音乐文化生活,满足了不同群体的音乐文化需求。7月27日,由陕西省文化和旅游厅主办,陕西省文化馆、西安市群众艺术馆承办的"在希望的田野上——2023陕西省群众文化节合唱音乐会"在西安音乐厅精彩呈现。

9月10日,西安交响乐团举行2023大雁塔户外公演活动。《孙子兵法·回响》《琵琶行》等音乐剧亮相2023年10月15~29日在西安举办的第九届丝绸之路国际艺术节。11月11日,第22届西安国际音乐节在西安音乐厅开幕。第六届延安市陕北民歌大赛在延安大剧院举行。陕西师范大学成功立项文化和旅游部重点资助项目"民歌数字资源库建设及创新展演研究"。

为进一步加快"音乐之城"建设,提升西安原创音乐及关联产业发展水平,实现原创音乐领域高质量发展和"原创音乐+"延伸领域快速融合发展,西安市出台《关于推动西安原创音乐发展的八项政策措施》,举办"首届西安石榴原创乐队音乐季"活动,助推原创音乐发展。

5. 美术事业蓬勃发展

为了反映近几年陕西省青年美术家的创作成果,激励青年美术家创作出更多高质量的美术作品，5月4日，陕西省举办陕西省青年美术作品展。该展共展出十个门类200余件作品，这些作品在呈现新时代文化气象、学术气象的同时，又洋溢着青春的活力，充满了新时代清新蓬勃的生活气息。

在第九届丝绸之路国际艺术节举办的"今日丝绸之路国际美术邀请展"上，600余件优秀作品展出，充分展示了丝绸之路的历史文化与美丽风情。2023年陕西省美术博物馆举办"千年耀瓷·熠熠生辉——陕西耀州窑陶瓷优秀作品推广交流展览""图像的复兴——陕西省美术博物馆藏历代金石图像拓片精品研究展""圣地风采——当代画家延安写生作品展""落彩织锦——罗平安中国山水画展"等系列美术展。7月24日，陕西国画院美术馆举行开馆系列活动之"姹紫嫣红·时代意象——中国国家画院花鸟画主题创作学术邀请展"。展览以"当代花鸟画在新时代背景下的主题性创作研究"为中心，集创作、展示与研究于一体，为当代中国画的创研推广提供了一个案例。展览所展示的作品思想精深、艺术精湛、制作精良，汇聚了全国代表性花鸟画家上百人，共计展出作品140余幅。9月11日，第十届陕西省艺术节全省优秀美术书法摄影作品展在铜川美术馆开展。

陕西省美术博物馆主办的"花间世界—陕西省美术博物馆藏库淑兰作品研究展"上榜2022年全国美术馆馆藏精品展出季活动优秀项目名单，"我的延安——全国主题性美术作品展"获评2022年度全国美术馆优秀展览提名项目。西安美术学院的"中国道教铜镜整理与思想研究"获得2023年国家社科基金宗教学项目立项，"黄河流域彩陶艺术创新设计人才培训"入选国家艺术基金2023年度资助项目艺术人才培训项目。

（三）加强文化遗产保护和弘扬革命文化

陕西是中华优秀传统文化的重要板块，革命文化丰富且知名度高。2023年，陕西认真贯彻落实习近平文化思想和习近平总书记历次来陕考察重要讲话重要指示精神，坚持守正创新，不断加强文化遗产保护，用好丰厚历史文化资源和红色文化资源，切实担负起新的文化使命。

1. 加强中华文明探源工程和大遗址保护

2023年，陕西积极推动考古发掘与遗址保护利用深度融合，形成中华文明探源工程的陕西方案。①强化大遗址保护。一是在大遗址集中的西安、宝鸡、咸阳等市坚持考古前置制度，实现土地出让时"净地"供应。二是实施秦始皇陵外城垣及城门遗址保护展示工程，抢险加固石峁遗址外城东门址，建成汉阳陵国家考古遗址公园标识系统。三是发挥陕西省高校和科研机构众多的优势，联合气象、地质等部门合作推进大遗址文物防灾减灾体系建设。②深入挖掘大遗址价值。一是深入推进"考古中国"重大项目，石峁遗址、周原遗址、太平遗址、秦栎阳城、清平堡遗址、隋唐长安城考古成果推进了中华文明探源工程研究。二是通过举办亚洲文化遗产保护联盟大会和第四届中国考古学大会，加快中国遗址申遗进程，搭建"数字+考古""科技+考古""媒体+考古"等普及平台，形成大遗址保护传承体系，真正让文化遗产活起来。③有效利用大遗址保护成果。陕西考古博物馆依托陕西省大遗址资源，打通考古学科全链条。秦始皇帝陵铜车马博物馆建成开放。建成7处国家考古遗址公园，已挂牌国家考古遗址公园数量居全国第一位。

2. 持续加大文物保护利用力度

2023年，陕西文物保护利用工作取得新成效。①全面夯实文物保护管理基础。一是积极推进汉长安城、秦东陵等遗址保护总体规划修编及编制工作。二是第四次全国文物普查前期准备和启动工作已完成，积极参与第九批全国重点文物保护单位和第八批省级文物保护单位申报。三是落实"四严"要求，加强重要田野文物安全巡护和文物安全基础设施建设，推进文物安全监管平台建设，打击防范文物违法犯罪。②加强文物保护修复。一是指导各地规范开展馆藏珍贵文物定级、建档和备案工作。目前已完成陕西石窟寺、秦岭地区、黄河沿线文化遗产专项调查，公布两批全省革命文物名录。2023年4月至11月，西安市文物局抽选14家博物馆进行了博物馆领域"双随机一公开"检查。通过整改，各博物馆加强了珍贵文物定期维护和藏品管理系统信息更新工作。二是加大西安城墙等重点文物保护单位预防性保护力度，成立了西安城墙保护专家咨询委员会，推进了城墙预防性保护标准化建设。三是探索科技手段在文物修复中的应用。贾濯非领衔的三维造型艺术现代技术应用研究团队，组建了三维扫描与形体检测实验室，对文物进行逆向仿真实体重建。薛建阳带领的"古建筑保护与传承"创新团队，将人工智能和数字技术引入古建筑保护领域，实现对古建筑的预防性保护，取得了显著的社会效益。③提升"博物馆之城"建设品质。一是实施"博物馆+"战略。西安市出台《西安"博物馆之城"建设总体规划》，加快数字化建设，推出丰富的数字文创产品，如"西博×元境博域元宇宙"、MR 数字藏品，打造智慧博物馆之城。二是拓展深化云观展、云导览、云课堂、网络直播等线上线下融合展示活动。三是打造一批具有世界影响力的文化符号和商业品牌。实施陈列展览精品工程，创建研学实践基地，构建常态化公众教育、传统节日文化教育和特色研学教育"三位一体"教育格局。2023 年"5·18 国际博物馆日"陕西省主场活动，通过举办展览、学术论坛、博物馆之夜、沉浸式体验等形式，全方位展现西安"博物馆之城"发展成果和经验。

3. 加强非物质文化遗产保护传承

2023 年，陕西非遗保护传承工作取得了显著成绩。①壮大传承人队伍。一是积极推荐申报中省市代表性传承人，建立健全非遗传承人申报机制，形成梯队序列；根据非遗项目和非遗级别的不同，对非遗传承人进行分类信息采集，实行人才精细化管理。二是发挥非遗"传承人"的名师效应，开展多种形式培训活动，开设非遗培训班，以"传帮带"形式，储备更多后备力量。三是建设非遗展示体验馆，建立非遗传承基地（所）和非遗就业工坊，形成产业，为传承人培养新生力量开拓创新发展空间。②加强非遗品牌建设。一是推动区域性整体保护，持续加强国家级陕北生态保护试验区（延安市）和国家级羌族文化生态保护试验区（宁强）建设，设立省级关中文化生态保护试验区，推动黄河流域非遗保护落地见效，探索建立省际非遗联动协作机制，陕西非遗品牌建设正在实现新的突破。二是借助新媒体，进一步扩大非遗影响力。陕西非遗项目通过直播、短视频屡屡"出圈"。三是促进对外非遗传播交流，不断增强品牌影响力。2023 年中国—中亚峰会期间，秦腔、横山腰鼓等非遗演出精彩纷呈。陕西非遗印象展等主题展览成功在日本、荷兰、法国等多地举办。诸多非遗活动助力非遗品牌对外传播。③推动非遗与旅游深度融合发展。一是陕西省各地陆续发布"西府民俗游""'华山风骨'非遗研学游"等特色非遗旅游路线，促进文化与旅游深度融合。二是建立各类非遗陈列展馆、特色街区（村镇）、传习所，进一步提高陕西非遗知名度。三是大力推进"非遗进景区"，加强政策引导和资金扶持，组织非遗项目在景区驻场展演，策划推出各地非遗旅游线路，助力"以文塑旅、以旅彰文"叠加效应不断扩大。

4. 充分发挥革命文化的教育功能

为了用好红色资源，发挥其教育功能，2023 年陕西省深入组织开展专题展览宣传教育活动，继续举办"陕西革命旧址云上展"等网上展览展示活动，策划精品红色旅游线路，遴选革命文物，持续制作百集红色故事《延安·延安》，让红色精神深入人心。同时，各市依托红色资源，设计了形式多样的活动，也形成了特色做法。其中，铜川市耀州区围绕"照金精神"和红色资源，策划、组织并开展了红色经典阅读、红色文化进校园、电影放映乐百姓等文化活动，线上开设了"红色故事微讲堂"，线下举办"红色故事演讲比赛"，让红色基因代代传。渭南市充分利用革命文化，通过举办专题读书班、专题培训班，编撰渭华起义小故事，收集渭华起义影视作品，开展创新剧场党课、红色故事巡回宣讲等多种活动，让红色精神激发力量。

5. 保护和利用革命文物取得新突破

陕西通过提升科学治理水平，强化革命文物转化利用，推动革命文物保护发展取得新突破。①摸清家底，做到保护不遗漏。2023 年完成了黄河流域革命文物调查成果整理和全省红色标语类革命文物专项调查。②增强革命文物管护力量，革命文物保护利用格局初步形成。陕西省文物局增设革命文物保护处，延安市设立副厅级建制革命纪念地管理局，西安、咸阳、铜川等市设立革命文物处（科），其他市县结合实际加强机构及人员配置；以全省和陕甘宁、陕甘、川陕、长征片区革命文物保护利用规划为引领，推动形成了点、线、带、片贯通的革命文物保护利用格局。③加大财政支持力度，改善革命文物保存状况。结合国家、省级和市级文物保护专项资金，加强革命历史类纪念设施、遗址和爱国主义教育基地建设管理，保护维修革命文物、革命旧址群，改造提升革命纪念馆陈列布展，征集藏品，开展革命文物专项鉴定。④借助科学技术，让革命文物"活"起来。陕西省大力借助云展览、云教育、云直播等数字化传播手段，在让文物"活"起来的同时，打破时空界限，让更多人足不出户即可游览博物馆。据统计，目前有19座革命类博物馆和纪念馆实现了数字化。全国首个"互联网+革命文物"教育体验中心在八路军西安办事处纪念馆试点建设，让革命文化真正走进百姓生活。

6. 红色旅游持续发展

陕西将红色旅游作为打造旅游强省的重要组成部分，建设了延安红色旅游胜地以及西安市红色旅游系列景区、汉中市川陕革命纪念馆、咸阳市旬邑县马栏革命旧址、铜川市陕甘边照金革命根据地旧址等经典景区，开辟了6条具备跨区域功能的复合型红色旅游精品线路，形成了特色鲜明、综合配套的红色旅游体系，推动红色旅游持续、快速、健康发展。其中，延安利用红色文化资源丰富和潜在旅游发展空间广大的优势，推进重点旅游项目建设，培育大型文化旅游板块，打造精品旅游线路，创建"延安革命文物国家文物保护利用示范区"，进一步丰富旅游产品，使红色旅游持续火热。2023年，延安市全年接待游客4199万人次，旅游收入达331亿元。① 2023年延安红街成为延安红色旅游的新亮点。2023年10月黄金周假期，延安红街旅游区接待游客数量同比累计提升428%。②

（四）现代公共文化服务体系建设持续推进

2023年，陕西现代公共文化五级服务设施体系业已建成，公共文化重

---

① 《2024年延安市政府工作报告》，陕西省人民政府网，http：//www.shaanxi.gov.cn/zfxxgk/zfgzbg/sqszfgzbg/202403/t20240301_2321277.html，最后访问日期：2024年3月1日。
② 《延安红街红色旅游足够优势，展现可歌可泣的英雄"事迹"》，搜狐网，https：//www.sohu.com/a/733751212_100273451，最后访问日期：2023年11月5日。

大项目建设加速推进，各市积极提升公共文化服务效能，将本地特色文化融入现代公共文化服务体系之中，重大标志性成果持续涌现，极大丰富了人民群众的精神文化生活，公共文化服务高质量发展不断登上新台阶，文化惠民服务供给日益丰富和优化。

1. 公共文化服务效能持续提升

2023年，陕西公共图书馆、文化馆、新型公共文化空间、基层综合性文化服务中心分别达到118个、119个、444个、20613个，已建成覆盖城乡、便捷高效、保基本、促公平的现代公共文化服务体系。按照"高质量项目建设推进年"的要求，陕西省公共文化重大项目建设加速推进。2023年开工建设的图书馆、博物馆、文化馆、美术馆、非遗中心、剧院剧场等公共文化服务设施项目22个，总投资35.06亿元，已投产项目10个。其中，陕西省文化馆曲江馆区集服务培训、休闲、展示于一体，日接待能力达到1万人次，成为陕西现代公共文化服务体系建设的又一重大标志性成果。陕西各市积极提升公共文化服务效能，关中、陕南、陕北各代表性城市将本地特色文化融入现代公共文化服务体系中，极大地丰富了市民群众的精神文化生活。

西安市高质量推进公共文化服务体系和服务品牌建设。2023年，全市建成公共图书馆、文化馆、乡镇（街道）文化站、村（社区）基层综合性文化服务中心分别为14个、14个、184个、2797个，建成"城市书房"、新型公共文化空间分别为57个、219个，其中14个公共图书馆均达到国家等级馆标准。"长安书院""长安云""长安乐"等代表性新型公共文化空间全面开工建设，新城区"两馆一中心"（图书馆、文化馆和非遗中心）、雁塔区"两馆一中心"（图书馆、文化馆、体育馆和市民活动中心）等文化场馆的提质扩容，在强化公共文化服务承载力的同时将独特的地方文化融入其中，对加快构建布局合理、功能健全、服务完善的公共文化服务体系起到积极作用。在公共文化服务供给方面，致力打造公共文化服务品牌，开展了一系列群众性文化活动，包括"村晚"、全民阅读、广场舞展演、市民文化艺术季等，推动惠民文化活动融入百姓生活。

汉中市扎实推进公共文化服务体系建设和服务供给提质增效。2023年，争取中省专项资金4000余万元，实现全市"两馆一站"（包括24个文化馆、图书馆和177个乡镇文化站）全部免费开放，全市图书馆评定为一、二级馆的比例达到55%，12个文化馆全部评定为等级馆，222个镇、村基层综合文化服务中心完成提升达标，建成新型公共文化空间29个，相关文化器材实现镇（街道）、村（社区）两级全覆盖。汉中市高度重视示范创建工作，2023年，建成"中国民间文化艺术之乡"1处、"陕西省民间文化艺术之乡"3处，参与创建省级公共文化服务示范县区2个、省级公共文化示范乡镇（街道）3个，举办全市公共文化服务创新示范项目竞赛并选出文化创新示范项目31个，成为全市公共文化服务提质增效的重要引领。此外，还举办了广场舞大赛、国学剧演出、非遗进校园、文化下基层、音乐会等各类文化活动累计500多场次，服务30余万人次，极大地丰富了市民群众的精神文化生活。

榆林市积极完善基层公共文化服务体系，重点发力创建国家级文化生态保护区。全市建成图书馆、文化馆、乡镇（街道）综合文化中心及社区文化服务中心分别为12个、13个、201个、3202个，截至2023年上半年，开展文化惠民演出活动1208场，借助秦岭视云App进行全程直播，提升了基层公共文化服务的均等化和便捷性。2023年1月，陕北文化生态保护区（陕西省榆林市）通过文化和旅游部验收，正式成为国家级文化生态保护区，标志着陕北文化整体性保护取得显著成效。截至2023年，全市建成市级非遗综合展馆、综合性非遗展示场馆、非遗专题馆分别为1个、12个、23个，县级以上非遗传习所、传承基地109个，12个县区中有9个被命名为"陕西省民间文化艺术之乡"。国家公共文化服务示范项目"榆林古城六楼民间文化展演"创建成功后，老街非遗小剧场演出达到820多场，成为文化传承保护的重要载体和品牌项目。

2.示范区（项目）创建引领公共文化服务高质量发展再上新台阶

陕西坚持把公共文化服务体系示范区（项目）创新发展作为公共文化服务高质量发展的重要引领，有效发挥示范县区和镇街创建评选工作"以点带面"的辐射作用，公共文化服务效能明显提升，创新发展的覆盖面和发力点进一步扩大。一是西安市鄠邑区的关中忙罢艺术节、安康市汉阴县"四链一体"公共文化服务模式等2个案例，入选由中央宣传部、文化和旅游部、国家发改委组织评选的"基层公共文化服务高质量发展典型案例"，为国家层面优化公共文化服务的新思路、新举措贡献了陕西经验。二是顺利完成铜川市、安康市等第三、四批国家公共文化服务体系示范区创新发展成果评审答辩，为推进全省乃至西部公共文化服务高质量发展提供经验。三是审核评定了第三批"陕西省公共文化服务高质量发展示范乡镇（街道）"，涉及西安市、铜川市、宝鸡市等12市40个乡镇（街道），截至2023年底，陕西共命名了三批合计105个乡镇（街道），为陕西省进一步优化公共文化资源配置、创新公共文化服务供给、城乡公共文化一体化发展注入新动力。四是圆满完成全国智慧图书馆体系建设、公共文化云建设等2个项目的验收任务，并获得"优秀"等次，成为陕西省公共文化数字化建设的阶段性新成果。

3. 文化惠民产品供给日益丰富，公共文化服务链不断延伸

依托一批具有地方特色文化活动，陕西文化惠民服务供给日益丰富和优化，公共文化服务链不断延伸。一是围绕文化和旅游部关于开展"大地欢歌"乡村文化活动年的要求，成功举办了"大地欢歌"陕西省乡村公共文化服务创新大赛，从全省各市、县（区）遴选出的33个项目同台角逐，涌现出《行走的故事房子》《以文化振兴推动乡村振兴——西安市群众艺术馆"蒲公英"文化播种的创新与实践》等一批公共文化服务创新案例，有力推动了新时代陕西乡村公共文化高质量发展。二是成功举办了第十届陕西省艺术节，作为全省规格最高、规模最大、最具影响力的综合性文化艺术盛会，本次艺术节集中展示了近三年陕西文艺创作的丰硕成果，评选出"文华大奖"剧目10项，20位艺术家荣获"文华单项奖"，20件群众文艺作品荣获"群星奖"。三是成功举办第十一届陕西省阅读文化节，采取全省联动"西安主会场+各市县分会场"、线上线下相结合的方式，开展名家讲座、文化展览、艺术展演、书目推介、公益培训等各类活动800余项。此外，陕西省第九届农民工诗歌朗诵会、2023陕西广场舞大会、陕北民歌音乐会、2023

陕南民歌节、第十六届西安鼓乐艺术节等一系列群众喜闻乐见的文化活动，将公共文化活动融入群众日常生活，不断提升陕西公共文化服务的知晓度、参与度和满意度。

（五）推动文化产业高质量发展

2023年，陕西聚焦"加快构建支撑有力的文化建设体系、在推进文化自信自强上争做西部示范"目标任务，全力以赴推动文化产业强劲复苏，着力优化文化产业发展路径，加快推进重大文旅项目建设，加快提速万亿级文化旅游产业发展。同时，陕西完善文旅营商环境，协调省市相关部门制定文旅产业发展政策，为文化产业发展提供全方位、多层次、多领域的政策支撑。陕西文化强省建设步伐进一步加快，规模以上文化及相关产业企业营业收入实现稳步增长，各项工作取得新成绩、实现新突破。

1. 文化产业稳步增长，整体运行态势良好

2023年，全省1641家规模以上文化及相关产业企业实现营业收入1166.88亿元，比上年同期增长8.4%，高于全国（8.2%）0.2个百分点，增速较前三季度（7.0%）高1.4个百分点，文化产业发展平稳向好。从三大行业类别看，文化制造业、文化服务业、文化批发和零售业企业营业收入均比上年提升。文化服务业企业共1085家，实现营业收入604.64亿元，占全部营业收入的51.8%，比上年同期增长5.9%。文化批发和零售业企业共324家，实现营业收入249.23亿元，占全部营业收入的21.4%，比上年同期增长18.0%。文化制造业企业共232家，实现营业收入313.00亿元，占全部营业收入的26.8%，比上年同期增长6.2%。

九大行业营业收入"八升一降"。其中，文化传播渠道营业收入处于领跑地位，实现营业收入227.56亿元，比上年同期增长19.2%，高于全省文化企业10.8个百分点，高于全国（11.9%）7.3个百分点，对文化产业增长贡献率达到40.7%，拉动文化产业增长3.4个百分点。创意设计服务营业收入为197.80亿元，比上年同期增长6.6%；文化装备生产营业收入为161.67亿元，比上年同期增长22.3%；新闻信息服务营业收入为144.93亿

元，比上年同期增长0.8%；内容创作生产营业收入为117.10亿元，比上年同期增长16.4%；文化消费终端生产营业收入为109.00亿元，比上年同期增长5.7%；文化娱乐休闲服务营业收入为47.41亿元，比上年同期增长5.4%；文化投资运营营业收入为15.77亿元，比上年同期增长2.8%；文化辅助生产和中介服务营业收入145.63亿元，比上年同期下降9.2%。

从具体行业门类来看，以"互联网其他信息服务"、"互联网广告服务"和"建筑设计服务"等3个行业为代表的文化服务业营业收入均超50亿元，合计229.51亿元，占文化服务业全部营业收入的38.0%。其中，"互联网其他信息服务"行业营业收入最高，为118.86亿元。以"首饰、工艺品及收藏品批发"、"图书、报刊零售"和"图书批发"等3个行业为代表的文化批发和零售行业的营业收入均超40亿元，合计174.79亿元，占文化批发和零售业全部营业收入的70.1%。其中，"首饰、工艺品及收藏品批发"行业营业收入最高，为78.76亿元。以"应用电视设备及其他广播电视设备制造"、"包装装潢及其他印刷"和"其他玩具制造"等3个行业为代表的文化制造业行业营业收入均超20亿元，合计238.38亿元，占文化制造业全部营业收入的76.2%。"应用电视设备及其他广播电视设备制造"行业营业收入最高，为139.83亿元。

从文化企业性质来看，全省文化企业中共有439家国有和集体控股企业，1183家私人控股企业，国有和集体控股企业与私人控股企业数量之比为1:2.69；国有和集体控股企业实现营业收入537.34亿元，私人控股企业实现营业收入593.03亿元，国有和集体控股企业与私人控股企业营业收入之比为1:1.10；国有和集体控股企业比上年同期增长14.7%，高于全部文化企业6.3个百分点，私人控股企业比上年同期增长3.1%，低于全部文化企业5.3个百分点。

2. 文化旅游不断融合，文化消费稳步增长

伴随着产业融合发展浪潮，文化旅游产业全系统、全要素、全链条融合不断深入。2023年，陕西国内旅游市场较2019年实现全面增长，出境游复苏态势显著。全省文化旅游业稳步复苏，人员流动速度加快，群众文化消费活跃。春节以来，西安城市旅游热度持续走高，长期排在全国十大热门目的地城市，旅游目的地为西安的暑期订单量同比增长164%。北京、上海、成都、广州、杭州、西安、重庆、深圳、南京、长沙是暑期国内热门旅游目的地Top10，西安排名第六。华山、秦始皇帝陵博物院（兵马俑）、西安城墙、西安钟鼓楼、华清宫、大唐芙蓉园、大明宫国家遗址公园、华夏文旅度假区、陕西历史博物馆等景区场馆是国内外游客最为喜爱的热门景区。

通过加快文旅融合，提供丰富多彩、形式多样的文化旅游系列内容，创新消费载体，陕西深入践行以文塑旅、以旅彰文，抢抓发展机遇，推动文旅产业全领域、全行业、全链条融合发展。"文化陕西""丝绸之路的起点""兵马俑的故乡""三秦四季"等品牌影响力不断提升，并以此为主题在境内外举办了多项主题活动、推介会和展会，取得了良好的宣传效果。为持续释放文旅消费新能量，陕西推出了文旅消费券、打折促销、满减优惠等一系列线上线下旅游惠民活动，以及"古城漫步之旅""秦风唐韵之旅""文化遗产之旅""盛唐夜游之旅""活力运动之旅""浪漫欢乐之旅""非遗民俗之旅""多样研学之旅"等主题线路。陕西探索"文旅+交通"融合发展，开行首趟秦腔文化定制旅游专列，深度挖掘陕西特色非遗资源，培育旅游专列等文旅新业态。截至目前，陕西已累计开行定制旅游专列190趟，涵盖风景游、冰雪游、赏花游、纳凉游、研学游、红色游、文化游等多个类别，服务游客近11万人次，带动火车、汽车跟团游、自驾游等40万人次。陕西凤县双石铺镇兴隆场村"三个强化、接续发展，聚力打造宜居宜游的山水田园休闲旅游度假村"案例和汉中市佛坪县"以全域旅游发展为引领，创新秦巴山区旅游增收致富新模式"案例成功入选由世界旅游联盟评定的2023年旅游助力乡村振兴案例。自2018年起，陕西连续6年先后有8个案例成功入选。陕西省宝鸡市西凤酒工业旅游基地和陕西省安康市恒口毛玩工业旅游基地两家单位通过《国家工业旅游示范基地规范与评价》行业标准，入选国家工业旅游示范基地。

3. 重大文旅项目加快推进，万亿级文化旅游产业发展提速

陕西文旅产业坚持项目带动，抢抓文旅市场回暖机遇，加快重大文旅项

目建设，通过数字赋能、金融支撑，以打造万亿级文旅产业和促进文旅消费为目标，以 8 条文旅产业链群为抓手，筑牢文化强省项目支撑。全省 31 个省级文化和旅游重点项目总投资 506.64 亿元，已完成投资 73.73 亿元，其中第三季度完成投资 26.16 亿元。① 2023 年，全省"四个一批"文旅高质量项目库中有 552 个项目被纳入。其中，谋划项目 151 个、储备项目 126 个、开工项目 196 个，投产项目 79 个，总投资 2705.61 亿元，同比分别增长 19.4%、5.6%。全省文旅系统围绕八条重点文旅产业链（包括旅游景区及线路、文娱演出、文化创意、乡村旅游等产业），建立"工具箱""政策池""资金库"，扎实推进高质量文旅项目建设。2023 年上半年，陕西建设项目 384 个，总投资 1711.3 亿元。全省在建文旅重点项目 270 个，总投资 1564.7 亿元，完成投资 102.5 亿元。② 此外，陕西开展全周期文化旅游重点项目托育试点，推动全省文旅项目建设提质增效。陕西 2023 年已竣工或正在建设且年底能够基本竣工的国家级、省级度假区项目有 15 个，总投资 17.37 亿元。目前，已完成投资 17.03 亿元，投产项目 11 个，包括白水县仓颉庙中华上古文化园、乾陵游客中心等。图书馆、博物馆、文化馆、美术馆、非遗中心、剧院剧场等公共文化服务设施项目有 22 个，总投资 35.06 亿元，已完成投资 28.98 亿元，投产项目 10 个。③

4. 数字化赋能文化产业发展，探索旅游演艺管理新路径

凭借丰厚的文化旅游资源，陕西文化产业新业态、新供给、新模式、新场景不断涌现，为文化产业发展注入新动能。"文化+旅游""文化+科技""文化+金融"等已成为陕西文旅产业创新发展的主力军。2023 年，全省数字创意产业战新增加值同比增长 6.7%，较前三季度提高 1.9 个百分点，占战新增加值的 11.0%，较上年同期提高 0.5 个百分点，数字化赋能提速增

① 《陕西文旅重点项目建设投资加大落地加速》，凤凰网陕西频道，https：//sn.ifeng.com/c/8UxCfv9lvLp，最后访问日期：2023 年 11 月 20 日。
② 《陕西全力推动文化旅游高质量发展》，陕西省人民政府网站，http://www.shaanxi.gov.cn/xw/sxyw/202309/t20230920_2301246_wap.html，最后访问日期：2023 年 11 月 20 日。
③ 《陕西文旅重点项目建设投资加大落地加速》，凤凰网陕西频道，https：//sn.ifeng.com/c/8UxCfv9lvLp，最后访问日期：2023 年 11 月 20 日。

效。以数字创意产业为代表的数字经济较快发展，随着大数据、云计算、物联网、人工智能等新一代信息通信技术的快速发展，新技术与数字创意深度结合，其中广告业战新营业收入同比增长 5.9%，会议、展览及相关服务业增长 30.6%，广播、电视、电影和录音制作业战新营业收入增长 37.6%，其中电影放映业增长 76.7%。大唐不夜城 5G+智慧旅游试点项目入选文化和旅游部首批"5G+智慧旅游"应用试点。大唐不夜城探索文商旅融合发展的新路径，通过打造智慧街区项目，建立安防智慧化指挥中心，实现实时灯光特效控制、人流密度预警、应急预案启动、保障游客安全出游等功能，提升优化科技在街区旅游产品、旅游业态、旅游管理水平中的应用。

由陕西华清宫文化旅游有限公司申报，陕西省文化和旅游厅推荐的"'长恨歌'标准化模式铸就旅游演艺文化品牌"成功入选全国文旅标准化示范典型经验名单。该项目主导编制 3 项国家标准、9 项地方标准，填补了旅游演艺标准领域的空白，初步搭建了旅游演艺标准基础框架。在演出接待服务、安全管理、舞台保障、演员管理、突发事件处置等方面，"长恨歌"标准化模式制定了 252 项企业标准，形成一套《长恨歌》标准化管理体系，探索推动标准化陕西旅游演艺管理高质量发展新路径。①

5. 加强全域旅游建设，着力推动三大文旅板块发展

陕西是全国 8 个全域旅游示范省级创建单位之一。通过加强全域旅游示范区、文旅融合示范区建设，陕西深入挖掘历史文化、革命文化、都市文化、民俗文化和自然风情特质，顺应文化旅游产业转型发展新趋势，推出文旅新产品、壮大文旅新业态、打造文旅消费新场景，同时做精文旅新 IP、做实文旅新消费，丰富优质文旅产品和服务供给，打造更多旅游核心吸引物。2023 年，省文化和旅游厅命名西安市莲湖区，宝鸡市陈仓区、岐山县，咸阳市泾阳县、彬州市，渭南市合阳县，延安市宝塔区，榆林市绥德县、佳县，汉中市西乡县，安康市汉滨区、平利县，商洛市商州区、洛南县等 14

① 《20 项全国文旅标准化示范典型经验名单公布　陕西一项目入选》，凤凰网，https：//sn.ifeng.com/c/8UxCfv9lvMA，最后访问日期：2023 年 11 月 22 日。

个县（市、区）为陕西省全域旅游示范区。

通过深入挖掘各地独特的文化旅游资源，陕西着力构建关中、陕北、陕南三大文旅板块，推动全省文化旅游业全领域、全行业、全链条融合发展。西安的夜间经济繁荣指数与北京等城市一起位列全国第一梯队。① 大唐不夜城步行街、西安城墙景区、北院门历史文化街区和易俗社文化街区，先后两批入选国家级夜间文化和旅游消费集聚区。凭借拓展消费场景发展丰富多彩的夜间营销活动（诸如户外运动、美陈展览、音乐演出、特色市集、文化活动），既满足了消费者日益多元的文化消费需求，又能延长经济时效、增加社会就业，形成了西安独特的 IP 符号。渭南市召开文化和旅游产业发展大会、高质量项目推进观摩会，打造千亿级文旅产业重点项目库和"专精特新"项目库。延安市会同财政、发展改革、行政审批等相关部门，定期召开重点项目"解扣""解难"座谈会。榆林市从 2023 年开始每年安排3000 万元旅游产业发展专项资金，用于支持文旅项目建设。

6. 持续改善文旅营商环境，优化文化产业发展路径

优化文旅产业营商环境，为陕西文旅产业发展提供强大的政策支撑。遵循文旅市场发展规律，陕西进一步明确文旅产业发展方向目标，加快构建和完善文旅产业政策体系，系统整合现有文旅产业政策。通过深化简政放权，陕西加快构建省、市、县三级行政许可清单体系，实现全省文旅行政许可事项同要素管理、同标准办理。

陕西鼓励优势文化产业园区整合资源，加速培养和引进一批具有比较优势的龙头型文旅企业。通过重点培育省内科技含量高、文化创意水平高的潜力型文旅企业，培育和引进"独角兽"文旅企业和行业领军型企业，加快充实陕西文旅产业战略储备库。陕西搭建具有一定规模的文旅平台，跨领域引入社会资本、央企资本以及大型文化基金，助力全省万亿级文旅产业发展，把西安打造成全国传承弘扬中华优秀传统文化的主力军、先锋队。

---

① 《西安夜间经济繁荣指数位列全国第一梯队》，陕西省政府网，http：//www.shaanxi.gov.cn/xw/sxyw/202307/t20230708_ 2293068.html。

陕西协调省市相关部门制定文旅产业领域发展政策，统筹各地制定区域文旅产业发展政策，为文旅产业发展提供全方位、多层次、多领域的政策支撑。2023年，西安市、宝鸡市分别制定《推动文化旅游高质量发展的若干政策》《促进旅游产业高质量发展若干政策实施细则及资金管理办法》，将重大文旅项目列入支持范围。西安出台《2023年着力传承弘扬中华优秀传统文化细化实施方案》，加快推进56个市级重点文旅项目建设，着力夯实产业发展基础。此外，西安精准出台文旅稳增长促消费接续政策，积极落实支持文化和旅游企业发展财税金融政策，组织银企对接，强化金融保障。加大文化旅游业市场主体培育力度，加大对文旅企业创新供给的奖补支持，持续发放文化惠民卡和文旅消费券。

陕西开展全省A级旅游景区放心消费创建活动，围绕消费安全放心、质量放心、价格放心、服务放心、维权放心"五个放心"，通过积极发挥各级消费者权益保护工作联席会议作用，健全放心消费创建联动工作机制，调动旅游景区管理者和景区经营者参与此项活动的积极性、主动性，鼓励支持旅游景区开展放心消费创建活动，进一步激发文旅消费活力，助力陕西经济高质量发展。力争到2025年，陕西旅游景区消费品和服务质量全面提升，消费纠纷和解率达到95%以上，消费环境更加舒心放心。

（六）对外文化交流硕果盈枝

2023年，广大干部群众深刻领会习近平总书记赋予陕西扩大开放的战略使命，深入学习习近平总书记关于对外开放的重要论述和历次来陕考察重要讲话重要指示精神，以争当时代弄潮儿的胆量与气魄，在已有成就基础上发展更充分、更全面、更深层次的对外交流。在以共建"一带一路"为抓手的基础上，陕西进一步健全监管与工作机制，全力发挥高端平台的引领示范作用，突出与重视文化领域交流，打造开放大窗口，采取多维度综合举措，推动重点领域国内、国际交流合作，推出崭新而自信的陕西形象，在对外交流中做强陕西文化软实力，提升陕西经济对外开放水平，打造中国内陆改革开放高地、国家向西开放的前沿阵地。

1. 对外交流活动百花齐放，助力陕西文化"走出去"

2023年是陕西对外文化交流活动频繁、丰富的一年。依托优势历史文化资源，陕西以各种主题活动和优势平台，如文物巡展、艺术剧目巡演、"陕西传统文化周"、"长安有故里——外籍友人博物馆奇妙之旅"、"亚洲文化遗产保护联盟大会"、"丝绸之路国际论坛"等，加强与国内外开展密切的文化往来，推动本土文化域外传播。

2014年9月，由文化和旅游部与陕西省人民政府共同主办、悉心打造的文化交流平台和文化盛会"丝绸之路国际艺术节"永久落户西安。大会自创办以来，一直承担着加强陕西与国内外文化往来，提升中华文化国际影响力的重任。2023年10月15~29日，第九届丝绸之路国际艺术节在西安如期举行。本次盛会以"丝路新乐章，美好新未来"为主题，通过对互联网传播技术的高效运用，以线上、线下展演结合的新形势，向多达800万余人次的国内、国外观众奉献了82场地方色彩鲜明的主题活动，其中如"鼓乐长安·金声玉振"主题非遗器乐展、"丝路精神·时代丹青"国际美术作品展、"马来西亚文化日"等特色鲜明的活动吸引了大量观众驻足流连；本次盛会还推出了秦腔《无界·长安》等37台美轮美奂的国内外优秀剧目，以艺术互联互通、增进友谊、传播文明。

2. 巩固壮大主流思想舆论，国际传播效能显著提升

聚焦"一带一路"倡议提出十周年，举办"大美中国·多彩丝路"2023丝路嘉年华暨丝路春晚、"2023丝绸之路万里行·共赢之路"大型跨国全媒体采访活动，开展"Z世代的2023：以丝路之名"主题外宣活动，与中阿卫视合作开办的电视栏目《视听中国·陕西时间》覆盖22个阿拉伯国家和地区，每周固定时间播出。成立陕西国际传播中心，提高陕西国际传播能力，面向世界讲好中国故事、陕西故事、丝路故事。咸阳市海外官方账号"魅力咸阳"上线运行，渭南市推进"世界你好 我是渭南"多语种传播平台和海外社交账号建设；汉中市策划开展"汉风中国年""朱鹮发现日"等境外媒体采访活动；杨凌示范区以第30届农高会、上海合作组织减贫和可持续发展论坛举办为契机，加强与共建"一带一路"国家和地区的

交流合作等，都取得了良好效果。

3. 陕西与中亚：跨越河山，相遇相知

首届中国—中亚峰会的召开为陕西文化发展带来了新的历史机遇。5月19日，哈萨克斯坦驻西安总领事馆正式开馆，标志着陕西与中亚的友好交流进入新阶段。9月10日，受哈方邀请，陕西省24名书画家组成"从长安出发·丝路墨香"首批文化访问团赴哈萨克斯坦、乌兹别克斯坦文教机构展开交流活动，将陕西书画文化有力推向域外。11月16日，陕西举办以"和美之约·共创繁荣"为主题的陕西与中亚文艺交流会。此次会演云集乌兹别克斯坦、哈萨克斯坦、吉尔吉斯斯坦和陕西省多方歌舞剧院人士，彰显了开放而多元的陕西新形象。

4. 多类型展览点亮陕西文化魅力

各种形式的展览、博览会是助力陕西文化外传、促进文化交流的重要形式。2023年，陕西各级政府、各类文博机构勠力同心，向外推出一大批精品展览平台：年初，由巴黎中国文化中心与陕西省文化和旅游厅共同主办的陕西文化艺术展在巴黎中国文化中心拉开大幕，该展览聚焦陕西周秦汉唐文化、陕西非物质文化遗产、陕西美食等主题，让法国观众足不出户尽享陕西文化盛宴；8月17日，第十届中国西部文化产业博览会和2023西安丝绸之路国际旅游博览会在西安国际会展中心盛大开幕，作为一项国际性的博览盛会，本届博览会容纳了五个专题展馆、西安25个分会场和陕西各市14个分会场，其中陕西相关展览囊括非遗、地方工艺、西部影视、创意设计等领域大量展品，吸引了海内外各界人士驻足；10月28日，陕西省文化和旅游厅、延安市人民政府主办的"黄河记忆——2023年黄河非遗大展"在延安启动，该展览紧紧围绕黄河的非物质文化遗产，以一系列专题活动向省内外展现黄河文化的悠久璀璨和黄河生态保护的辉煌成就；11月16~20日，第七届丝绸之路博览会暨中国东西部合作与投资贸易洽谈会在西安举办，此次盛会期间，省文化和旅游厅以"文化陕西·华彩非遗"为主题在陕西馆精心策划了引人入胜的展览活动，皮影戏、耀州瓷、汉中藤编、富平土织布、麦秆画等陕西地方非遗工艺品琳琅满目，受到了参会观众的喜爱，为传播陕

西文化做出了切实的贡献。

5. 文旅交流，提升陕西吸引力

2023年，陕西着力打造一批具有地方特色的文旅项目，通过"部省合作""欢乐春节""云游中国"等国家级平台实现"走出去"。9月4~7日，陕西省文旅代表团在"一带一路"首倡之地哈萨克斯坦首都阿斯塔纳，与当地文旅业界同仁在文化艺术交流、文旅产品开发等领域开展了密切而深入的交流活动；9月24日，由陕西省文化和旅游厅主办的"三秦四季·真情'沪'见"陕西文旅（上海）推介会暨陕西省与长三角地区文旅合作交流活动在上海举办，该推介会以包括陕西地方舞蹈、特色集市等在内的现场展演为舞台，向广大长三角地区游客宣传陕西自然与文化魅力，鼓励更多游客走进陕西；11月17日，共建"一带一路"国家（地区）"文化陕西"旅游推介活动在西安国际会展中心举行，该活动以陕西非物质文化展览、文旅产品推介等形式，为陕西省对外文旅合作提供了新契机；此外，多媒体与数字技术的运用也成为陕西文旅对外交流的新途径。陕西省近年专门策划了《陕西的世界遗产》《丝绸之路上的陕西》等多语种陕西文化和旅游宣传片，通过互联网多媒体形式广泛外传。2023年，陕西省文化和旅游厅在Facebook、推特等国际知名社交平台上运营"云游陕西"英、日、韩3个语种共11个官方账号，粉丝数量逾120万，曝光超3.3亿次，大大促进了域外受众对陕西旅游资源的了解，向外推介陕西新形象，在讲好陕西故事之余为陕西旅游事业添砖加瓦。

在西安举办的第九届丝绸之路国际电影节，90多个国家和地区的1598部影片参展参赛，总传播量突破20亿人次。9月18日，"陕耀丝路"中阿对外文化国际交流暨《三原印象》合拍纪录片启动仪式在陕西三原举行。9月25日，在福州举办的陕西影视产业推介会上，《鹦鹉杀》等8部陕西重点电影项目登场亮相。

6. 考古文保合作：发挥优势，广结良缘

陕西文物资源富集，考古和文物保护技术较为先进，在考古发掘、文物保护领域开展与国内外的合作，特别是近年来与共建"一带一路"国家的合作是陕西对外交流的重要特色。通过组织专业人员"走出去"，在乌兹别克斯坦、哈萨克斯坦、吉尔吉斯斯坦等多达 12 个国家开展联合考古工作，陕西省考古人员深度参与了诸如撒马尔罕古城、拉哈特古城等古代遗址的挖掘工作，取得了良好的成果，也赢得了外国同行的好评。9 月，为进一步落实中国—中亚峰会精神，陕西省委书记、省人大常委会主任赵一德在乌兹别克斯坦为"中国—中亚人类与环境'一带一路'联合实验室（撒马尔罕）""中乌科技考古与文化遗产保护国际联合实验室"揭牌。此外，陕西先后承办"考古视野下的丝绸之路国际论坛""中国—中亚民间友好论坛考古和文化遗产保护分论坛"，不断探索考古、文保、文博领域对外合作形式，力求在合作中深化陕西与共建"一带一路"国家的学术文化交流。

三　2024年陕西文化发展前景分析

陕西历史悠久，文化底蕴深厚。随着 2023 年文化传承发展座谈会的召开和习近平文化思想的提出，2024 年将成为中国特色社会主义文化建设的重要一年。在此形势下，陕西省提出努力在推进文化自信自强上争做西部示范，必将掀起新的文化发展高潮，文化建设进入新的历史阶段。

（一）深入学习宣传贯彻习近平文化思想

习近平文化思想是新时代中国共产党领导文化建设的理论总结，极大丰富和发展了马克思主义文化理论，突出了文化在中国特色社会主义建设中的重要地位，为党和国家推动文化繁荣兴盛、建设文化强国、建设中华民族现代文明提供了科学行动指南。

习近平总书记对陕西文化建设寄予厚望，每次来陕考察均对文化发展提出要求，要求陕西扎实加强文化建设，加大文物保护力度，发挥好博物馆保护、传承、研究、展示人类文明的重要作用，守护好中华文脉，让文物活起来，保护好传承好非物质文化遗产，用好自身历史文化资源和红色文化资源，大力弘扬伟大建党精神和延安精神，弘扬中华优秀传统文化、革命文化、社会主义先进文化，培育社会主义核心价值观，坚定文化自信，增强全民族创造活力，加强公共文化产品和服务供给，更好满足人民群众精神文化生活需要，为陕西文化建设擘画了发展蓝图。

2024年，陕西宣传思想文化战线将深入学习领会、研究阐释、贯彻落实习近平文化思想，深刻领悟习近平文化思想的重大意义，增强学习贯彻的思想自觉、行动自觉；深刻领悟习近平文化思想的核心要义、精神实质、丰富内涵、政治自觉、实践要求；准确把握在新时代如何加强文化建设，如何推进中华优秀传统文化传承发展，如何把马克思主义基本原理与中华优秀传统文化相结合，如何坚定文化自信、推进文化强国建设，如何坚持胸怀天下、秉持开放包容。同时，结合习近平总书记历次来陕考察关于陕西文化建设的重要讲话重要指示精神，全面贯彻落实，加强文化强省建设。

（二）聚力文化传承发展，加快建设文化强省

文化是一个民族的精神支柱，通过文化传承发展可以使人们更加紧密地团结在一起，有助于培养具有高度文化自觉的公民，丰富人们的文化生活，提高人们的审美能力和文化素养，为现代化建设提供丰富的思想资源和智力支持。党的十八大以来，习近平总书记对文化传承发展提出了系列重要要求，特别是在2023年6月2日文化传承发展座谈会上，习近平总书记从党和国家事业发展全局战略高度，对中华文化传承发展的一系列重大理论和现实问题作了全面系统深入阐述。

按照党中央部署，2024年陕西各界将在更深层次上理解和把握中华优秀传统文化、革命文化、社会主义先进文化；加深对"两个结合"尤其是"第二个结合"的理解和把握；更加注重坚守"魂脉"和"根脉"，创造性转化、创新性发展中华优秀传统文化，传承弘扬革命文化，培育和践行社会主义核心价值观，找到传统文化和现代生活的连接点，建设社会主义先进文化，不断满足人民日益增长的美好生活需要，加快陕西文化强省建设。为此，应重点在三个方面积极发力。

一是以更大力度加强文化遗产保护利用。深入贯彻习近平总书记关于文

物工作和非物质文化遗产保护工作的重要论述，加强各级各类文物保护，深入实施文物惠民工程，办好各类文物巡展活动，充分发挥延安革命文物国家文物保护利用示范区的示范作用，大力弘扬延安精神，深入研发红色文创产品，发展红色旅游。

二是持续推进文化事业，完善现代公共文化服务体系。深入阐释挖掘秦岭文化、关中文化、黄河文化等丰富内涵，加快宣传普及。在文学艺术领域不断"推新人、出新作"，重视文艺作品网络传播。不断加大新型公共文化空间建设，鼓励有条件的地区结合地方特色对老旧乡镇文化站、文化中心进行提档升级，支持社会力量参与创新公共文化新空间的政策措施，进一步完善、优化新型公共文化服务设施体系。

三是加快发展文化产业。持续推进重大文化产业项目带动战略，以更大力度加快构建现代文化产业体系。规模以上文化企业户数和营业收入持续增加。文化服务业、文化批发和零售业、文化制造业营业收入稳步增长。在九大行业门类中，文化传播渠道营业收入和增速继续领跑，创意设计服务、新闻信息服务、文化消费终端生产、文化装备生产、内容创作生产、文化娱乐休闲服务、文化投资运营营业收入持续增长。在具体行业门类中，"互联网其他信息服务""互联网广告服务""其他广告服务""工业设计服务""图书出版"等仍是重要增长点。

（三）深入实施国家文化数字化战略，繁荣发展数字文化产业

实施国家文化数字化战略是新时代中国特色社会主义文化建设的重要战略。随着陕西省《关于贯彻落实国家文化数字化战略的实施方案》出台，2024年将成为陕西实施国家文化数字化战略的重要一年，陕西将充分发挥自身优势，用数字化赋能文化强省建设，使积极健康向上的数字文化内容成为传播主流，把社会主义核心价值观体现到数字信息服务和数字文化产品生产全过程。

一是加强文化数字化基础设施和服务平台建设，加强陕西省各类文化资源端、生产端、消费端和云端数字化设施建设，建设具备云计算能力和超计

算能力的文化计算体系，形成文化专网以及国家文化大数据体系陕西省域中心和西北区域中心。积极搭建陕西文化数据服务平台，并与互联网消费平台衔接，为文化数字内容提供多网多终端分发服务，不断深化"互联网+公共文化"，使公共文化服务不断走上"云端"、进入"指尖"。

二是加快推进各类理论资源数字化、网络化、智能化，加强个性化、可视化、互动化传播，打造"秦声言理"理论网宣品牌，推动党的创新理论充盈网络、深入人心，引导广大干部群众坚定不移沿着习近平总书记指引的方向奋勇前行。同时，推动"文学陕军""长安画派""西部影视""陕西戏剧""陕北民歌"等文化品牌数字化、网络化，实施"国风秦韵"数字文艺创作项目，以更多优秀数字文艺作品滋养人心。借助数字化平台，促进艺术家交流互鉴和艺术品线上流通，活跃艺术市场，推动文艺赋能产业发展。

三是实施革命文化互联网传播工程，抓好"四史"和延安精神网上宣传教育，进一步传承陕西红色基因。围绕黄帝陵、兵马俑、秦岭、华山、延安宝塔山等精神标识和自然标识，推动中华优秀传统文化的数字化呈现、网络化传播，让陕西更多的文化地标实现"破圈"传播。大力培育网络文化新型业态，着力发展数字文化产业，深入推进文化与旅游、金融、科技等业态融合发展，打造数字文旅、数字文博、数字"非遗"、数字影视演艺、数字动漫电竞、网络视听等产业链，壮大云演艺、云会展、云旅游等新业态，培育数字化文化消费新场景。

（四）文化旅游深度融合，加快打造万亿级文旅产业集群

随着陕西省加快打造万亿级文旅产业集群，关中、陕北、陕南三大文旅板块共同发力，旅游景区及线路、文娱演出、文化创意、商旅名街、会展经济、赛事经济、出版发行、乡村旅游8个链群相互交织。按照"有文化即有旅游，有旅游即有文化"发展思路，陕西文化与旅游日益融为一体。

在打造万亿级文旅产业集群中，通过体制机制改革和真抓实干，一批国家级、省级文化旅游产业融合示范区初步建成，充分发挥其示范作用，带动

全省城市旅游、乡村旅游彰显文化底蕴。通过鼓励支持，全省各个文化企业纷纷加入为旅游发展服务；各地在旅游发展中，强化文化创意策划，认真梳理、提炼文化资源，以文化驱动旅游，以旅游弘扬文化。结合全域旅游示范区（县）创建，越来越多的文化场馆创建为 A 级景区。

通过打造万亿级文旅产业集群，陕西文化品牌影响力持续提升，文化标识 IP 矩阵不断得到彰显。凭借历史禀赋激发文物优势，在保护的基础上进一步激活文物内涵。陕西省首批三条文物主题游径——大汉文化主题游径、沿黄文化主题游径、中共中央转战陕北主题游径，不断成为热门旅游精品线路。黄河文化旅游廊道建设初见成效，形成一批文化特色鲜明的旅游休闲城市和街区。

（五）陕西文化持续"走出去"，不断加强文化交流

2023 年 5 月 17 日，习近平总书记在听取陕西省委和省政府工作汇报时强调要着力扩大对内对外开放。陕西牢记习近平总书记殷殷嘱托，立足本省在地理区位、产业、科研、教育、历史文化等领域优势，抓住时代机遇与政策红利，着力破解各项短板，继续加强对外宣传和文化交流活动，加强与国内外各地各界的文旅合作，以及文博、考古、文保等领域的交流。

首先，西咸新区文化艺术交流服务平台、"一带一路"文物数字化交流合作平台、"一带一路"语言能力标准化服务体系及大数据平台以及西安对外文化贸易基地等平台国际文化交流更加频繁，"一带一路"文化旅游先行示范区创建不断推进，西安国际旅游枢纽地位日益明显，入境旅游消费产品供给不断丰富，国际化文化旅游标识系统不断完善。在此基础上，陕西文化旅游企业不断"走出去"，在境外落地一批知名文化旅游项目，"国风秦韵""丝绸之路起点、兵马俑的故乡"等陕西文化品牌国际影响力不断提升。

其次，全面落实陕西省《关于着力扩大对内对外开放促进开放型经济高质量发展的实施意见》，西安丝绸之路国际旅游博览会提档升级，中国西部文化产业博览会面向共建"一带一路"国家和地区开放，进一步扩大规模，交流更为频繁；丝绸之路国际艺术节、丝绸之路国际电影节等展

会活动参会国家更加广泛，节目更加精彩，影响力更强，各市（区）广泛参加国际文化旅游展会及招商活动。陕西境外营销网络更加健全，积极宣传陕西，面向国际讲好陕西故事，扩大陕西国际知名度，扩大中华文化影响力。

最后，充分利用陕西文物资源大省以及在考古、文保方面的优势，深入贯彻落实"一带一路"倡议和中国—中亚峰会成果，不断深化与共建"一带一路"国家文化遗产领域的交流合作，深度参与亚洲文化遗产保护行动，发挥好"丝绸之路"考古合作研究中心和援外项目国际平台作用，加快丝绸之路考古合作研究中心建设，深化国际交流合作，面向国际，展现陕西形象，擦亮陕西名片。

宏观视野篇

B.2

陕西黄河流域历史文化资源
保护利用研究[*]

陕西黄河流域历史文化资源保护利用研究课题组^{**}

摘　要：　陕西黄河流域历史悠久、文化底蕴深厚，是黄河文化的核心区域之一。近年来，陕西围绕"黄河流域生态保护和高质量发展"这一重大国家战略，立足资源禀赋特征和经济社会发展实际，大力保护、传承、弘扬黄河文化。本报告在阐述陕西黄河流域历史文化资源特点、价值基础上，分析了保护利用存在的主要问题，从文化资源发掘、协同机制构建、分类分区引导、创新活化利用、公共服务构建和国际合作展开等六个方面

　*　本文系陕西省哲学社会科学研究专项（项目编号：2023QN1435）研究成果；陕西省社会科学基金年度项目"产业活态下陕西非遗特色窑业村镇保护发展策略研究"（项目编号：2022J021）阶段性研究成果；教育部人文社会科学研究青年基金项目"符号学视域下延川民间美术与谚语的结合形态研究"（项目编号：21YJC760094）阶段性研究成果。
　**　课题组组长：刘羽佳；课题组成员：张斌、杜喆、齐应涛、薛白、余秋子。执笔：刘羽佳，西安建筑科技大学艺术学院师资博士后（讲师），主要研究方向为历史文化资源保护利用、乡村文化景观保护传承。

提出了保护活化对策与建议。

关键词： 陕西黄河文化　历史文化资源　保护与活化利用

一　陕西黄河流域历史文化资源禀赋特征

陕西是黄河文化的核心区域之一。陕西黄河流域北起榆林黄土高原，南到中华民族祖脉秦岭，西起宝鸡渭河沿岸，东至黄河干流西岸，流经省内 82 县（区），涉及西安、咸阳、宝鸡、铜川、渭南、延安、榆林、商洛、杨凌、韩城等地，流域面积为 13.33 万平方千米，干流全长 723.6 千米，占黄河流域总面积的 17.7%。[①] 陕西黄河流域文化底蕴深厚，在历史的发展演进中孕育了史前文化、农耕文化、关中文化、陕北黄土文化及边塞文化、红色文化、秦岭生态文化等特征鲜明的地域文化，历史文化资源种类丰富、分布广泛。

截至目前，陕西黄河流域共有秦始皇帝陵及兵马俑坑、丝绸之路：长安—天山廊道路网、长城（陕西段）等 3 处 9 个点世界文化遗产，以及郑国渠世界灌溉工程遗产、佳县千年古枣园全球重要农业文化遗产等农耕文明遗产。[②] 在非物质文化遗产方面，陕西黄河流域共有国家级文化生态保护区 1 项（陕北文化生态保护区），国家级非物质文化遗产生产性保护示范基地 3 项，联合国教科文组织"人类非物质文化遗产代表作名录"3 项（西安鼓乐、中国剪纸、中国皮影戏），国家级非遗名录 80 项（秦腔、安塞腰鼓、耀州窑陶瓷烧制技艺等），陕西省非物质文化遗产名录 627 项（含第七批）（见表 1）。

[①] 《陕西省黄河文化保护传承弘扬规划》，陕西省文化和旅游厅、陕西省发展和改革委员会，http：//whhlyt. shaanxi. gov. cn/Uploads/content/20210327/20210330. pdf，最后访问日期：2023 年 10 月 2 日。

[②] 《陕西省黄河文化保护传承弘扬规划》，陕西省文化和旅游厅、陕西省发展和改革委员会，http：//whhlyt. shaanxi. gov. cn/Uploads/content/20210327/20210330. pdf，最后访问日期：2023 年 10 月 2 日。

表1　陕西黄河流域非物质文化遗产分布情况

单位：项

申报类别	西安	咸阳	宝鸡	铜川	渭南	延安	榆林	商洛	韩城	杨凌	陕西
国家级文化生态保护区							1				
国家级非物质文化遗产生产性保护示范基地	1		1	1							
国家级非物质文化遗产名录	9	5	6	2	13	13	12	4	3		13
陕西省非物质文化遗产名录	137	84	66	17	111	83	66	20	13	1	29

资料来源：根据中国非物质文化遗产网·中国非物质文化遗产数字博物馆、陕西非物质文化遗产保护中心提供数据绘制。地名为申报地区或单位所在地。

　　陕西黄河流域共有国家考古遗址公园7处（汉阳陵国家考古遗址公园、秦始皇陵国家考古遗址公园、大明宫国家考古遗址公园、汉长安城未央宫国家考古遗址公园、石峁国家考古遗址公园、统万城国家考古遗址公园、乾陵国家考古遗址公园），中国历史文化名城5座（西安、咸阳、延安、韩城、榆林），中国历史文化名镇3个（高家堡镇、尧头镇、陈炉镇），中国历史文化名村3个（柏社村、党家村、杨家沟村），中国传统村落共有127个；省级历史文化名城13座（佳县、神木、府谷、华阴、蒲城、三原、乾县、黄陵、凤翔、子长、绥德、富平、米脂），省级历史文化名镇及名村分别为23个、34个（含第6批）；① 国家文物保护利用示范区1个（延安革命文物国家文物保护利用示范区），全国重点文物保护单位248处，其中半坡遗址、石峁遗址等古遗址49个，七星庙、白云山庙、党家村古建筑群、大雁塔等古建筑34处，司马迁墓和祠、唐代帝陵等古墓葬15个。② 此外，共有博物馆306座，其中国家一级博物馆9座、二级博物馆14座、三级博物馆19座（见表2）。③

　　综上所述，陕西黄河流域文化底蕴深厚，遗产资源丰富且具有复杂性

① 《陕西公布第六批历史文化名城名镇名村街区》，陕西省人民政府，http://www.shaanxi.gov.cn/xw/sxyw/202401/t20240105_ 2312945.html，最后访问日期：2024年3月19日。
② 本文统计范围依照《陕西省黄河文化保护传承弘扬规划》，涉及陕西西安、咸阳、宝鸡、铜川、渭南、延安、榆林、商洛（洛南县、商州区、丹凤县3县区）、杨凌、韩城。
③ 根据全国博物馆年度报告信息系统公布的2022年最新已备案博物馆数据整理。

等特征。其中，古遗址、古建筑等大量分布于西安、咸阳、榆林等地；而非遗资源集中分布于西安、渭南、榆林、延安，且渭南、榆林传统村落众多，反映出黄河文化在当地保持着积极的社会作用，具有持续演进的动态特征。此外，基于以上文化遗存的分布及类别，从华夏文明的发祥与文脉传承到中外文明交流，再到近代革命的完整文化发展脉络，彰显了陕西黄河流域保护传承中华文明的重要历史地位及作为中华文明高地的文化身份。①

表 2　陕西黄河流域文化遗存分布情况

类别	西安	咸阳	宝鸡	铜川	渭南	延安	榆林	商洛	韩城
国家考古遗址公园（处）	3	2					2		
中国历史文化名城（座）	1	1				1	1		1
中国历史文化名镇（个）				1	1		1		
中国历史文化名村（个）		1					1		1
中国传统村落（个）	5	13	4	3	35	13	41	2	11
国家文物保护利用示范区（个）						1			
全国重点文物保护单位（处）	60	39	28	10	44	22	22	7	16

资料来源：根据陕西省文物局官网数据整理。

二　陕西黄河流域历史文化资源保护利用现状

近年来，为进一步传承和弘扬黄河流域文化精神内涵与时代价值，陕西围绕"黄河流域生态保护和高质量发展"这一重大国家战略，立足资源禀赋特征和社会发展实际，充分挖掘黄河流域历史文化资源与文化内涵，陕西省文化和旅游厅、陕西省发展和改革委员会先后印发《陕西省黄河文化保护传承弘扬规划》、《陕西黄河文化保护传承弘扬三年行动计划（2022~2024年）》（简称《计划》）。《计划》制定陕西沿线黄河文化保护传承弘扬工作未来三

① 《陕西省黄河文化保护传承弘扬规划》，陕西省文化和旅游厅、陕西省发展和改革委员会，http：//whhlyt.shaanxi.gov.cn/Uploads/content/20210327/20210330.pdf，最后访问日期：2023年10月2日。

年的主要工作目标，提出重点实施黄河文化遗产保护利用行动，指出要全面系统推进黄河文化资源发掘和普查，在摸清底数、了解现状的基础上，形成黄河文化资源集成展示体系，统筹推进黄河文化遗产系统保护工作。[①] 此外，陕西持续深化实施"六大工程"，[②] 在推进陕西黄河流域文化资源价值转化与文化旅游国际传播建设方面取得了良好成效。

（一）非物质文化遗产保护利用

1. 制定保护传承政策，挖掘梳理陕西黄河流域非物质文化遗产内涵

2022 年 12 月，陕西省文化和旅游厅印发的《陕西省省级文化生态保护区管理办法》指出，加强非物质文化遗产区域性整体保护，维护和培育文化生态，传承弘扬中华优秀传统文化，坚定文化自信，满足人民日益增长的美好生活需要。2023 年 1 月，文化和旅游部公布陕北文化生态保护（实验）区，位于陕西省榆林市（保护区）、延安市（实验区），将陕北黄河沿线非物质文化遗产、物质文化遗产、人文环境、自然环境纳入整体性保护。

在保护传承措施上，陕西成立专班开展黄河流域非物质文化遗产普查和记录工作，深入挖掘梳理相关文化价值内涵及文化体系。此外，积极开展非遗相关学术研讨活动。陕西省黄河文化遗产研究中心、陕西省文物保护研究院不定期以线上线下形式主办"黄河文化遗产大讲堂"，有力地推动了黄河文化的传承与弘扬。

2. 推动建成非遗工坊与示范基地

积极开展非遗工坊、非遗研究基地/传承教育基地，非遗特色示范县（市、区）、示范镇、示范街区的申报与评审工作。其中，2022 年 10 月，陕西黄河流域共 20 家非遗工坊入选第二批省级非遗工坊；此外，"凤翔泥塑：

---

① 《陕西黄河文化保护传承弘扬三年行动计划（2022~2024 年）》，陕西省文化和旅游厅、陕西省发展和改革委员会，http://whhlyt.shaanxi.gov.cn/Uploads/content/20220509/1652093573385047.pdf，最后访问日期：2023 年 10 月 5 日。

② 黄河文化记忆保护传承弘扬工程、黄河文化和旅游融合发展工程、黄河生态文化群落建设工程、红色革命文化高地建设工程、新时代黄河故事创作推广工程、黄河文化数字化创新发展工程。

'泥耍货'变身'聚宝盆'""西秦刺绣:'巧手绣出乡村幸福生活'"等2 项案例入选由文化和旅游部、人力资源和社会保障部、国家乡村振兴局共同开展的"非遗工坊典型案例";永兴坊—陕西非遗文化特色街区、大唐芙蓉园、凤翔区六营民俗村等入选 2022 年"全国非遗与旅游融合发展优选项目"名录。同时,陕西黄河流域非遗保护与发展,以及非遗代表性项目助力乡村振兴取得了显著成效。

3. 开展非遗公众传播与文化惠民活动

积极开展非物质文化遗产的学习与宣传活动。2022 年 6 月,陕西省政协召开"延续历史文脉 连接现代生活 深入实施非遗传承发展工程"月度协商座谈会,就如何保护和传承非物质文化遗产建言献策。陕西省文化和旅游厅积极开展"非遗旅游线路""非遗购物节"等文化旅游推广活动,促进黄河流域非遗的活态化利用、提升非遗产业升级转化。此外,积极组织开展线上线下非遗展示宣传活动、非遗节目表演等项目,促进非遗的传承与公众传播。2023 年 5 月,渭南市举办了"黄河华山 家在渭南"渭南市群众文化节,包含了"享文化生活、品非遗大益""灯影后边的传奇"皮影戏唱腔调演等活动供市民参与。统万城国家考古遗址公园将非遗与文化旅游融合,用参观非遗项目、参与非遗体验等方式,让市民和游客在感知、体验中了解非物质文化遗产价值内涵。2024 年春节期间,在文化和旅游部非物质文化遗产司指导下,包括陕西榆林在内的全国 5 座古城,依托本地非遗项目与传统年俗开展"古城过大年"非遗宣传与展示活动,推动春节文化保护传承,并带动节日期间古城文化消费。

4. 积极开展非遗文化交流活动

积极开展非遗文化交流活动,并与黄河流域省份共同交流合作。2023 年 9 月,在"河和之契:2023 黄河流域、大运河沿线非物质文化遗产交流展示周"中,"陕西(绥德)非遗会客厅"以"秦汉名邦,绥民以德,美好生活"为主题,展示展演了陕北民歌、陕北秧歌、绥米唢呐、绥德剪纸、绥德泥塑等非遗代表性项目。10 月,陕西省文化和旅游厅、延安市人民政府主办"黄河记忆"——2023 年黄河非遗大展,并举行专题培训班等活动。

此外，2024年1月1~14日，"榆林陕北民歌展"在中国工艺美术馆·中国非物质文化遗产馆隆重开幕，推动黄河流域音乐类非遗文化传承与创新发展。

（二）物质文化遗产、沿线历史文化名城、名镇名村保护利用

1.加强法规与制度建设

2022年9月，陕西省委办公厅、省政府办公厅出台《关于加强考古工作的实施意见》，指出要重点深化中华文明探源工程、古代文明理论研究，并有效利用，让文物活起来；健全保障机制，加强与高校合作等举措。①2022年12月，陕西省十三届人大常委会第三十七次会议表决通过《陕西省革命文物保护利用条例》，明确了调查认定、保护管理、传承利用以及相关工作。在国家文物局的指导支持下，陕西持续开展黄河流域旧石器考古发掘研究、革命文物调查等，并不断推进国家文化公园（陕西段）建设，打造成弘扬长城、长征、黄河文化的重要阵地。

2.推进革命文物保护传承及展示水平建设

在红色历史文化资源保护利用方面，近年来陕西加大革命文物的保护传承与展示水平建设，加强与高校人才队伍联动培养机制，加快延安革命文物国家文物保护利用示范区建成。2022年9月，由中共陕西省委教育工作委员会、省文物局共同主办，西北大学、延安革命纪念地管理局联合承办的"革命文物融入高校思政教育培训班"，通过革命旧址现场教学和课堂理论教学相结合的方式，对黄河流域延安革命文物保护利用与延安革命精神等进行了专题讲解，促进了高校与革命纪念馆的合作交流，拓展了革命文物融入高校思政教育的路径。此外，延安市红色景区延安红街，通过打造红色教育基地及互动情景剧"再回延安"，使革命文物融入红色旅游中，向大众展示弘扬红色历史文化精神价值。

---

① 《关于加强考古工作的实施意见》，中共陕西省委办公厅、陕西省人民政府办公厅，http://www.shaanxi.gov.cn/xw/sxyw/202209/t20220930_2254106.html，最后访问日期：2023年10月5日。

3. 大遗址考古与保护建设工作成果显著

首先，在西安、宝鸡、咸阳等大遗址分布较为集中地区实行考古前置制度，有效统筹大遗址文物安全与经济社会发展。其次，积极编制、印发遗址保护发展相关规划条例，《秦咸阳城遗址保护总体规划》《芦山峁遗址保护规划》等规划相继公布出台。2023 年 9 月，国家文物局与陕西共建汉长安城大遗址保护特区，建立完善沟通协作、要素保障和督导落实机制，空间用途管理措施不断强化，促进大遗址保护传承融入城乡建设和经济社会发展大格局。再次，围绕"陕西黄河文化考古专项研究"对石峁遗址、太平遗址等 20 项主动性考古项目进行重点挖掘研究；实施 100 余项黄河文物保护工程，不断推进石峁遗址申遗进展，新增了石峁国家考古遗址公园、统万城国家考古遗址公园、乾陵国家考古遗址公园等，丰富了黄河文化内涵。最后，深入挖掘大遗址价值，加强大遗址保护利用宣传，先后开展秦始皇陵"走近考古——探寻大秦的上下世界"等 6 项考古研学活动，获得 2022 全国文化遗产旅游百强案例，举办了"中亚民间友好论坛考古和文化遗产保护论坛""亚洲文化遗产保护联盟大会"等国际交流会议活动，并拍摄专题宣传片《陕西大遗址》，充分展示陕西大遗址保护工作成果，让文化遗产价值得到传播与认同。

4. 积极推动历史文化名城、名镇、名村、传统村落申报与旅游融合发展

在历史文化名城、名镇、名村方面，积极推进名镇、名村、传统村落的申报工作，以及保护条例的制定。2023 年 3 月，陕西黄河流域共有 36 个村落入选第六批中国传统村落名录。陕西省人民政府先后在 2023 年 1 月、12 月批准并公布第五批、第六批省级历史文化名城共 4 座、名镇 10 个、名村 19 个和历史文化街区 9 片。9 月，省第十四届人大常委会第五次会议表决通过《陕西省历史文化名城名镇名村保护条例》，2024 年 1 月 1 日起施行。此外，积极推动黄河流域乡村历史文化资源与旅游产业的融合发展。2023 年 8 月，陕西黄河流域"品味关中民俗 感悟千年农耕之旅""延安红色农耕探寻之旅""寻'渭'乡土文明 遇见黄河之旅" 3 条串联了沿线历史文化名村、名镇及传统村落的旅游路线，入选文化和旅游部推出的全国乡村旅游精

品线路。西安市鄠邑区蔡家坡村"忙罢艺术节"、佳县赤牛坬村原生态实景演出等乡村旅游品牌，依托自然、人文等资源优势，通过艺术介入、村民参与，将村落中"老物件""老建筑"进行改造再利用，赋予村落新的文化价值与活力。

（三）公共文化设施建设与文化旅游国际传播建设

1.拓展文物展示路径，深化文化交流合作

积极深化文物交流合作，扩大陕西黄河流域文化的国际影响力。2022年9月，陕西文物系统以"陕西文物保护利用成果"为主题，携千余件文创产品，参展第九届中国博物馆及相关产品与技术博览会。同月，陕西省人民政府台湾事务办公室和省文物局在西安碑林博物馆举行"陕西省对台交流基地"揭牌仪式，运用博物馆馆藏碑石、石刻艺术等资源，积极开展两岸文化交流活动。2023年1月13日，"永远的长安——陕西唐代文物精华展"亮相吉林省博物院。3月29日，西班牙阿利坎特考古博物馆"中国秦汉文明的遗产"展览开幕。5月，西安博物院举办2023陕西"博物馆与美好生活"文博之夜系列活动，通过文化交流与展示让文化遗产融入公众生活。

2.鼓励开展文化学术交流活动，加大文物保护创新力度

大力推动文化遗产相关学术活动，建设数字化文物信息平台。2022年9月，在省文物局指导下，由陕西省文物保护研究院、陕西省文物预防性保护研究中心主导搭建的公共数字文化服务平台——陕西文化遗产资源综合信息服务平台咨询服务系统正式上线试运行，其中涵盖大量陕西黄河流域文化遗产，促进流域数字化文物保护体系的发展。2023年3月在省文物保护研究院召开了"两链"融合文化遗产保护利用重点专项启动会，旨在推动创新型文物保护技术研发与产业化，催化文物保护产业技术变革，服务社会经济文化发展。此外，举办了"黄帝陵祭祀与中国式现代化""黄河文化与中华文明论坛"等学术论坛，围绕陕西黄河流域文化内涵与遗产保护利用展开深入的研讨。12月，黄河流域博物馆联盟第三次成员大会、

陕西省文物科技保护创新发展顶层设计研讨会等学术活动相继展开，深化单位间交流合作，为文物保护规划与政策措施的实施提供理论支持及科学依据。

3. 优化博物馆体系，推动黄河文化博物馆建设

陕西沿黄各市相继出台博物馆建设系列政策与措施。2023 年，西安市大力推进"博物馆之城"建设，印发了《关于让文物活起来、扩大中华文化国际影响力的实施方案》《西安"博物馆之城"建设总体规划》，加大扶持非国有博物馆建设力度，实施"博物馆+"战略。同时，咸阳、延安、渭南、榆林等沿黄各市积极增建历史文化博物馆。近两年，榆林市积极推动佳县黄河文化博物馆的建成。佳县地处秦晋黄河大峡谷腹地，黄河文化博物馆坐落于佳县东方红黄河文化产业园内，通过深入挖掘红色文化、黄河文化等资源，设计与陈列方案的不断评审交流，最终黄河文化博物馆于2023 年 10 月 27 日正式开馆，成为彰显黄河文化、展示黄河文明的重要窗口。

4. 加大"文物+旅游"宣传矩阵力度，促进黄河文化旅游传播

陕西沿黄各市进一步加强对文物及公共服务设施的有效利用，促进黄河文化旅游传播。省文化和旅游厅与陕西黄河文化旅游联盟联合编印《陕西黄河之旅》文化地图宣传图册，该图册集中介绍了沿黄城市榆林、延安、渭南、韩城历史文化旅游资源、重点景区、美食特产、非遗项目、精品线路等，促进了黄河文化大众传播与文旅产业高质量发展。2023 年 5 月，在陕西"博物馆与美好生活"文博之夜系列活动中，西安城市观光车推出全国首辆博物馆主题观光巴士，通过串联大雁塔、陕西历史博物馆、西安博物院等历史文化遗产与博物馆等文化地标，优化公共服务能力，拓展文化展示路径。2023 年 6 月，陕西省文物局公布了沿黄文化主题游径、中共中央转战陕北主题游径和大汉文化主题游径 3 条，其中沿黄文化主题游径依托沿黄公路，串联 58 处文物保护单位，彰显边塞文化与农耕文化、红色文化与民俗文化内涵与风土。

三 陕西黄河流域历史文化资源保护利用问题及对策

（一）陕西黄河流域历史文化资源保护利用问题及挑战

1. 历史文化资源分布分散，区域发展紧密性有待加强

陕西黄河流域历史文化资源丰富，具有点多、线长、面广、种类复杂等特点。由于沿黄各市经济发展及保护利用投入力度各异，历史文化遗产空间分散化、碎片化现象仍然比较突出。陕西沿黄各市的历史文化资源开发呈现以景区、遗址等个体为中心的散点式布局，尚未形成以黄河文化为核心的"线""面"文化生态整体性保护体系，以及统一的旅游宣传路径，系统性、整体性保护利用亟须加强。

2. 部门协作力度及后续保护跟踪有待加强

部分黄河流域高质量发展和历史文化资源保护利用的政策文件，因涉及部门较多，存在协作不足等问题。同时，由于沿黄各市经济状况差异较大，部分历史文化资源保护建设缺乏资金投入和维护意识，后续保护跟踪与定期评估不足，如部分村镇历史街区、历史建筑在经过修复和改造后，长期处于闲置状态或受到二次建设性破坏。因此，迫切需要建立健全文化遗产保护责任制度和管理机制，以实现动态的监督与反馈。

3. 保护利用手法多样化、在地化有待加强

在项目开发中，应加强游客参与体验、互动交流，重视文化资源内在价值传播与现代生活相结合，以多渠道、多方式呈现给游客，使游客能够理解不同地区的历史文化资源价值内涵。同时，项目开发应重视历史文化资源的地域特色，避免过度采用以文化消费潮流趋势为引领的网红时尚手段进行建设利用，进而造成历史环境的破坏。因此，应在对地域文化资源特色深入挖掘基础上融合现代生活方式及地区产业，形成有效的长期收益和区域文化品牌。

4.大众文化价值认知及系统全面传播模式有待加强

目前，需进一步提升大众对黄河文化价值的认知。如部分以非遗产业为主的传统村落，在保护、建设、开发运营过程中，应加强非遗旅游发展与村落历史景观环境的融合展示，让公众更加全面深入了解非遗传统村落所蕴含的历史价值与文化内涵。在传播模式方面，首先，应在系统梳理历史文化资源之间关系脉络基础上，构建多元化的文化遗产价值传播体系；其次，结合短视频、直播、微信公众号等社交媒体推广方式，快捷地将文化旅游资讯传送到客户端，避免传播信息的碎片化和片面化问题，从而为陕西黄河流域文化遗产的传播提供新的思路。

（二）陕西黄河流域历史文化资源保护利用对策建议

1.深入挖掘历史文化资源，完善数字化基础信息平台及黄河文化标识系统

深入挖掘阐释黄河文化的内涵，是保护好黄河流域历史文化资源、弘扬黄河文化的重要任务。对陕西黄河流域历史文化资源梳理时，首先，要按照"文化内涵—文化特征—文化载体"的思路，对其发展脉络、资源、种类、数量、等级、规模、组合和结构等进行系统性整理分析，并对核心资源的内涵、特点、价值进行挖掘和提炼。其次，着重对边塞文化区、关中文化区、红色文化区及沿黄公路文化遗产进行专题调查与整理评估，建立集中管理的信息数据平台，并完善历史文化资源信息体系，实现动态管理适时更新。最后，突出重点打造陕西黄河文化标识物，通过对陕西沿黄地区文物遗存及非遗的内涵解读、符号提炼、解构与重构、场景构建等，打造一批代表陕西黄河文化价值的标识物，推动形成"黄河文化标识体系"。

2.建立多部门合作的保护利用体系，推动黄河流域历史文化资源区域协作

针对沿黄各市经济发展水平不一、保护投入力度参差不齐等问题，首先，成立黄河流域历史文化资源保护与利用的领导机构，协调各方资源力量，推进合作项目的实施，提高区域间、部门间资源的整体利用效率，减少

黄河文化旅游资源在转化利用中的"碎片化"现象。其次，加强各部门之间的统筹协调机制，系统优化文化资源在空间、部门间的配置，共同制定保护利用策略，协同推进相关工作。最后，构建黄河流域历史文化资源数据库，实现不同部门、不同区域之间的信息共享，提高资源整合效率。针对陕西黄河流域历史文化资源制定综合性的保护利用规划，明确沿黄各市的保护重点和发展方向，为文化资源的保护活化利用提供科学依据与技术支持。

3. 遵循分类指导与分区施策原则，促进历史文化资源整体性保护与活态化利用

鉴于陕西黄河流域跨度大，历史文化资源丰富且分布零散等现状，应遵循分类指导与分区施策原则。首先，基于黄河流域历史文化资源普查数据，根据历史文化资源的类别、特征与价值，以及保护利用实施现状进行整体评估，根据评估结果构建因地制宜的整体空间格局与文化线路。在此基础上结合《陕西省黄河文化保护传承弘扬规划》等相关政策导向，对黄河文化资源进行分类指导、分区施策。其次，要注重保护与利用的平衡，既保护历史遗产的完整性和原真性，又发掘其内在的价值。要把握旅游开发过程中黄河历史文化资源空间组成的复杂性、动态性、景观多样性等特点，从时间、空间、遗产、生态四个方面挖掘区域文化遗产的整体价值，把物质文化遗产以及非物质文化遗产纳入系统、整体、网格化的保护发展体系中，实现陕西黄河流域历史文化资源整体动态保护与社会经济价值的转化。尤其是对于陕西黄河流域的非物质文化遗产而言，在整体保护过程中，应充分考虑到非遗与空间、社会环境之间的关系，如传统陶瓷技艺中的生产空间和生产工艺、使用空间和陶器用品之间的相互关系，并将其融入现代社会环境，与当代文化相结合，实现活态化的保护和利用。

4. 加大文化资源价值创新活化力度，打造特色化遗产衍生品与服务

为了更好地保护和利用陕西黄河流域历史文化资源，加大其价值创新活化力度，打造特色文化遗产衍生品与服务已成为当务之急。首先，应整合陕西黄河流域存量资源，对现有的文化资源及旅游项目进行评估及优化升级。其次，在现有文化资源基础上打造更多体现陕西黄河文化的精品景区及文化衍生品。如在文创设计上，运用符号提炼与设计，面向大众绘制不同主题的陕西黄河流域历史文化地图，并定期策划主题期刊进行线上线下推广；利用微信小程序、网络直播、文旅 App 等新媒体手段，分季度策划主题传播内容，推动黄河文化传播的网络化、社交化进程；与影视动漫、VR、AR 等现代技术有机结合，推出富有陕西黄河文化特色的互动体验式影视动漫作品、宣传短片。在文旅产业上，推动沿黄各市依托水系、农业景观等自然资源及历史文化名城名镇名村、传统村落、遗址景区、博物馆等文化资源特色，联合周边配套设施，与本土艺术家、艺术高校及国际新锐艺术家等协同打造"陕西黄河流域大地艺术季"等现代艺术节事活动。通过运用现代科技手段，以艺术为桥梁将黄河自然景观与人文活动相结合，向公众展现黄河文化精髓，推动黄河文化融入城乡建设与乡村振兴，提升地区的文化旅游价值和经济效益。

5. 注重文化资源社会属性与公益属性，完善人才组织机构，促进公众参与

文化遗产资源关系到地域文化传承与发展的公共利益。因此，应加强对陕西黄河流域历史文化资源的公众教育宣传，增强公众认识与保护意识，推动社会各界参与保护和利用工作。首先，对黄河流域已有的博物馆、展览馆、纪念馆、私人美术馆进行统筹规划，适当新建改建博物馆与专题馆，增设黄河文化主题展陈，推动陕西黄河流域博物馆融合发展；构建黄河历史文化资源数字博物馆，创建线上线下相结合高层次应用场景。其次，加强与科研机构和高等院校的联系，建立人才培训与实践基地，支持非遗传承人与高校研究人员、民间组织等多元主体开展学术研讨和研学活动，加快复合型非遗人才队伍建设，构建适应现代社会发展的非遗传承生态系统。最后，积极挖掘沿黄各市特色节日、庙会等传统活动，开展与黄河文化相关的主题活动，以提升沿黄各市居民的参与度。

6. 提升国际交流与合作水平，构建多语种文化资源信息应用平台

首先，联合数字科技运营商、高校科研院所及相关社会团体，搭建"黄河历史文化资源数字化保护利用"国际合作平台，实现数据交流、学术研究、技术研发、成果展示等多层次的数字化保护利用。其次，积极申请举

办文化遗产相关国际学术交流研讨会、论坛等大型学术活动与文化节事活动，充分运用"丝绸之路国际艺术节"等现有国际交流项目，开设黄河文化专题系列交流活动。再次，加强黄河流域历史文化资源价值内涵的多语种跨国宣传，建立多语种的文化资源数字化信息应用平台；支持与大专院校和社会公益组织机构合作，培养具有多种语言能力的宣传人才队伍。最后，针对西安等历史文化遗存、景区丰富的黄河流域重要城市，进一步优化涉外公共服务体系水平，营造良好的国际化文旅环境，使外国游客能够轻松体验陕西黄河文化魅力，以提高陕西黄河流域历史文化资源价值在国际上的影响力与传播力。

B.3
陕西文学艺术发展报告[*]

陕西省社会科学院课题组^{**}

摘　要： 2023 年，陕西文艺活动频频开展，文艺创作不断迈出稳健步伐，持续表现出"面向现实"的创作精神，陆续推出不同题材和多元审美的作品，以不同文体和多样形式记录乡村振兴，反映现实生活，同时在历史与现实的交织中，探索着主题叙事的多种可能，在加强"文学陕军""西部影视""陕西话剧"等特色文化品牌建设方面，创作生产体系和机制不断完善，特色文化品牌标识度持续提升。但是，在发展网络文艺、优化市场环境、培育人才、开展文艺评论以及办好文艺期刊和网络平台等方面，拓展特色文化品牌还有提升的空间。

关键词： 文学陕军　西部影视　陕西话剧

2023 年，陕西文艺工作者认真学习贯彻习近平文化思想和党的二十大精神，始终坚持以人民为中心的创作导向，牢固树立精品意识，为进一步擦亮"文学陕军""西部影视""陕西话剧"等特色文化品牌，倾心奉献智慧

---

　* 本文系陕西文艺发展智库、2022 年陕西省宣传文化系统"六个一批人才"项目"融媒体时代坚持以现实主义书写陕西故事研究"、2022 年陕西省社会科学基金年度项目"陕西影视作品地域文化呈现经验及创新策略研究"（项目编号：2022J049）、2022 年陕西省社会科学院重点课题"陕西'现象级'影视剧文化创新策略研究"（项目编号：22ZD12）阶段性研究成果。

　** 课题组组长：张艳茜，陕西省社会科学院二级研究员，主要研究方向为当代文学、文学评论。课题组成员：韩红艳，陕西省社会科学院助理研究员，主要研究方向为文艺学、文学评论；毋燕，陕西省社会科学院副研究员，主要研究方向为文艺学、影视文学；杜睿，陕西省社会科学院副研究员，主要研究方向为文艺学、文学评论；仝筱菲，陕西省社会科学院助理研究员，主要研究方向为汉语史、文化语言学。

和力量。一大批书写文化自信、塑造时代精神、反映人民关切的现实主义优秀文艺作品纷纷涌现，彰显了陕西的文化底蕴和潜在能量。

2023年，"文学陕军"老作家不断发力，中青年作家积极跟进。12月24日，中国小说学会2023年度中国好小说榜单发布，上榜的5部长篇小说，陕西作家占据4席，分别是陈彦的《星空与半棵树》、贾平凹的《河山传》、陈仓的《浮生》和周瑄璞的《芬芳》，凸显了"文学陕军"在全国文坛的创作实力。

2023年，"西部影视"立足自身文化传统、取材本土文化资源，一批现实主义影视佳作，体现了陕西电影人坚持以人民为中心，讲好陕西故事、书写中国故事的担当与使命。11月4日晚，第36届中国电影金鸡奖获奖名单公布，陕西本土电影《拨浪鼓咚咚响》获得最佳儿童片大奖。本届金鸡奖上，陕西籍主演惠王军与黄渤、梁朝伟等一同提名最佳男主角，《拨浪鼓咚咚响》导演白志强提名最佳导演处女作，该片同时获最佳摄影、最佳剪辑、最佳儿童片等5项提名，充分证明了陕西电影创作的新高度和独特魅力。

2023年，陕西话剧继续以高水平、高质量的话剧佳作亮相全国话剧舞台。继《白鹿原》（首届）、《主角》（第六届）之后，在第七届华语戏剧盛典颁奖典礼上，"茅盾文学奖"系列之四——话剧《生命册》荣获"最佳年度剧目"，编剧李宝群获"最佳编剧"奖。陕西话剧的成功范例在全国范围掀起了"当代文学改编戏剧热""方言话剧热"，为整个戏剧行业摸索出一条值得推广的道路，也为中国当代戏剧院团的发展提供了值得借鉴的方向。

一　以人民为中心创作的"文学陕军"

一直以来，陕西文学秉持现实主义传统，始终深入生活，扎根人民，书写民众的日常生活。2023年，这一文学精神仍在延续，不断做大做强做靓"文学陕军"品牌。

2023年3月，第六届柳青文学奖评奖正式启动，10月，评奖结果公示，共评选出长篇小说《长安》（阿莹）、《易俗风云》（冷梦）、《止痛药》（陈仓），中篇小说《目击证人》（芦芙荭），短篇小说《那苗铁钉》（范怀智）、《滋味》（惠潮），散文杂文《庄里》（郝随穗）、《走过丹江》（李育善），报告文学《天下第一渠》（白描）、《乡村面孔》（梁生树），儿童文学《魏紫的春天》（吴梦川）、《风和时间停止的秘密》（小兰安缇），诗歌《推窗有鸟鸣》（龙少）、《所有的可能都叫运移》（崔完生），文学评论《生命从中午消失——路遥的小说世界》（赵学勇）、《当代新乡土文学叙事比较论稿》（韩鲁华），网络文学《卧牛沟》（风圣大鹏）、《一脉承腔》（关中老人）等 18 部。

（一）陕西文学创作现状与成绩

2023 年，陕西文学持续彰显创作活力，继续表现出"面向现实"的创作精神，践行以人民为中心的创作导向，陆续推出不同题材和审美多元的作品，以不同的题材、多样的形式，记录乡村振兴，反映现实生活。

1. 小说中的民众生活与历史烟云书写

（1）长篇小说创作中的小人物与大时代

作为陕西文坛常青树的贾平凹出版了第 20 部长篇小说《河山传》，书名中的"河山"是两位主人公名字的缩写，讲述了农村青年进城谋生和私营企业家的起起落落，演绎了改革开放中大时代与小人物之间的传记，被评论家誉为"一部地地道道具有现代意识的、讲述中国变革时代经验和中国故事的小说"。①

陈彦从熟悉的戏剧舞台故事转到了小镇公务员群体的日常生活，《星空与半棵树》呈现中国基层社会生态，寻找半棵树的过程是寻找弄丢的正义，仰望星空是为了获得信念与慰藉。

陈仓的《浮生》最初发表于《十月·长篇小说》2023 年第 3 期，入选中国作家协会 2022 年重点扶持作品。这是一部关乎年轻人安身、立命、追

---

① 张静：《贾平凹第二十部长篇小说〈河山传〉西安首发》，《西安晚报》2023 年 9 月 28 日。

梦、塑魂的现实主义作品，描写了城乡流动背景下，生活在一线城市年轻人买房安家，遭受到了各种各样的痛苦折磨。无论现实如何变幻，他们生活的底色和爱情的烈度并未改变。

周瑄璞的长篇小说《芬芳》，以书写小人物的奋斗历程，以及小人物精神蜕变为主题，描写了一个大家族中四代数十人的众生相，再现了中原乡村从20世纪70年代至当下的历史变迁。

吴克敬的长篇小说《源头》，讲述了新时代古城西安年轻知识女性云朵志愿扎根三江源并为之献身的感人故事，是一部原创现实题材长篇小说。他的另一部长篇小说《扶风传》，通过"风先生"这一典型形象，展现了扶风大地的厚重历史和扶风人的不灭精神，是一部为家乡立传的长篇小说。

高鸿新作《归途》描写了改革开放时期小人物的创业史，塑造了与时代精神同频共振的人物形象。黄天顺的长篇历史小说《社树姚家》，客观展现了社树姚家十几代人近400年的经商史，诠释了陕商从追求"大商"到"儒商"的嬗变，以文学方式剖析了陕商兴衰，是一部泾阳茯砖茶的人文历史、秦商之道的壮怀高歌。姬晓东的第7部长篇小说《大陕北》，讲述了从民国18年（1939年）陕北遭遇百年不遇的大旱之后到1949年新中国成立的20年时间里，陕北人民荣辱兴衰的苦难史和顽强不息的奋斗史，反映出陕北知识分子觉醒以及陕北地区波澜壮阔的革命史。魏亚平长篇历史小说《大兰亭》共有三卷本，分别以琅琊王氏一族三代人的核心人物王旷、王羲之、王献之为主，在家族故事里见证了两晋风云人物的悲欢离合，以及一个朝代的历史痕迹。成长励志小说《青春悄悄来》是作家宋鸿雁"青春系列"作品的第二部，以一名初中女生的视角，讲述了成长的快乐和烦恼。

（2）中短篇小说创作中的"冷"与"暖"

陈仓中篇小说《桃花铺》，讲述了一位留守农村的父亲杨尾巴，等待儿子回家一天一夜里的故事，凸显了老人孤寂中的凄凉与自我灵魂安放的落空，小说获得第二届世界华人文学奖·2023中国作家年度奖。

获得第五届陕西青年文学奖中短篇小说奖的作者小高鬼的小说《时光

里》，以丰富的想象力讲述了生理时间暂停术的故事，展现对亲情与时间的感悟。获得第五届陕西青年文学奖校园文学奖的作者王闷闷的短篇小说《境园·诊所》，在故事中呈现了现实的沉重，找寻生命的本真。

陈武成短篇小说集《在那高高的山上》收录作者近年来创作的脱贫攻坚题材小说20篇，出版推荐语这样评价小说集"一幅鲜活、接地气的精准扶贫画卷，从土地里长出来的朴实和善良，小人物的悲欢同样有着千斤的重量"。"学习强国"悦读荐书对该书进行了推介。

2. 诗歌创作的个体体验与生命本真

龙少凭《初夏的傍晚》获第五届陕西青年文学奖诗歌奖，诗歌中的意象是生命本色的流露。闫太安诗集《会唱歌的颜色》收录了作者近年来创作的百余首诗作。这些诗歌作品整体上以个体的生命体验，写出了人生的千般滋味。读者可以体味诗歌中对于精神的探索，对爱的刻画，以及对生命本真意义的书写。

3. 散文的历史烟云与日常生活

穆涛新作文化散文集《中国历史的体温》出版发行。作者在《汉书》《史记》的字里行间，以相关史料为内容，从中寻找着中国传统的人文精神，在历史的长河中观照时下的文学审美，寻找着文化的历史渊源。

朱鸿的散文创作一直保持着旺盛状态，2023年在《人民文学》《北京文学》《文学自由谈》《光明日报》等报刊发表作品近30篇，出版的散文集《城南》和10年间第4次印刷的《长安是中国的心》，从历史、文化、地理、宗教、艺术、风俗诸方面对长安进行全方位叙写，既是带有学术性和工具性的著作，也是文学意义上的著作。

评论家仵埂，善于将自己多年的学术积累、艺术感悟和人生体验融汇于文章之中，以轻盈的文字和艺术化的表达呈现了他独到的观察与思索。其思想随笔集《惊诧与漠视》以感性形象的表达，展现出他对历史文化、社会人生诸多问题的哲学思考。

《长安城南种牡丹》是裴亚莉2023年出版的散文集。作品既有对青春的怀念、生活经验的总结，也有教学相长的愉悦、生活的感知，也可看作中国高校教师生活的一个侧记。

获得第五届陕西青年文学奖散文奖的作者马婷，在作品《法门往事》中，以三重视角开掘思索，细腻中有着鲜润的情思。安雅琴的《时间深处的琴音》带有女性的敏感视角，是作者30余年间所作的多篇散文与随笔。在时代的发展中，有似水流年的慨叹，有生命的感悟，以及对文学梦想的坚守。闫群的《一半烟火，一半清欢》是作者对生命过往、对乡愁的回忆，以及对人性与生活的探索和对人生往来的感悟。李子白的散文集《心我形我》既有山水之美与人生体悟、社会现象的辨析和对人物的描写，也有对陈忠实、红柯等作家的缅怀，体现了对文学与文化的思考。

4. 报告文学中的历史英雄与现实传奇

和谷的三部报告文学之《寻找雷锋的蕉萍》历时三年写作而成，由《雷锋日记》引出了姚筱舟人生的悲欢离合，反映了《唱支山歌给党听》这首经典歌曲的词、曲、歌的时代故事。《西安道北人口述史》通过近百位老人的亲历口述，讲述道北原住民的生活变迁，再现了普通民众的日常生活记忆，在个人的生活史中烙印着时代的沧桑往事。《照金往事》记述了20世纪30年代老一辈革命家南下照金开辟红色革命根据地的故事。《照金往事》英文版正式出版，译者为石春让、孙建光、刘海乐。邢小俊、陈雪萍的《唱支山歌给党听》发表在《中国作家》2021年第8期，于2023年7月荣获第九届"徐迟报告文学奖"中短篇奖，写出了一首歌曲与人的"命运交响曲"。

钟法权的长篇报告文学《硝烟中的号角——百战英雄王占山》通过对王占山不同年代成长经历的挖掘以及成为百战英雄人生历程的书写，展现了主人公从抗日战争到抗美援朝战争浴血奋战的传奇故事。杜文娟的长篇报告文学《守边》讲述了青藏高原边防战士的故事，在严酷的条件中他们守护着祖国的疆域，参与重大灾难抢救，是一幅感人的"群英图"。

莫伸、韩红艳、齐安瑾合著的长篇报告文学《重现的翅膀——中国朱鹮保护纪实》，反映了40多年以来中国濒危动物朱鹮拯救和保护的过程，向人们讲述了朱鹮从最初发现时的 7 只到 7000 多只的艰辛历程和取得的辉煌成就，阐释了人与自然和谐共生的生态意识。该作品入选 2023 年度陕西重大文化精品项目。李虎山的长篇报告文学《水润三秦》，书写了一代代水利人寻找水源，争分夺秒修复管道，让三秦大地上农民喝上了放心水，远离了苦水带来的疾病与伤痛。杨志勇的《我不输给命运》讲述了西安 10 位获得国家、省级劳动模范或自强模范突出的社会贡献和奋斗事迹。

许海涛的《成神——中国的毕加索　世界的库淑兰》讲述了首位被联合国教科文组织授予"民间工艺美术大师"称号的中国女性——"剪花娘子"库淑兰的传奇人生，描绘出剪纸的艺术世界。王维亚新作《刀锋划破清人的书写》梳理了清代书写的发展脉络，肯定了经典碑刻对汉字书写丰厚的滋养和有力的支撑，也分析了清代碑派理论的建立和它们对碑派书写发展的推动作用。

5. 网络文学创作的现实主义故事

近年来，陕西网络作家群体进一步壮大。茅盾文学奖评奖办公室公示的第十一届茅盾文学奖参评作品目录中，陕西的网络作家风圣大鹏凭借现实题材小说《山人行》首次入围。小说描写大学生苏哲奇进山支教，帮助村民脱贫的故事。《卧牛沟》是其另一部现实题材作品，书写了驻村第一书记马鸣山帮助村民脱贫致富的奋斗故事。作品入选第七届咪咕杯"浮生世界厂牌大赏"，同时获得第六届柳青文学奖。

紫芒果凭借《强国重器》获第五届陕西青年文学奖网络文学奖，讲述了电气技术员胡新泉，将即将倒闭的企业打造成国之重器电力品牌的故事。清扬婉兮的《爸爸不是超人》描写了全职爸爸这一群体的故事，也探讨了育儿和婚恋关系。惊蛰落月的《那人那事》关注脱贫攻坚故事，《大山飞出金凤凰》关注乡村支教工作。张炜炜获第五届陕西青年文学奖影视文学奖，她参与编剧的《旗袍美探》作为大型女性励志情感剧，笔触细腻饱满、叙事鲜明独特。

6. 文学评论中的经验和剖析

作家冯积岐推出了文学理论《小说艺术课》，表达了他对小说创作的理解："以自己对小说的理解，来分析我阅读过和创作过的小说。"①

《等光来：弋舟三论》是青年评论家贺嘉钰对弋舟的创作整体进行的全面评介，分为《"失序者"的出离与复归》《隐桥与雾》《六个词语的测量与漫游》等三个独立篇章，对弋舟小说世界进行了剖析，展现了故事背后的曲折与心灵探索。王鹏程在《奇外有奇更无奇——余华〈文城〉的叙事艺术及其问题》中，对余华的叙事艺术进行了评析，颇具个人风格，获第五届陕西青年文学奖评论奖。

7. 陕西文学刊物为"文学陕军"提供机遇平台

（1）"主管、主办与经费"文学刊物办刊基础

陕西文学刊物蓬勃发展得益于主管单位、主办单位和办刊经费等多重因素。以陕西知名文学刊物《延河》《美文》为例，《延河》由中共陕西省委宣传部主管，陕西省作家协会主办，上、下半月刊每年均出版 12 期；《美文》由中共西安市委宣传部主管，西安市文学艺术界联合会、西北大学主办，上、下半月刊每年均出版 12 期，其办刊经费均来自政府财政拨款。

（2）"作者、编辑与读者"队伍建设井然有序

编辑队伍方面，《延河》杂志社现有 11 位编辑，《美文》杂志社现有 9 位编辑，二者均注重职称结构、年龄结构的梯队建设，同时注重对新入职编辑的培训培养。

作者队伍方面，重视知名作家、青年作者、新秀作者的队伍建设与扶持机制。以《美文》为例，在发表知名作家作品的同时，注重对青年作者的扶持以及对新秀作者的发现，推出了陈思呈、小七等作家。

读者队伍方面，依托讲座研讨、作品评奖、网络互动等，注重读者队伍的建设工作，如《延河》每年一度的"《延河》杂志最受读者欢迎奖"，《美文》半年一次的"《美文》悦读榜 读者最喜爱的作品"等。

（3）"成年版与青少版"类型丰富亮点鲜明

陕西文学刊物类型丰富，在出版成年版刊物的同时，也注重对青年、少

---

① 张静：《"文学陕军"创作悄然"转型"来源》，《西安晚报》2023 年 6 月 20 日。

年儿童的培养。

《延河》（上半月刊）的第6期为"儿童文学专号"，《延河》（下半月刊）和《美文·青春写作》（下半月刊）为青春阵地，集中关注青少年文学创作。

（4）"书刊与网络"平台多元协同共进

在书刊的基础上，陕西文学刊物积极依托官方网站、微信公众号等网络平台进行推广与转载。陕西省作家协会官方网站"陕西作家网"的"作协刊物"栏目里有对《延河》的介绍。此外，《延河》的微信公众号"延河杂志""绿色文学"分别围绕上、下半月刊发布推送。同样，《美文》的微信公众号"美文杂志""美文青春写作"也分别围绕上、下半月刊进行推荐。

（二）陕西文学发展中存在的问题

就2023年陕西文学整体发展态势而言，成就突出，但也存在一定的问题和不足，文学创作整体水平需要提升。

1. 一些作家文学创新意识不足

有些陕西作家缺少对民众命运的深层思考，作品存在脸谱化、概念化等问题，创作内容、形式、技巧缺少突破，有跟风创作现象，难以树立其独特的文学风格。比如，一些以乡土文学著称的作品，依然超越不了陕西老一辈作家的成绩，有亦步亦趋之嫌。

2. 中青年作家队伍影响力有待进一步提升

为了文学创作队伍的不断壮大，陕西省出台了各类扶持计划，加强青年文艺人才培养。持续实施"百优计划"，就入选的中青年作家来看，尽管也写出了一些获奖作品，但是尚未在全国文坛形成有影响的陕西中青年作家创作群体。

3. 文学评论研究存在不平衡

文学评论界存在对作品一味地称好的现象，缺乏"建设性"批评。同时，文学写作与批评的发展存在不平衡，评论家只围绕著名作家作品进行研究，对中青年作家作品关注不够；对长篇小说的关注度高，对中短篇小说、诗歌、散文、网络文学、儿童文学关注不够。

4. 文学作品改编的数量不够理想

一般而言,信息传媒时代文学作品为人熟知,与媒体的大力宣传和影视、动漫、戏剧、舞剧、歌剧等有很大关系。陕西文学作品中《白鹿原》《平凡的世界》等改编为话剧、电视剧、舞剧等多种艺术形式,并获得普遍关注,但是大多数陕西当代优秀文学作品缺乏高质量的改编。

5. 着力长篇小说创作,中短篇小说创作重视不足

陕西作家普遍有长篇小说的写作情结,从本届柳青文学奖可看出,衡量一个作家的实力,仍然以长篇小说为参照标准,在获奖作品中,长篇小说共有3部,应该涌现更多作品的中短篇小说也才3部。对中短篇小说创作重视不足,也导致了其作品质量的下滑。黄珞、孙希娟的《陕西作家短篇小说创作形势分析——以〈陕西文学六十年作品选·短篇小说卷〉为依据》,认为陕西年轻一代作家的短篇小说创作无论是内容还是艺术质量都不及老一辈作家所达到的高度。

(三)陕西文学发展提升的建议

1. 提高文学素养,创新内容与形式

陕西作家要不断地在社会生活中感受时代的变迁,在历史与文化中提高思想修养、文学修养以及人品修养。在文学实践中,不断扩展视野,增加个体经验,重视民众的生存状态、精神状态和命运形态。绝大部分网络文学作者进行的是商业化写作,以吸引更多的读者为目标,在这种商业化写作中,作者更要加强职业素养,提升知识修养。

创新内容与形式,推进题材多元化书写,在各类体裁上平衡发展。目前,陕西作家一直在寻找突破,杜文娟的西藏故事,赵韦的航天航空题材以及科学家的传记,范墩子的小城青年故事等,这些变化希望成为陕西文学的多元化书写的趋势。

2. 不断完善"百优计划"

"百优计划"的具体实施方案应该不断完善,将"百优计划"形成一个动态管理体系，一方面对已入选人员进行跟踪和考评，实行退出机制；另一方面对一些优秀的拔尖人才按程序再增补进来。尽快建立服务联系制度和"百优作家"创作档案，积极向外宣传推介陕西"百优作家"。

3. 文学评论跟进，发出真实的批评

建立陕西文学评论专家库和网络文学评论人员库，切实发挥文学评论和创作"双轮驱动"的作用。提倡批评要发出真实的声音，对作家的创作给予中肯的批评，并且能给出建设性意见。同时，及时总结陕西文学的经验和成就，对出现的问题和前沿问题，迅速分析研究。

4. 扩大作家作品影响力，改编要尊重原著

积极运用网络平台，如"陕西作家网""文学陕军"等做好文学发展的宣传工作，建立并扶持文学与影视的交流对接平台，让文学改编更为顺畅。

编剧在对优秀文学作品改编时，需要吃透原著，在尊重原著的基础上进行剧本的改编，并且在创排上下功夫，创作出经典的改编剧目。

5. 注重中短篇小说创作，进行写作培训

对青年作家而言，从写短篇小说入手，再到中篇小说，最后到长篇小说写作。一步一个脚印，从发表中短篇小说开始，跨进文学期刊的行列，对于作家的成长相当重要。同时，相关机构在注重长篇小说创作的同时，要建立中短篇小说写作激励奖励制度，不定期组织举办中短篇小说写作训练班，提高中青年作家写作水平。

6. 提升陕西文学刊物品牌影响力

《延河》《美文》《小说评论》《延安文学》《文谈》等，已经在业界具有品牌影响力。应充分发挥知名刊物示范作用，依托座谈会、培训会等方式，开展省内文学刊物编辑交流活动，提高编辑专业水平，出作品、出人才，提升办刊质量。

二 融合创新发展的"西部影视"

2023年，陕西省各项电影工作取得显著成效，影视市场复苏繁荣，电

影创作数量质量双攀升，影视公益效应充分发挥，影视产业格局逐步形成，电影行业发展迈入快车道。

在《2023年度陕西省重大文化精品项目入选名单》和《2023年度省委宣传部重点文艺创作资助项目入选名单》中，多部广播电视作品获得扶持资助。入选《2023年度陕西省重大文化精品项目》的作品分别是：电影类10部，分别是《三个十年》《K165》《鹦鹉杀》《云上法官》《神奇合唱团》《为有源头活水来》《贞胜者也》《此心安处是故乡》《斗瓷》《银杏树》；电视类16部，包括电视剧7部，分别是《红日照天山》《国宝耀世》《此心安处》《欢乐家长群》《我的中国心》《乡村教师》《会飞的大象》，纪录片6部，分别是《永远的东方红》《千年文物》《超级矿井》《中华秦岭》《烽火定西北》《西迁！西迁》，动画片1部，是《大隋帝陵》，文艺节目2部，分别是《"陕亮"新声（2023）——陕西文艺评论专栏》《2024丝路嘉年华·丝路春晚》；广播剧7部，分别是《秦岭深处小慢慢》《文成公主》《凿空使者》《金米村的美好时代》《凤鸣咏长安》《陈芳允》《春雨》；跟踪项目3部，分别是电影《平凡的世界》、电视剧《阳明传》和《沙城情缘》。

《2023年度省委宣传部重点文艺创作资助项目入选名单》，其中有电视剧剧本《躁动的黎明》、纪录片剧本《文化遗产里的陕西故事》、电影剧本《明天会更好》。陕西电影人依托丰富的历史文化资源，创作了一大批"双效"俱佳的影片。这些电视作品，或回忆革命年代、新中国成立前后筚路蓝缕的创业艰辛，或展现改革开放以来经济发展的恢宏成就，或展现乡村振兴的丰硕成果，或讴歌人民美好富足的幸福生活，以多种艺术形式，践行了以人民为中心的创作理念。

（一）"西部影视"产业发展经验

1. 重视传承弘扬中华文化，以纪录片赋能影视创新发展

近年来，陕西溯文明之脉，品古今风华，纪录片创作生产数量和质量逐年攀升，迈入全国第一方阵。先后有《照金往事》《西安1949》《永远的〈东方红〉》等近20部重大题材纪录片通过国家广电总局文献电视片立项

审批，有《我们，从延安走来》《八路军东渡黄河》《大唐帝陵》《千年陕菜》《瓜熟蒂落》《守望秦岭》等17部纪录片在央视播出，引起良好反响；《瓜熟蒂落》《守望秦岭》《向往》等纪录片连续被国家广电总局评选为2021年度、2022年度全国优秀国产电视纪录片，其中，《瓜熟蒂落》《守望秦岭》荣获优秀系列短片，由延安文化发展（集团）有限公司与中央新闻纪录电影制片厂制作的《向往》荣获优秀理论文献片，《瓜熟蒂落》导演宋满朝荣获优秀导演，《守望秦岭》摄像张文庆、张曦荣获优秀摄像。《千年陕菜》第二季由西影传媒、4K花园、秦汉影视共同出品，荣获国家广播电视总局2023年第二季度优秀国产纪录片，数次登上"热播榜"，荣获2023年度中国影响力纪录片十大提名作品，助力中华传统美食文化走向世界。网络纪录片《中国·考古（第一季）》《一城一味·长安有滋味》成功入选2023年第三季度优秀网络视听作品目录。

陕西深受红色峥嵘岁月的滋养。2023年5月29~31日，三集文献电视片《何挺颖》在中央电视台9套纪录频道连续播出。该片依托文献资料，以何挺颖烈士的革命成长经历为主线，真实记录了何挺颖烈士由一位进步青年学生成长为一名优秀红军指挥员的人生经历，同时填补了陕西籍革命者在井冈山革命斗争时期历史影像资料的空白。

2. 重视挖掘三秦文化沃土，为本土电影塑形铸魂

2023年7月22日，陕西本土电影《远山花开》斩获北京国际儿童电影展金花奖组委会推荐大奖。该片由西安嘉方影视公司出品，刘全玮担任导演，改编自陕西青年作家王洁的长篇小说《花开有声》，并由她本人执笔剧本创作，以苏陕协作为叙事背景，讲述了来自江苏南京的支教老师刘晓慧和陕西偏僻山村李家坝村一群留守儿童之间的爱与救赎的故事，是一部兼具时代感召与心灵启迪的儿童佳片。

2023年11月4日，陕西本土电影《拨浪鼓咚咚响》在入选第36届中国电影金鸡奖5项提名之后，最终获得最佳儿童片大奖。该片讲述了货车司机苟仁为子寻仇，偶遇寻找父亲的"熊孩子"毛豆，机缘巧合之下，二人踏上一段啼笑皆非的寻亲之旅的故事。凭借对社会议题的探讨及人文关怀，该片曾提名上海国际电影节亚洲新人奖最佳影片奖，也曾在 FIRST 青年电影展、北京国际电影节、丝绸之路国际电影节等节展亮相，并被评为第 6 届迷影精神赏"华语新电影十佳"。

3. 重视中国—中亚五国合作机制，深度融入共建"一带一路"大格局

重视以会（节）促产，积极搭建产业发展平台，在促进民心相通、交流互鉴上作出新成绩。2023 年 1 月，第九届丝绸之路国际电影节在陕西西安举办，90 多个国家和地区的 1598 部影片参展参赛，总传播量突破 20 亿人次。

2023 年 9 月 25 日，在福州召开的陕西影视产业推介会上，推介嘉宾推介了 8 部陕西省重点电影项目《鹦鹉杀》《尾随》《K165》《阿尔拉特号》《毛孩子的盛大葬礼》《钢铁长城》《神奇动物在高原》《神奇动物在秦岭》。陕西电影以鲜明的厚重感、责任感、使命感，在展现陕西乡土风俗之下，蕴藏着寻觅新生活之路的强烈渴望。

4. 重视与境外媒体平台的深度合作，奋力提升国际传播能力

2023 年 9 月 18 日，"陕耀丝路"中阿对外文化国际交流暨《三原印象》合拍纪录片启动仪式在陕西三原拉开了帷幕。该片立足《视听中国·陕西时间》优势平台，进一步深挖沉淀在陕西各地的自然历史文化资源，借助丰富的视听语言，更好地讲好陕西故事、中国故事。《视听中国·陕西时间》首批播出的有陕西美食纪录片《千年陕菜》第一季、第二季，秦岭生态电影《鸟与人》，纪录短片《中国制造》《陕西泥塑》等十多部作品，向阿拉伯观众讲述富有陕西特色的历史、文化、民俗、乡村等陕西故事。

5. 重视跨省合作，推动影视产业"走出去"

2023 年 5 月 1 日，由中国广播剧研究会主办、听听 FM 承办的"聚精神　剧强音——中国广播剧研究会 2023·广播剧精品展播"正式启动。本次展播荟萃了 2022 年中国广播剧研究会专家评析优秀作品 45 部，其中《毛泽东与武昌红巷 13 号》《达西村》《沙漠水世界》《暮夜却金》等 4 部陕西出品广播剧荣登展播剧单。

6. 重视网络视听节目开发，与时俱进激活陕西影视活力

国家广播电视总局公布了 2023 年"弘扬社会主义核心价值观 共筑中国梦"优秀网络视听节目评选结果，由省广播电视局指导推荐的网络电影《月儿圆》和网络纪录片《守望秦岭》成功入选。

《月儿圆》是陕西省第一部获批"网标"（网络剧片发行许可证）的网络电影，并入选国家广电总局重大题材网络影视剧项目库。该片立足当代城乡两地生活，聚焦子女教育中新旧理念碰撞、家庭空巢等社会问题，以当代关中农村的自然风貌和生活景象为背景设定，反映都市和乡村两代人的社会心理诉求，探讨人生价值命题。网络纪录片《守望秦岭》是一部全面阐述"秦岭四宝"的自然类系列纪录片。该片是拍摄者历经 12 年时间穿梭秦岭原始森林、走过秦岭漫漫四季，记录秦岭真实自然故事、展示秦岭野生动植物多样性自然世界的力作。

7. 重视优化服务业务，不断升级影视市场

2023 年，省广电局组织完成 IPTV 传播秩序专项整治工作；开展网络视听领域综合治理，完成对 2021 年以来获得上线许可和正在审查中的重点网络影视剧片的全面核查，责令注销了 1 个管理不到位的网络剧项目；加强对违规网络视听节目核查处置，核查关闭传播境外节目的违规网站 1 家，责令 IPTV 播控平台下架涉违规艺人的节目 2 部，有效规范了网络视听传播秩序。组织完成省级调频广播发射机及其附属设备设施更新改造项目的安装调试并开播，保障了群众收听陕西新闻、陕西农村 2 套调频广播节目的权益。

8. 重视打造文影联动新生态，成立西部文学刊物影视改编联盟

2023 年 8 月 23 日，"西部文学刊物影视改编联盟"正式成立，陕西省作家协会、西部电影集团与西部 11 个省区市 13 家文学刊物联动，常态化深度推动文学的影视改编与转化。联盟的成立，成为涵养优化文学和影视转化的生态体系的重要力量。通过确立常态、高效的联系机制，构建起良好的文学作品、剧本改编、电影生产一体化发展体系，打造文化产业高质量发展的生态链条，大容量涵养优化文学和影视转化的生态体系，对于进一步推进优秀文学作品影视化，实现文学作品与影视创作的双向融合发展，做大做强做优西部特色文化品牌做出重要贡献。

（二）"西部影视"产业发展存在的问题

1.西部影视视野不够宏阔

西部影视有着重艺术质量、强调岁月感和沉重历史感、悲剧色彩浓重等鲜明的风格，因过分强调了艺术性，而往往娱乐性不足，商品属性较弱。2023年，中国电影市场强力复苏，一大批展现中国精神、反映时代气象的影片弘扬了主流价值，充实了主流文化。西部影视虽然是地域性的，但在艺术指向上不能局限性表达地域文化价值能量，应该以一种广大观众喜爱的方式深入观众内心。

2.影视扶持政策覆盖不够广泛

长期以来，陕西影视产业发展所依赖的有效政策主要是2012年出台的《关于支持文化大发展大繁荣若干财税政策的意见》，难以适应影视产业新发展。应结合国家电影局发布的《"十四五"中国电影发展规划》，不断完善陕西影视的奖励评价体系，建立一套完整、细致、高效的评价体系，根据影视剧的形态、题材、投资体量的不同，建立相应的评价与扶持政策，并精准实施。

3.影视人才储备不够充足

人才保障的乏力，是影响西部影视产业转型跨越发展的主要短板。2023年8月24日，"西影青年导演支持计划"签约仪式在西影电影园区举行，这一计划无疑是凝聚人才、培养人才，通过以人才引领驱动新时代的西部影视发展的有力举措。从整个影视行业来看，当前中国电影工业化体系在各个环节都面临人才缺乏的问题，受总体欠发达的产业发展环境和人才制度环境的影响，中高端人才流失，尤其是高端的学术理论研究型领军人才和经营管理类复合型人才缺乏。陕西影视创作多停留在传统的创作上，综合素质高的管理人才缺乏，特别是工业化意识不够敏锐，因此专业化服务水平较低，在创作"重工业电影"时面临困难。

4. 影视产业联动不够强劲

随着市场竞争的加剧和变化，以及用户需求的升级和转变，影视行业将面临更高的产业融合要求和更大的产业融合空间。2023 年，影视行业"影剧联动"成为市场新热点，出现了"剧影互改""剧影套拍""同步开发"3 种模式。西部影视产业多无现代企业管理制度进行规范，其运作、经营普遍处于低层次运转，品牌打造与建设不足，缺乏产业链构建与延伸，媒体融合、行业融合、国际融合低于其他影视发达地区水平。

（三）"西部影视"产业推进方向

主管部门应不断完善顶层设计，建立协同发展机制，提升西部影视的品质和水平。加强从内容创意、艺术制作到舆论传播三个阶段的创新，坚持多样化的创作格局，推动影视科技创新，建好用好影视摄制服务中心，支持电影评论与理论研究基地开展工作。此外，要加强电影对外交流与合作，持续打造丝绸之路国际电影节品牌，打造一流电影人才队伍，推动陕西电影可持续、健康繁荣发展。

1. 打造西部影视产业集群，提升影视文化的影响力和竞争力

产业融合是影视行业发展的重要竞争力。首先，要为西部电影产业园区发展创造更加良好的外部条件，持续加大平台构建、要素供给、环境优化、奖励机制等政策扶持力度。其次，重点扶持一批具有龙头带动作用、在全国有重要影响力的国有、民营电影领军企业，做大做强电影公司主体和产业服务平台。最后，加强产业互动，多方联动，探索建立资源共享平台，促进电影与旅游、影节影展、动漫游戏等融合发展，以及"影视+科技+资本+地产"的现代影视城建设、专业高科技摄影棚建设、数字影视创作和后期制作基地建设，加快布局陕西电影高质量发展创新驱动板块。

2. 加速西部影视类型化，构塑为观众所认可的现代西部风格

面对电影产业化发展，要充分拓展内容创意，加快西部影视风格化、类型化，打造具有社会责任、生态责任和国际责任，展现中国学派、中国话语和中国叙事体系的品牌形象。一方面，西部电影内容生产应该坚守中国电影

的民族性，充分挖掘社会、民族、地域等不同背景和特色，积极展现新时代中国人民的精神面貌；另一方面，不断提升专业化水平，兼顾商业性与娱乐性，充分利用历史、现实、科幻、奇幻等不同题材和类型，融合文学、艺术、哲学等不同领域和思想，创造出更多元化和深度化的影视内容创意，将类型片中的元素融合到"西部电影"中，比如"西部纪录电影""西部家庭片""西部爱情片""西部传奇片""西部警匪片"等，重新构塑具有现代西部风格和特色的影视品牌。

3. 优化产学研融合人才培养模式，多维建设智力支撑

西部影视的发展需要一大批有专业技能、能吃苦、复合型的人才来支撑，通过产学研的深度融合推动电影工业化的进程。加快西北大学西安电影学院建设步伐，以西北大学、陕文投集团和西影集团共建的西安电影学院为载体，尤其要结合国务院学位委员会关于电影专业博士点调整建设的重要契机，发挥其培育和资源对接作用，打造产学研深度融合、电影专业博士优先供给创作和产业需求的西部电影高端复合人才培育机制。打通高校院所、文化企事业单位间的人才通道，持续建设好"中国西部电影研究"等陕西省电影评论与理论研究基地和特色智库，为西部电影的可持续发展储能蓄力。

4. 拓展网络视听板块建设，丰富西部影视展现平台

重视网络视听节目创作培训，邀请国家广电系统各层级负责人、各广播影视学院教授、影视节目规划等系统的专家，对省内各级广播电视媒体单位和部分广播电视节目制作经营机构的网络视听节目创作人员进行专业化培训。2023年7月23~25日，2023年陕西省网络视听节目创作培训班在西安开班，同时向获得2022年国家广电总局优秀网络视听节目奖项的作品颁发了获奖证书，这样的活动要坚持下去，不断拓展西部影视展现渠道和平台。

5. 推动媒体深度融合建设，赋能影视传播新力量

加快陕西县级广电媒体深度融合工作步伐，夯实中央、省、市、县四级主流媒体传播体系基础。具体来说，坚持系统发展，从机制改造上要效率，从移动优先上要未来，从内容上要成果，从技术改革上要生产力，从跨界融合上求突破，加快"四全媒体"建设。同时，持续开展广播电视媒体深度融合专题培训班，围绕媒体深度融合发展政策理论和趋势解读、新媒体产品生产传播等主题进行授课，重点提升把握正确方向导向能力，推进媒体深度融合发展。陕西从2022年至今已经举办两期培训，效果显著。2023年，在全国广播电视媒体融合先导单位、典型案例、成长项目征集评选中，陕西有5项入选，其中"'丝绸之路万里行'开创全媒体国际传播生产运营新模式"获典型案例、"'文化出圈，创意出海'——构建基于全球传播生态的城市外宣平台"获成长项目、"'两中心三融合四赋能'的陕西省市级融媒体平台建设"获成长项目提名，为推动陕西乃至全国广播电视媒体融合做出了表率。

6.发挥西部文学刊物影视改编联盟作用，打造文影联动新生态

发展西部影视产业，要充分发挥西部文学刊物影视改编联盟职能作用，广泛开展作家签约、题材孵化、创作交流、人才培训、信息共享等活动，展开跨界交流，共生共荣，用主动的、常态化的、长效化机制，打破文学和影视机缘性、偶发性、不确定性的单向寻望的传统关系，深度融合丰富的作家资源、文化资源，致力于构建常态化文学影视改编与转化，为西部文学的版权储备开发和改编创作注入双向转化融合的强大动能，从而切实将其打造为沟通文学信息、展示文学成就、连接影视创作、加强互学互鉴的重要平台，助力新时代西部影视和西部文学事业高质量发展。

三　持续发力的陕西话剧

陕西话剧作为当代陕西文学艺术中的重要一环，在经历了一个较长的沉寂期之后，形成了话剧界的"陕西现象"。近年来，陕西话剧持续发力，依托《创业史》《平凡的世界》《白鹿原》《秦腔》《主角》等文学佳作，创作出话剧《白鹿原》《平凡的世界》《麻醉师》《柳青》《路遥》《主角》等一批有影响力的话剧，2023年陕西话剧再创辉煌，继续以高水平、高质量的话剧佳作亮相。

（一）2023年陕西话剧的主要成就

1.陕西话剧强势发力，续写辉煌

2023年度陕西话剧可谓成果丰硕，连续几部叫好又叫座的话剧相继上演。陕西人艺继2022年话剧《主角》获得第十七届中国文化艺术政府奖——"文华大奖"后，又获陕西省人民政府通报表彰，参加陕西省承办的第八届丝绸之路国际艺术节演出获组委会纪念表彰。2023年陕西人艺继续强势发力，"茅奖"系列之四——话剧《生命册》于2023年5月14~19日在西安人民剧院首演。2023年10月，在第七届华语戏剧盛典颁奖典礼上，《生命册》荣获第七届华语戏剧盛典"最佳年度剧目"，编剧李宝群获"最佳编剧"奖，陕西人艺青年演员蔺凯、李俊强分别获"最佳男主角""最佳男配角"提名。这也是继《白鹿原》（首届）、《主角》（第六届）之后，陕西人艺在该盛典第三次夺魁，《生命册》即将亮相第九届丝绸之路国际艺术节。话剧《又一个黎明》中标入选省级政府购买演出服务——"百场舞台"舞台文艺精品展演项目，分别于人艺小剧场和榆林大剧院完成演出任务。2023年，陕西人艺在各项工作中均取得了较好的成绩。全年完成演出167场，其中话剧《白鹿原》77场、话剧《平凡的世界》17场、话剧《主角》39场、话剧《生命册》30场、话剧《沙石峪》3场、陕西文化产业协会"中国好礼、陕西好礼"演出1场，演出场次超前三年均值10%以上。集体与个人累计获得全国、省级奖项11项，先后入选4个国家级项目、3个省级项目，参加各类国家级、省级重大活动共计28次。另外，陕西人艺以纪念毛泽东同志《在延安文艺座谈会上的讲话》发表80周年为主题的小剧场惠民演出，获得观众的一致好评。

西安话剧院同样载誉归来，话剧《红箭 红箭》在荣获第三十一届田汉戏剧奖一等奖、第二届陕西戏剧奖剧本奖之后，2023年，在陕西省艺术节上荣获了"文华大奖"。西安话剧院坚持现实主义创作方法，逐步形成了以"现实题材、黄土味道、中国精神"的主旋律话剧为主，先后创作了话剧《麻醉师》《柳青》《路遥》《长安第二碗》《红箭 红箭》《樱花再开时》等一系列叫好又叫座的精品大戏，并在全国各地展开大范围巡演，荣获 2 项"文华大奖"、2 项中宣部"五个一工程"奖、1 项国家舞台艺术精品。西安话剧院还抓演出，目前与保利、中演、聚橙等多个全国大型院线建立了合作关系。2023 年西安话剧院持续发力，《在延安文艺座谈会上的讲话》发表80 周年之际，推出原创红色话剧《延水谣》，旨在弘扬延安精神，呼唤社会主义文艺创作初心，体现"文艺为人民服务"的崇高使命。西安话剧院的实验先锋肢体剧《朱尔旦》，运用先锋派手法以大胆的创作之风、新奇的路线，自 2020 年演出以来收获了当地观众的喜爱和好评，2023 年 9 月亮相第十届武汉国际戏剧演出季。《朱尔旦》的故事原型来源于《聊斋志异》，不仅延续了蒲松龄的鬼怪之风，同时融入了现代的技术和手段，用深刻而讽刺的舞台表演呈现一个"人心不足则生贪，贪心不足则生悲"的话剧，成为话剧的一种多元化尝试手段。

2023 年，陕西实验话剧院与西安电子科技大学联合创作新剧《毕德显》，获得陕西省文化和旅游厅、陕西省财政厅艺术项目资助，并亮相第十届陕西省艺术节。

2. "文化+"促进陕西话剧发展

陕西话剧紧跟时代发展脉络，积极探索"文化+"的发展路径。2022 年中秋，陕西人艺网艺团与陕西广电融媒体集团在陕西融媒体直播等各大平台推出巨献"送你一个长安·一梦千年"中秋晚会，以网剧串联网综的形式，精选李白、杜甫等十位唐朝著名人物，八个独立篇章，再现唐文化的深厚魅力，直播当天播放量为 12.04 万人次。2023 年以来，陕西人民艺术剧院在宣传领域取得显著成效。通过持续加强自有宣传阵地，如微信公众号和短视频平台，陕西人艺成功吸引了大量粉丝和观众。1 月至今，微信公众号"陕西人民艺术剧院"累计推文 38 篇，网络阅读量 30330 次。陕西人艺微信视频号、抖音号平台制作推送短视频 23 条，微信视频号播放量累计 327021次，点赞量达 6513 次，抖音号播放量累计 101886 次，点赞量达 2006 次。话剧《主角》在文化和旅游部官网、学习强国、文旅之声、文旅中国等 69个直播平台播出，线上点击率 286.45 万人次。话剧《平凡的世界》在国家艺术基金官方直播平台播出，线上点击率 130.2 万人次。西安话剧院积极探索并建立了"文化+"合作新模式，以文艺创作助力城市营销、政府政策宣传，同时与各大景区、文旅产业、尖端科技、流行消费娱乐活动相结合，开发包括影视制作、游戏开发、NT live 互动式戏剧现场等各类文娱业态在内的全领域文化服务产业链。陕西人艺与西安话剧院都在积极探索话剧与旅游相结合的创新发展，特别是与大唐不夜城等网红景点的深度合作，线上话剧的探索也在积极进行中。

3. 现实主义题材与陕西本土相结合

陕西人艺 2023 年的《生命册》无疑让陕西话剧再创高峰。《主角》从文学到舞台，从"茅奖"到"文华大奖"的转变，既弘扬了中华优秀传统文化，又讲好了中国故事。以本土的传统艺术秦腔和秦地风味，在现实主义的基础上，融合了传统与现代的多重现实意蕴，承载了更为丰富和厚重的地域内涵。成功范例在全国范围掀起了"当代文学改编戏剧热""方言话剧热"，为整个戏剧行业摸索出一条值得推广的道路，也为中国当代戏剧院团的发展提供了值得借鉴的经验。《生命册》是陕西人艺的第四部大 IP 制作，依然以茅盾文学奖作品为蓝本，在保留了李佩甫的原著神韵之外，融入了陕西人艺的创作风格，注重现实主义题材在舞台上的呈现，在短短的三个小时内呈现更多的内涵。还有话剧《延水谣》，以三组人物的成长经历为主线，多线叙事，由点及面，串联起抗战时期延安文艺工作者的集体群像。他们每一个角色的背后都代表着一个真实的群体，代表一抹时代的印记。话剧《红箭 红箭》以编剧阿莹在兵工企业 20 余年的工作经历为蓝本，通过军工人日常生活的点点滴滴、情感世界的细腻浪漫、科研工作的精益求精、危险面前的舍生忘死，表现了 20 世纪 90 年代末，一群在秦岭深处默默奉献青春甚至生命的军工人，为了研制反坦克武器"红箭"，不畏牺牲、勇于担当，为人类和平奉献一生的感人故事，展现了真正意义上的"中国脊梁"。话剧《毕德显》根据中国科学院院士，西安电子科技大学雷达工程专业的主要创始人毕德显的事迹改编而成，讲述中国科学院院士毕德显一生勇攀科技高峰、呕心沥血为国防现代化建设，为中国雷达工程领域培养人才的感人故事，展现老一辈科学家矢志科技报国的家国情怀和奉献精神，激励新时代广大青年学子向着建设世界科技强国的宏伟目标接续奋进。

（二）话剧发展过程中存在的问题与不足

陕西话剧在强势推出几部作品后，也同样面临如何持续发展的问题。

1. 陕西话剧的品牌树立

当前观众对陕西话剧的认可与文学陕军的知名度是密切相关的。但是，在陕西文学经典相继改编之后，陕西话剧在改编与原创之间摇摆不定，持续输出陕西地域特色的能力不足。陕西原创话剧虽然已经在逐步探索中前行，但其大多局限于文学陕军带来的红利，并非长久之计。因此，从长远来看，陕西话剧想要破局就需要从源头上体现自己的本土特色并与文学陕军深度融合。从改编话剧到话剧原创团队的培养、建立、深耕，这是目前陕西话剧品牌亟须解决的问题。

2. 人才队伍建设问题

编剧人才队伍不足成为制约话剧发展的关节点，虽然前期陕西人艺与西安音乐学院、西安翻译学院、陕西艺术职业学院等院校签订了校企合作合同，陕西实验话剧院与西安电子科技大学联合出品的《毕德显》等举措都在说明话剧逐步深入高校，但从高校毕业生到剧作家，不可能一蹴而就，培养编剧人才还有很长一段路要走。就目前陕西话剧的人才队伍建设而言，真正的高水平编剧非常稀缺，甚至多数话剧的创作与改编都需要引入外援。这就造成了话剧创作与演出的割裂，很难形成体系化、规模化。有些剧作家年事已高，有些则转战影视剧创作。同时，新的优秀剧作人才并未涌现出来，剧作家群体出现明显断档。

3. 资金的回转与输入困境

由于"底子轻、包袱重"，传统演艺行业缺乏融资渠道和平台，陕西话剧院团在进行混合所有制和员工持股改革中，由于资金无法得到有效支持，改革有较大难度。在话剧排演前期，资助经费和投入经费之间的缺口较大，资金回转的周期较长，前期投入的资本无法得到保障，也成为影响陕西话剧发展的一大难题。

4.话剧的融媒体发展不足

如何让剧场艺术突破传统媒介的限制，成为当下话剧发展的重要问题之一。话剧的融媒体发展，不仅是时代的需要，也是对普通民众精神需求的满足。特别是为无法通过线下观看，或对票价没有足够购买力的群众，提供了一种新型话剧观看模式。当前，北京人民艺术剧院就已经开启了线上直播，其播放量已经达到几十万甚至上百万人次。陕西话剧在融媒体方面的发展目前仍非常受限，在文化惠民方面，陕西话剧还需要更进一步的探索。

（三）陕西话剧的愿景分析

1.加强剧作家培育，提升陕味儿话剧的原创性

进一步加强与优势院校的合作，进一步打通点对点人才培育机制。陕西实验话剧已经开展了青年话剧演员培训班，截至目前已经开展7期。这种模式可以复制推广，开展不同形式的剧作家培训班，学校定期输送学生在话剧院进行实习等。特别是陕西地域特色的原创方面，应当加强院校剧作家人才培养，实行行业导师制，以"传帮带"的形式让青年人才和高校毕业生迅速适应和成长。

2.加强话剧融媒体发展，推动陕西话剧的"文化+"

加强话剧的线上线下多元性，探索话剧的直播形式，利用新媒体、移动客户端等，实现戏剧信息、戏剧教育、排练场景、幕后花絮、演出视频、观演互动、戏剧批评多渠道发送，跨区域传播，充分发挥文艺作品培根铸魂、鼓舞斗志、振奋民心的现实作用。

3.陕西演艺联盟创新服务平台

截至目前，陕西演艺联盟完成陕西省文产协会演艺分会分支机构民政厅备案工作，吸纳会员单位77家。今后陕西话剧想要进一步发展和突破，应当大力组织会员单位参与项目分享交流会，积极组织参与陕西省文化产业协会文化大讲堂等活动，召开陕西演艺产业发展论坛，建立陕西演艺联盟会员剧目、剧场信息采集系统。

4. 加快推进话剧的惠民工程，加大政府资金补贴力度

话剧历来是高雅艺术，作为西方引入的戏剧形式，一开始就以小剧场的方式服务精英贵族阶层，直至 20 世纪 40 年代，话剧逐步从小剧场走入大广场，普通民众得以接触到话剧。当前话剧无论是从演出场次还是票价都是普通民众无法企及的，一方面要加大政府资金补贴力度，加快推进话剧的惠民工程；另一方面要加大票价的调控力度，增设优惠票价，让话剧普及到普通民众中。

B.4
陕西文化短视频传播研究*

毋　杉**

摘　要：　作为中华文化的重要组成部分，陕西文化所蕴含的生命共感、精神安顿、审美追求相互牵引，为弘扬中华优秀传统文化、增强文化自信、提高国际传播能力提供内在动力。短视频以即时性、流动性、目的性等鲜明的传播特征，极大拓宽了文化传播的视域，增强了新媒介生态下的文旅黏合度。本文尝试将互动仪式链理论介入文化传播能力建设研究之中，通过形成际遇空间、凝聚情感能量、创制共同符号等方式为文化传播中可能遇到的问题提供一种解决思路，并可由此思考如何更好地挖掘文化精神内核，丰富中华优秀传统文化的影响力和生命力。

关键词：　短视频传播　互动仪式链　情感能量　陕西

全球范围内媒介技术的更迭，推动了传播生态的变化，传统的传播模式被不断重塑，各类新媒体平台正广泛渗透到社会生活的各个方面。微博、贴吧、论坛等早期较为活跃的媒体平台还是以抒发情感、记录生活、分享心情等娱乐和社交功能为主，随着区块链、云计算和人机交互等媒介技术的革新，微信、抖音、快手，以及国外的 Facebook、Twitter 等网络社交平台都在强化原有功能的基础上，实现了信息传递、政务服务、资源分享、知识学习、艺术创作、视频直播、视听消费等多重功能的深度融合，催生了集技

---

　* 本文系 2024 年度陕西蓝皮书合作研究项目"陕西文化国际传播能力建设研究"（项目编号：2023HZ1436）的研究成果。

　** 毋杉，西安理工大学人文与外国语学院讲师，主要研究方向为文艺美学。

术、娱乐、服务、生活、情感、资讯等于一体的媒介传播景观。面对新的传播方式和传播环境，虚拟世界和现实生活的边界在各类新媒体平台实现相互交融，应运而生的短视频传播改变了依靠文字和图片的传统传播方式，大众由此进入了一种以视觉影像为创作主体的"多重参与"的传播过程。个性化、实时性、普泛性的短视频，已逐步成为引领价值、提供信息的重要渠道，它所带来的机遇和挑战，为全球文化市场所共享。

文化的对外传播是一个双向度的互动过程，"当今世界真正需要的是去了解今天的中国正在发生什么"。[①] 想要提升中华文化的传播影响力，就需要对文化的精神内核进行挖掘和提炼，使之适应新时代的传播方式和传播环境。陕西文化作为中华文化的重要组成部分，与中华文化的思想精髓一脉相承，它所蕴含的生命共感、精神安顿、审美追求相互牵引，都为国际传播提供内在动力。如今，技术革新与媒介文化相伴相生，短视频凭借其灵活、快捷、兼具碎片化和社交化的传播优势，深度融入当今世界的文化形态之中。如何利用短视频平台挖掘陕西文化的精神内涵、彰显陕西文化符号、创新具有网络特征的审美经验和精神表达，推动新媒介时代陕西文化的国际传播，进而提升中华文化的对外影响力？这些问题还需要进一步思考。

一　陕西文化短视频传播的现状

中华优秀传统文化所蕴含的传统智慧、民族精神、审美理想是国际传播的内在动因和价值导向，是提升文化创造力和民族自信心的深厚基础。习近平总书记指出，讲清楚中华优秀传统文化是中华民族的突出优势，是我们最深厚的文化软实力。[②] 总书记同时强调，博大精深的中华优秀传统文化

[①] 乔舒亚·库雷顿等：《中国形象：外国学者眼里的中国》，沈晓雷译，社会科学文献出版社，2006，第41页。
[②] 《习近平谈治国理政》，外文出版社，2014，第155页。

是我们在世界文化激荡中站稳脚跟的根基。① 面对目前不断变化的传播格局，坚守文化精神、坚定文化自信，是接受新媒体传播挑战的不变之道。

（一）传播陕西优秀传统文化符号

陕西是诸多文化脉络的发源地，拥有丰富的地域文化和深厚的历史底蕴，同时也诞生了大量具有中华民族特色的文化符号。短视频作为媒介技术变革时代的产物，集文字、图像、音乐、表情等多重表达方式于一体，在兼具艺术性、审美性、技术性的基础上，坚持对思想观念、风俗习惯、生活方式、情感样式进行创新表达。陕西作为文化大省，各地市都有代表性的文化符号。2023年6月6日，陕西省文化和旅游厅与抖音联合发布的《陕西非遗数据报告》显示，"截至2023年5月，陕西地区非遗直播超57万场，用户观看3185万小时。以"陕西非遗文化"作为关键词在抖音平台检索，凤翔泥塑、华县皮影、澄城刺绣、渭北面花等非遗文化类短视频播放数据可观。在陕西非遗文化类短视频评论区，很多网友留言评价"高手在民间""这些手艺人要多多宣传，不要让它们湮没于现代工业的浪潮中"。

陕西省会西安是近年来抖音热门城市，与之相关的文化符号也为短视频传播带来热度。其中，西安大雁塔及慈恩寺、大唐不夜城、西安城墙永宁门等核心景区引流不断。位于西安曲江的长安十二时辰主题街区，作为中国首个沉浸式唐风市井生活街区，自2021年开市以来一直在陕西各地乃至全国范围内受到关注。以长安十二时辰街区为主题的视频创作在各类短视频平台热度不减，抖音账号"大唐·忆风"发布的"霓裳羽衣舞"表演获赞141.1万，转发16.6万。同时，"汉服变装""汉服拍摄"等话题也在短视频平台屡获好评。线上线下互动体验模式让沉浸式中式文化体验的消费群体从以外地游客为主逐渐扩大到本地，成为西安近年来的文化旅游亮点。从"汉服热"到"国潮热""非遗热"，具有美学传统和历史氛围感的文化符号充分彰显了古典文化的审美情趣，成为当下陕西文化传播的一张名片。

---

① 《习近平谈治国理政》，外文出版社，2014，第164页。

（二）呈现陕西特色饮食文化符号

饮食文化是具有世界性普遍性的话题，虽然该话题地域和民族色彩浓厚，却不受语言和地域的限制，能够随时调动参与者的兴趣，形成情感共鸣。陕西美食文化包罗万象，经过长时间的融合和变迁，可以串联出精彩的美食版图，被视作当今社会生活之美的直接体现。饮食文化类短视频多选用日常视角，凭借其独具亲切感的叙事优势，在构筑文化认同、建立文化形象方面起到"润物细无声"的作用，为陕西文化对外传播提供生活哲学和日常美学参照。目前，通过对短视频平台的陕西饮食文化进行数据爬取和分析，研究结果显示该类型视频多选取普通人的日常生活，以个人视角的推介或攻略为创作主要形态。但是，如果能在饮食文化符号中融入"情感叙事"策略，将美食视为文化的载体，同时捕捉美食背后更为深刻的情感体验，唤起参与者所共有的情感表征，可能呈现更为优质文化传播效果。抖音账号"小健健的 everyday"用一碗代表陕西饮食特色的 biangbiang 面，将乡村文化、手工烹饪、邻里之情巧妙地联结在一起。这条短视频获赞 21.5 万，拥有 10880 条评论，尽管该条视频在内容策划上相对简单，但是作品重点描述了乡村人家和面、擀面、生火、配料、招呼四邻、围坐吃面几个细节，意在呈现"精致的、文明的、可亲的、具有烟火气和人情味的中国形象"。

（三）建构陕西和谐自然文化符号

自古以来，对自然的保护和尊崇、对生命存在意义的探讨，都是中国美学精神关注的对象。自然之美、万物之灵、天地之气，贯穿中国古代的宇宙生成论。古人将对生命流转的思考与探索定格在文学艺术作品之中。"长安陌上无穷树，唯有垂杨管别离""最是一年春好处，绝胜烟柳满皇都""终南阴岭秀，积雪浮云端。林表明霁色，城中增暮寒"，都是植根于中国人基因深处的文化记忆。陕西地处黄河流域，兼容南北地貌，在地域文化方面具有包容性、融汇性、多元性的特点，这也是短视频创作的标志性符号。陕西文旅厅通过抖音官方账号积极挖掘陕西各地市的自然美景和特色风情，"秋意映陕西""纳凉避暑季"两个单元分别拥有982.7万和895.8万的播放量。抖音账号"走！游陕西"主打旅游攻略介绍，基本实现陕西地市级旅游全覆盖，仅"走游陕西"这一单元的播放总量就达1020.8万。

借助科技的力量，短视频快捷、轻量的传播形态，缩短了时间和空间的距离感，让原本遥远的信息和故事能够快速完成竖屏解。但是，在文化符号落地生根的过程中，单一的传播渠道并不能满足参与者强烈的信息需求和情感表征。陕西自然文化并不仅仅停留在参与者"看景""听景"等符号化的自然景观，更应该以万物相生、天人合一的审美理念和生存原则为精神指导，推动自然文化符号的逐层递进。抖音账号"长安范儿—人文地理"不仅向参与者介绍壮美秀丽的自然景观，也将科普地理知识作为输出目标。通过"秦岭如何影响南北""黄河的秘密"等内容的输出，引导参与者在领略大美山河的同时，也能在日常生活中感受个体与自然和谐共生的理念。

二 陕西文化短视频传播困境

媒体文化学者尼尔·波兹曼认为，"信息传播新方式所引发的社会变迁在更大意义上是它本身定义了某种信息的象征方式、传播速度、信息来源、传播数量与信息存在的语境，从而深刻影响特定时空中的社会关系、文化以及对真理的看法"。[①] 现如今，随着移动互联网带来的技术变革，新的媒介方式更新了传播景观，为文化传播提供了更加便捷、更贴近生活的渠道，个体获取信息和表达自我的方式也发生深刻变化。当代，个人已然成为数字化传播的主体，通过虚拟平台搭建展现现实生活的场域。陕西文化是在丰富多元的地域环境、深厚悠久的礼乐文化、艰苦卓绝的红色文化以及"一带一

---

① 《新媒体：把公共外交做到指尖》，中新网，https：//www.chinanews.com/cul/2011/07-19/3193290.shtml，最后访问日期：2023年7月19日。

路"文化等基础上应运而生的，是中华民族优秀文化不可或缺的一部分，对中华民族文化心理、审美追求以及思维方式等众多方面产生了重要的影响，构成了中华美学精神独特特质与价值的重要方面，并且在现代的土壤上不断延续和发展。传播陕西文化、展现新时代陕西生活面貌，是文化自信建设的内在要求。通过对抖音 App、哔哩哔哩网站、小红书 App 等新媒体平台的观察分析，陕西文化传播正在经历观念转型、方式转化、结构转型的发展阶段。具体来说，在传播内容方面，目前陕西文化主要涉及人文资源、自然资源、生活方式等几个类别，但是关于文化观念、艺术形态、个人维度等方面的内容还比较零散。从传播特征来看，陕西文化元素在短视频传播中呈现传播内容碎片化、传播过程互动化、传播主体全民化、传播技术融合化的形态。

在传统媒介形式之下，陕西文化的对外传播主要依靠官方媒体通过新闻报道、电视节目、纪录片等方式完成。新的传播环境更新了陕西文化的表达形式，将原本以图文传播、静态传播为主的互动方式转变为多元化、立体化的视频传播，这也触发了传统文化精神和文化资源在价值塑造、叙事符号、审美追求上的变化。但同时，利用短视频传播范式助推陕西文化对外传播也存在一定的局限性。

对照 2018 年抖音、头条指数与清华大学国家形象传播研究中心城市品牌研究室联合发布的《短视频与城市形象研究白皮书》，西安作为短视频热门城市已经是展现陕西社会、文化生活的一张名片。结合"BEST"，即 BGM（城市音乐）、Eating（本地饮食）、Scenery（景观景色）、Technology（科技感的设施）的传播方式，曲江景区、回民街景区等市区内地标成为近年来的"爆款"，传统景区如兵马俑博物馆、华清池等也保持稳定热度。结合"BEST"思维方式创构的传播内容，可以在短视频平台帮助当地构建鲜活的文化形象，但是也存在因传播内容碎片化，文化输出出现单一性、狭义化、同质化的现象。尤其是在对外传播之中，注重构建具有故事性、情感共通性的短视频叙事，才能与参与者建立更为深刻的共享关系。借助短视频讲好陕西文化故事，其根本落脚点还是在"人"，需要讲出"人"在当今社会的生命境界、生命意义和生命真谛，从而引发更大范围内的参与者共鸣。而"人"的故事，最终还是要回归到现实世界，聚焦人类所共享的情感体验和价值认同。综观当前陕西文化传播的短视频作品，常见的传播思路是创作者创制了某一类抽象概念，通过策划、拍摄、后期剪辑、传播一系列活动完成视频作品。比如很多宣传西安文旅热点景区的短视频，都会搭配流行古风音乐作为背景，以形成"千年古都、常来长安"的文化品牌。这样的传播运作方式可以在一定程度上带来关注，但是也存在单一文化要素被不断重复的现象，视频内容和互动参与者之间依然存在心理距离，难以实现思想、情感上的共情性创新。陕西文化特色浓厚，除了宏大的叙事方式之外，微小人物与文化主题之间必然存在密不可分的联系，如何捕捉并呈现这些联系，让参与者融入切身的相似体验，从原本浅层的视觉认知逐步过渡到情感层面的互动和认同，是目前制约陕西文化走向远方的一层壁垒。

丰富多元的地域文化特色、底蕴深厚的中国传统文化基因、特色鲜明的红色文化资源是陕西文化的重要组成部分。通过新的媒体平台和传播方式，陕西文化在表达频率和表现效果上比较突出，尤其是自然风貌、特色美食和人文景观的内容输出收获了大量的关注。陕西文化想要贴近大众，反映现实，需要全民性的传播渠道，但同时也需要注意短视频传播的热度并不能代表真正意义上的文化认同。借用某种文化资源或者文化IP制造的视频内容能够在短期内为文化传播带来热点和关注，但是如果仅靠碎片化、娱乐化的表层文化现象和技术手段制造的视觉刺激和娱乐心理吸引参与者，而不推出反映文化审美精神的优质作品，则较难传递更具价值的文化内涵，实现深层次的文化认同。

强化传播效能是提升当地文化软实力和经济的重要一环。近年来，除了传统热门城市和景点备受关注，一些在固有印象中存在感不强的城市也通过短视频平台拥有了辨识度和亲近度，以小视角、小切口，积极主动地诠释和传播大众生活之美。值得注意的是，传播景观背后还有交错相通的市场、资本、社会、个体、商品、消费等要素，这些要素会对文化理解和传播模式造成影响。缺乏原创性的UGC内容（User Generated Content，用户生成内容）

批量生产，为了迎合市场需求和大众审美制造的同质化短视频过度蔓延，既消费了公共文化资源，也消解了原本丰富的文化形象，制约了文化的个性化发展。这种碎片化的表达形式可能会销蚀文化内涵，造成参与者对于文化的误解。同时，原本具有文化内涵和价值属性的文化仪式和文化符号被重新包装投放市场，由此传递出的传统文化和审美精神可能与期待建构传播的文化形象逐渐背离。近年来，汉唐风韵表演、特色饮食文化等具有代表性的陕西文化元素在短视频平台拥有一定的受众群体。但是由于短视频在时长和表达方式方面的限制，视听资源很难呈现陕西文化传统和文化内涵的全貌，如果不能将线上流量与线下资源形成有效链接，可能会消耗目前通过短视频平台积累的关注度和认可度。

三　陕西文化短视频传播的策略探析

新媒体平台处于融合技术、文化、生活等多方面因素的传播环境，短视频作为自媒体平台的主力军，以微小的体量，灵活、快捷的传播方式，集技术、审美、信息的多元合力，成为当代人信息获取的主要途径，也是本土文化推广和国家传播能力建设的重要环节。当前短视频创作的主体不断拓展，社会个体在自媒体平台拥有"一种最小限度的国家或组织干预及最大限度的个人表达自由"。① 当前，国内短视频的创作内容主要还是聚焦在大众生活层面，记录、展示、分享社会不同切面，有效唤起人类在情感方面的共通性，这种输出其本质是文化间的交流、沟通、传播，也是对外传播的新契机。未来的传播形式还将依赖现有的媒介环境，在发挥技术和文化相互渗透的优势之下，需要思考如何理解新媒体环境下的陕西文化根基、传递和表达陕西文化精神，以及如何以更容易被理解和接纳的方式阐释陕西文化的内涵。

美国社会学家兰德尔·柯林斯结合社会学理论提出互动仪式是际遇者由资本和情感的交换而进行的日常程序化活动，人类日常生活和社会交往中的

---

① 潘祥辉：《对自媒体革命的媒介社会学解读》，《当代传播》2011 年第 6 期。

很多情景反映都可以被视为一种"互动仪式链"。"互动仪式的核心是参与者在这一过程中发展出共同的关注焦点，并彼此相应感受到对方身体的微观节奏与情感"。① 形成互动仪式链需要涉及四个要素，即"两个或两个以上参与者在同一空间的'在场'"、"对局外人设置屏障"、"参与者通过共同活动产生的关注焦点"以及"参与者共同分享的情感共鸣或情感体验"。这四重要素在互动仪式过程中相互作用，最终形成"群体的团结性"、"个体的情感能量"、"标志化或代表性的符号"以及"维护群体的道德规范"。互动仪式的核心要素和最终结果是情感能量，这种情感能量具有长期稳定的社会意义，能够使参与者收获积极正面的情感回报。短视频传播的形式和内核与互动仪式的内在机制保持一致性，短视频所包含的感情色彩和情感信息在短时间内的碎片化呈现，能够产生具有刺激性、辐射性的传播效果，为参与者带来情感能量，但是短视频所催生的情感能量如何保持连续性，形成持续输出的文化认同和价值追求，就需要参考和依赖互动仪式链的运行模式。

（一）不断形成具有互动仪式、立足陕西文化的传播空间

技术的变迁从根本上改变了传播的格局，传统单向性的传播方式逐渐被打破，传者与受众之间进入新的互动仪式。原本的互动仪式要求身体的"在场"和聚集，尤其强调身体在现实场域中的"存在"。因为人类身体之间的敏感，以及相同节奏的捕捉和碰撞，有助于共享关注点和情感能量的捕捉。但是，当媒介生态随着 5G、VR/AR/MR、大数据、人工智能、物联网等数字技术发生巨变，各类媒体平台作为媒介的延展形态，虽然无法取代实时的互动交流所带来的情感体验，但是也已经为互动仪式提供了新的虚拟场域，能够一定程度满足用户的"亲身在场"。自媒体时代的虚拟场域打破了国家、区域、时间、空间等固有的交流壁垒，为用户增加了情感交流的机会和环境，同时还可能不断聚集新的群体，提高情感交流的密度和质量。

在以抖音 App、哔哩哔哩网站、小红书 App 为代表性的各类自媒体平台，

---

① 兰德尔·柯林斯：《互动仪式链》，林聚任等译，商务印书馆，2012，第47页。

用户可以通过选择"同城"来浏览所处城市的相关推荐，同时，通过"地理定位"也可以增强与该地区的黏合度。这种虚拟空间上的联系看似微弱，其本质还是对互动仪式的一种构建。因为"本地"这一确定的区域内，能够吸引文化、生活、习俗具有相似性的用户，形成身体共在的虚拟仪式场域。以抖音搜索为例，输入"陕西"进行检索，"旅游""美食""西安""方言"等内容皆是热门单元。用户以浏览、点赞、收藏、分享、反馈等互动形式参与仪式，可以不断强化对陕西文化的认知体验，从而更加强烈地体验到共享情感所带来的能量。西安曲江文化产业投资（集团）有限公司和西安城墙文化投资发展有限公司提供的 2023 年数据显示，大唐芙蓉园全年客流量为 269.98 万人次，西安城墙景区全年累计接待游客 900 万人次。这种从虚拟场域进入真实场域，最终积聚情感能量的互动过程，是陕西文化传播高质量发展的路径之一。

互动仪式除了要求身体在场外，还对仪式局外人设定了界限。在圈定的互动区域内，仪式参与者之间共同明确和守护自身身份，保障互动仪式的展开。但是这种设限并非建立其排他属性，而是强化参与者的群体团结和情感力量，同时对外吸引更多的参与者加入高度的互动仪式。在陕西文化传播能力建设过程中，通过音频、视频、文字、声音以及各种表情符号构成的影像传播，还是应该立足陕西文化本源，挖掘陕西人民的生活之美，展示三秦大地的生态之美，传播陕西精神的内涵之美。目前，抖音平台对于陕西文化的宣传和介绍层出不穷，无论是"陕西旅游""西安曲江旅游"等官方媒体，还是"西安阿奔"等具有热度的本土博主，都在着力推介陕西文化。当互动仪式的际遇空间已经形成，需要解决的问题就是如何能让参与者不仅仅停留在"浏览"或者"点赞"这一简单的仪式互动上，而是挖掘短视频所代表的影像文化背后的文化价值。

（二）加强凝聚情感互动，形成认同

根据柯林斯的互动仪式模型，共同的情绪或者情感体验作为该模型的核心机制，能够有效地促进人与人之间的情感体验，强化参与者的情感链接，最终推动文化认同。短视频传播迎合了视频受众"即时满足"的心理，运用故事、画面、音乐等各种技术手段和审美体验进行影像传播，能够在传播语境中产生情感"黏合剂"的作用，最终形成"情感能量"。互联网时代，同质化的影像产品层出不穷，要在短时间内抓住短视频受众，就需要参与者在集中关注同一件事情时，抓住情感焦点，分享共同的情感状态。不同民族和地区之间，存在语言、文化、沟通上的差异，但是人类的情感具有共通性，能够跨越理解的障碍，实现心灵的共鸣。

2023年暑期国产动漫电影《长安三万里》上映，该片总票房实现18.24亿元，总观影人次4415.5万，列当前中国影史动画电影票房榜第2位、2023年内地票房榜第7位。[①] 随着《长安三万里》的热映，古城西安作为该影片采风地被国内乃至海外用户高度关注。陕西抖音账号"刘国杨的发现之旅"结合《长安三万里》的热点进行创作，讲解影片背后群星闪耀的诗词故事，获赞12.2万，评论6000多条。作为融合优质传统文化与东方美学元素的热门电影，《长安三万里》的热度可以为参与主体提供积极、饱满的情感能量。通过观看、转发、讨论相关创作产品，能够引发创作者和参与者的情感互动。在这一过程中，双方关注共同的焦点、不断交换收获互动和认可，最终可以体验共享的情感。针对不同喜好的受众，陕西本土视频创作者可以在各类新媒体平台发布与《长安三万里》相关的内容创作，从影评分析、人物剪辑、画面鉴赏、文史讲解、风光导览等不同方面推介陕西文化，充分利用这一新媒体产品的情感能量，实现情感空间的稳定性。

电影《长安三万里》的抖音账号获赞8743.2万，共计222.5万粉丝，根据发表内容设置"小长安带你读诗""八倍镜看长安""蹲在追光工位"几个板块，尽可能满足不同用户的关注需求。对于兼具情感体验和情感认同的文化现象或者文化产品，深挖其情感能量，使之形成和保持与用户的"情感共享体"是非常必要的。一方面，具有情感共通性的叙事内容本身就是对外传播的要点；另一方面，单一的互动可以催化情感能量的形成，

---

① 《电影〈长安三万里〉最终票房18.24亿》，新浪财经，https://finance.sina.com.cn/jjxw/2023-10-07/doc-imzqiapc9867370.shtml，最后访问日期：2023年10月7日。

但是这种能量最终的效果可能是昙花一现。情感能量并非一成不变，而是会经历强弱深浅的渐进过程。想要形成持久稳定的情感仪式链，就需要强化参与程度、进入深层的内核理解，最终实现参与者的身份认同和情感认同。

（三）持续创制共同符号

符号是互动仪式产生的结果，标志或者其他代表物可以让参与互动仪式的群体产生集体感和归属感，拉近群体和集体的距离。参与互动仪式的群体通过关注物质或精神方面的共同符号，可以延长仪式的体验感，增强自身的身份认同，对仪式的参与和接纳程度也会加深。符号作为互动仪式的形成标志，会在虚拟或者现实的仪式场域被反复使用，逐渐拥有更为深层的情感意义和象征意义，最终沉淀形成一种具有敏感度和持久性的情感能量。体育团体的队徽或队标、娱乐粉丝关注的演出或者表演，都可以被视为互动仪式产生的符号。随着陕西文化对外传播能力的提升，创造和构建具有情感意义的群体性符号，可以有效促进文化向心力和凝聚力的构筑。

自媒体时代社交的虚拟性，为互动仪式提供了更为广阔的平台，参与者可以非常轻易地开启或者进入一段仪式链，也能在分秒之间中断或者结束互动。稳定的集体符号能够强化和延展互动仪式，是"共同的情感体验和共享共同历史记忆的一个重要工具"。[1] 目前，有两种符号的传播方式可以运用于文化传播建设之中。一种方式是将符号作为情感连带的关注焦点，参与者通过互动仪式，对符号产生尊重并进行维护，符号也在高度的互动关注和情感共享过程中被更为广泛的群体所认同。以陕西文化为例，地域文化、红色文化、礼乐文化作为中华民族和华夏文化的重要组成部分，具有神圣性和崇高性的特质，符合当代社会的价值需求和审美意义。在陕西文化对外传播过程中，应该对这一类文化资源进行深度挖掘，形成创新性的传播表达，发

---

① 赵超、青觉：《象征的再生产：形塑中华民族共同体意识的一个文化路径》，《中央社会主义学院学报》2018 年第 6 期。

挥符号的象征属性。同时，文化本身具有抽象性，但是文化的呈现形式可以是具体的。形象化的文字、图案、服饰、符号等象征物，都可以作为互动仪式的符号进行储备，通过情感能量的刺激和传递进行唤起。2023年在各地自媒体平台走红的景点特色印章、博物馆盖章纪念册等文创衍生品，就是互动符号、情感能量和文化实物的融合，收集博物馆印章，既保留了参与者身体在场的互动基础，也加强了参与者的身份认同和文化归属，这一过程贯穿包含情感体验和审美追求的互动链接，最终形成的印章合集作为互动符号载体具有持久性，即便在互动活动结束之后也可以产出长期情感，不断巩固和维护文化形象。另外一种方式是通过个人身份与情感叙述建立起来的符号，他们的名字和与之相关的信息也可以被视为互动仪式中的象征符号。参与者通过对这些因素的兴趣加入互动仪式，从而形成适当的情感能量。来自陕西的电商主持人董宇辉，近年来以东方甄选主播的身份被大众熟悉。他在直播带货的同时以真诚风趣的方式积极传播传统文化，比如，在农产品直播间，他自然流畅地引入对唐代诗人杜甫的介绍，认为杜甫的一生"悲惨但不卑微，平凡但不流俗"。这种在虚拟的展演空间跳脱出固有的互动方式，通过和参与者分享共同的情感状态，能够实现互动仪式中情感能量的积聚。这种由主体人群承载的符号模式，通过互动仪式对参与者产生吸引力，使之深切融入互动之中，并且不断扩大和丰富文化情境的方式，也是目前文化传播可以采取的实践途径。

四　结语

习近平总书记指出，要采用贴近不同区域、不同国家、不同群体受众的精准传播方式，推进中国故事和中国声音的全球化表达、区域化表达、分众化表达，增强国际传播的亲和力和实效性。[①] 短视频作为新型媒介环境下的

---

① 《习近平：做党和人民信赖的新闻工作者》，人民网，http://politics.people.com.cn/n1/2022/1108/c1001-32561406.html，最后访问日期：2023年11月8日。

重要传播工具，为陕西文化传播增加了新的路径。本研究通过对构建互动仪式链的要素进行梳理，探讨陕西文化传播的具体策略，希望对传播内容、价值内涵、审美追求进行反思，从而实现传播效率的高效和优化。如何利用互动仪式链设置焦点、营造空间、凝聚情感、创造符号等环节，增强参与者的情感能量及身份认同，并且保持对陕西文化的关注和传承，实现中华优秀传统文化走向世界的目标，仍是值得继续探讨的话题。

B.5
陕西文化国际传播能力建设研究报告

黄建友　罗芳*

摘　要： 本报告通过对陕西文化国际传播能力现状调研，发现陕西善用国际会议、文物遗存、非遗文化、文旅活动等推动文化国际传播，并且取得了一定的传播效果。报告指出，陕西文化在国际传播中存在本土创作者活力不足、红色文化传播力度不足、情感策略与微观叙事运用较少、分众化传播不够精准、再语境化转化能力不足等问题。在此基础上，报告从建构陕西文化多元传播主体、挖掘国际传播故事、构建陕西文化话语体系与叙事体系、制定陕西文化精准国际传播方案、建立陕西文化国际传播效能评估机制与文旅融合机制五个方面，为提升陕西文化国际传播能力提出了可行性建议。

关键词： 陕西文化　国际传播　地方故事

习近平总书记在十九届中共中央政治局第三十次集体学习时强调，各地区各部门要发挥各自特色和优势开展工作，展示丰富多彩、生动立体的中国形象。① 中国各地区都有自己独特的语言、风俗、美食、传统艺术等，利用地方符号与地方故事讲述中国故事，能够进一步增强中国文化的传播力与影响力。通过对陕西文化的国际传播能力建设进行调研分析，能够帮助我们把

---

* 黄建友，西安外国语大学新闻与传播学院院长、教授、博士生导师；罗芳，西安外国语大学国际传播专业博士生。
① 《习近平在中共中央政治局第三十次集体学习时强调　加强和改进国际传播工作　展示真实立体全面的中国》，新华网，http://www.xinhuanet.com/politics/leaders/2021-06/01/c_1127517461.htm，最后访问日期：2023年10月18日。

握陕西地方文化传播的现状与问题，对于提升地方文化传播能力、增强陕西文化影响力，以及进一步提升我国国际传播效能具有重要意义。

一 陕西文化国际传播能力建设现状

（一）中国—中亚峰会中的文化国际传播能力分析

1. 构筑场景化传播空间，陕西文化深度融入会议

人们对事件和情境的记忆是基于场景的，而不仅仅是离散的信息片段，信息传播的情境和环境会显著影响受众对信息的理解和接受。2023年5月18~19日，中国—中亚峰会在陕西西安市举行。本次中国—中亚峰会欢迎仪式落地大唐芙蓉园，传统的唐代皇家园林式园景成为陕西文化传播的空间场景，表演团队上演的唐朝传统迎宾仪式，结合演员服饰、仪容、队列和肢体语言呈现唐文化元素，实现时空融合与场景重现。此外，陕西借助接机仪式、国宴、新闻中心等场景，集中展示了横山腰鼓、绥米唢呐、陕北秧歌、秦腔、非遗美食等多种非遗项目。中国—中亚峰会新闻中心还特别设置非遗展示区，集中呈现凤翔泥塑、马勺脸谱、泾阳茯茶等陕西特色非遗项目，同时借助全息投影技术呈现陕西国宝级文物。

2. 外媒记者与在华留学生成为重要传播节点

在本次中国—中亚峰会中，陕西以外媒记者与在华留学生为媒，推动中国民间文化走向世界。面向外媒记者推出精心定制的文艺表演，展示秦腔木偶戏、马头琴演奏和杂技表演等陕西特色文化，吸引外媒记者深入了解、传播陕西文化。官方媒体也特别推出一系列与在华留学生合作的融媒体作品，如新华社推出的《在华留学生感受中国—中亚峰会》《中国—中亚峰会汉语与哈语的奇妙邂逅》等，借助在华留学生的陕西生活经历，提升传播内容的亲切感与可信度。

3. "古丝绸之路起点"广为传播

西安作为本次峰会的举办地，利用"古丝绸之路起点"这一历史文化符号塑造城市形象，推动陕西文化国际传播，引发了国内外媒体广泛关注。

如国际在线刊发的《外媒聚焦中国—中亚峰会》报道中引用了英国路透社的观点，强调了西安这座历史悠久的古都是中国古丝绸之路的起点，峰会则被视为中国在中亚地区外交取得的重要胜利。"一带一路"新闻网、埃及《中国周报》等多家海外华文媒体也持续对这次峰会及西安的表现进行了密切关注和深入报道。

（二）陕西文旅国际传播能力分析

1. 持续推出现象级文旅IP

陕西已成功推出多个文旅IP，并借助社交媒体平台的传播力量，广泛吸引国际观众的关注。火爆全网的"盛唐密盒""不倒翁小姐姐""金甲武士""石头哥""李白"等文旅IP，以娱乐和趣味互动为基础，将中国古代文化与现代娱乐元素相融合，成功将陕西的历史和文化元素融入现代旅游体验中，进一步推动了陕西文化的国际传播。

2. 对外文旅推介与参展活动频繁开展

近年来，陕西文旅代表团积极在乌兹别克斯坦、哈萨克斯坦、法国、丹麦、蒙古国等国展开对外文旅推介与展览活动，提升"文化陕西"的知名度。剪纸、皮影、藤编、羌绣、社火脸谱等陕西非物质文化遗产项目高频出镜，茶文化展览、茯茶体验活动及陕西文物展览等成为对外文化交流的重点内容。早在2022年底，陕西就在全球30余个国家和地区成功举办以秦兵马俑和丝绸之路为代表的文物进出境展览104场，在全国出境文物展览国际影响力评估中位列前茅。[①]

3. "一带一路"文化旅游传播扎实推进

陕西以打造"一带一路"国际文化旅游中心为目标，积极构建多元交流平台和便捷交通网络，促进国际合作与文化交流。近年来，陕西连续举办丝绸之路国际旅游博览会、丝绸之路国际艺术节、丝绸之路沿线国家旅游城

---

① 《在30余个国家和地区举办展览104场 陕西文物向世界传播中国文化》，国际在线陕西频道，https://sn.cri.cn/n/20221026/de525759-a8f4-62f5-b623-5e80c0c21ba3.html，最后访问日期：2023年10月26日。

市发展论坛等，促进陕西与共建"一带一路"国家和地区之间的文化交流。此外，西安已实现中亚五国六城的直航全覆盖，初步构建了"丝路贯通、欧美直达、五洲相连"的国际航线网络，提高了西安作为重要文旅目的地的国际可达性。

（三）陕西红色文化的国际传播能力分析

1. 积极推动以数字科技驱动红色文化传播的探索

陕西积极推动高峰论坛、数字化基础设施构建和数字平台建设，运用数字技术挖掘和保护红色资源、传承红色文化。在 2023 年陕西红色文化资源保护与应用高峰论坛上，与会者探讨了"数字化赋能红色文化，科技推动产业发展"这一主题，深入研究了如何通过数字基础设施来支持红色资源的保护，整合红色文化资源、人才和技术，推进红色文化资源的数字平台建设和沉浸式文化体验，共同打造"陕西省红色文化资源大数据中心"等问题，为红色文化的国际传播创造了潜在机会。

2. 多次组织红色主题的文旅、游学和媒体交流活动

陕西将文旅、游学和媒体交流等活动作为红色文化国际传播的主要渠道，如针对海外青年展开的"'Z 世代'画像中国——工笔绘陕西"网络互动活动、针对外媒记者展开的"'云上解码幸福中国'——外媒记者云参访之'见证中国革命圣地延安沧桑巨变'"活动、陕西旅游集团主办的"壮丽 70 年·见证新陕西"中外记者聚焦陕旅采访活动等，加深了外国青年与媒体记者的红色体验，借助外国媒体的"传声筒"将自力更生、艰苦奋斗的延安精神播撒到世界各地。

3. 红色文化国际传播研究合作与团队建设稳步展开

为充分开发和有效整合陕西的红色文化资源，促进陕西红色文化在创新性转化和国际传播方面的发展，西安外国语大学与延安革命纪念馆此前合作开展了延安时期党史文献的翻译研究和国际传播推广工作，合作建立起"中共延安革命历史多语种语料库"，开发了延安革命纪念馆的英文版本和多国语言网站，并翻译了中国共产党延安时期的革命历史故事。在此基础

上，西安外国语大学与延安革命纪念馆于2023年10月8日签署了英文翻译出版合作协议，进一步深化合作，促进陕西红色文化的国际传播。

（四）陕西影视文化国际传播能力分析

陕西影视文化的国际传播能力建设着重于将传统文化与现代艺术形式相融合，深度挖掘秦腔戏曲、考古故事、自然风物、饮食文化等资源，采用电视剧、电影、纪录片和动画等多媒体表达方式，向世界各地观众呈现陕西文化。比较有代表性的包括秦腔动漫《三滴血》，其不仅成功进入非洲市场，而且在法国昂西国际动画电影节和巴基斯坦国家电视台获得播放机会；陕西省广播电视局和陕西广电融媒体集团联合中阿卫视推出的《视听中国·陕西时间》栏目，聚焦陕西文化、美食、文旅和扶贫等地方故事，借助中阿卫视覆盖22个阿拉伯国家和地区近5亿观众的影响力，在阿拉伯国家掀起收视热潮；陕西广电融媒体集团制作推出的大型文博类节目《中国·考古》，以沉浸式纪实风格、专业权威人士解读与多元叙述方式增强了内容吸引力、可理解力和传播力，受到国内外观众热议。

（五）陕西媒体国际传播能力分析

1. 文旅账号海外传播能力突出

陕西省文旅厅充分利用社交媒体，特别是境外社交媒体进行国际传播，建立了英文官方账号"Visit Shaanxi"（游陕西）。截至2023年底，该账号在海外主流社交媒体平台拥有超过125.6万粉丝，其中Facebook粉丝99.5万，Twitter粉丝超过17.6万，Instagram粉丝8.5万。此外，陕西省文旅厅还依托这些媒体开展了多项线上线下活动，如复活兵马俑、陕西年味大比拼、元宵节灯谜等，赢得了《人民日报》"海帆奖"等多个奖项。

2. 政府部门上线多语言网站

西安市政府各部门积极贯彻市政府工作要求，上线和运营英文和韩文网站，满足不同语言背景的在华外国人需求。将旅游景点、文化活动、政策规定等城市资讯以多语言形式呈现，在为外国人提供便捷服务的同时，也有助于西安向世界传递自己的文化、发展成就和社会价值观，改善国际社会对西安的认知，在国际传播、国际友好形象的建设以及国际交流与合作方面发挥了积极作用。

3.地方媒体积极提升海外传播能力

陕西各地媒体积极提升国际传播能力，其中渭南市、杨凌示范区、西安市雁塔区和咸阳高新区具有代表性。渭南市率先推出了多语种传播平台"世界你好，我是渭南"，通过英语、法语、俄语、韩语、日语和阿拉伯语等多种语言，建立起海外传播网络，随着平台影响力的扩大，渭南市进而与国际在线陕西频道合作，开通 Facebook 和 Twitter 账号"This's Weinan"；西安市雁塔区与中央广播电视总台国际在线共同推出了多语种网站"你好雁塔"，该网站以中、俄、英、日四种语言展示了雁塔区在综合实力、改革创新和城市生活等方面的成就；咸阳高新区通过英文官方账号"Xianyang Hi-Tech"积极参与国际传播；杨凌示范区建立起上海合作组织国家区域农业合作网，提供中、英、俄三语版本，为陕西与上海合作组织国家的农业信息交流提供了高效平台，提升了国际社会对陕西农业文化发展关注度。

（六）陕西展会中的文化国际传播能力分析

1.欧亚经济论坛中的陕西文化传播

在 2023 年欧亚经济论坛中，陕西茶文化、中医药文化等成为陕西文化传播重点。在欧亚经济论坛经贸合作博览会暨中国（陕西）进出口商品展上，茶饮表演生动展现了陕西深厚的茶文化历史，创新产品"茶爽"茯茶含片等，将传统茶叶文化与现代生活方式相融合，为消费者提供更便捷的"品茶"方式，将茶文化推向国际市场。此外，2023 年欧亚经济论坛中医药交流合作分会也为陕西省提供了展示和传播陕西中医药文化的平台，吸引了来自欧洲和格鲁吉亚等国家的中医药专家和学者参加。分会还组织了参观活动，让参与者近距离了解院内制剂和传统医学特色外治疗法，为跨国医药合作和陕西中医药文化传播提供了宝贵机会。

2. 孙思邈中医药文化节中的陕西中医药文化传播

近年来,铜川市聚焦"孙思邈"这一独特的文化 IP,积极举办了一系列中医药主题活动,包括"一节"(中国孙思邈中医药文化节)、"一展"(孙思邈中医药养生保健产业博览会)、"两会"(中国孙思邈中医药国际论坛、陕西省中医药产业发展大会)。2023 年孙思邈中医药文化节组织了众多活动,如开展孙思邈经典著作诵读、文化展演等活动展示孙思邈中医药文化;举办中国孙思邈中医药国际论坛,挖掘孙思邈中医药文化在当代人类卫生健康事业发展中的价值;借助陕西省中医药产业发展大会扩大"秦药"品牌影响力,以及通过 2023 孙思邈中医药养生保健产业博览会、全国百名中医药王故里行、中国药王养生健康体验之旅、文化养生·惠民共享中医药文化专项活动等,共同推动陕西中医药文化的国际传播。

3. 全球秦商大会中的秦商文化传播

秦商又被称为陕西商帮、关陕商帮,承载着陕西商业文化发展的历史。早在 2000 多年以前,秦商就沿着丝绸之路开辟了东西方互通互市的世界贸易大道。自 2009 年陕西首次举办全球秦商大会以来,秦商文化传承进入了新时代。2023 年的全球秦商大会以"新秦商 勤行天下·强陕西 秦勇当先"为主题,重点关注陕西的发展机遇和秦商文化传播,邀请了来自国内外约 800 名秦商代表和重要嘉宾参加,并以此为契机向世界传达新时代陕西故事和秦商文化。

4. 杨凌农高会中的农业文化传播

杨凌农高会从早期的"三农大集"到如今的"国际农业合作交流平台",会议的国际化水平不断提高,参与者的规模、涉及的地区和单位数量也逐渐扩大。2023 年杨凌农高会吸引了来自 39 个国家和地区的 1500 多家单位的参展,为陕西的农业文化传播和国际交流做出了卓越贡献。2023 年杨凌农高会得到了国内外媒体广泛报道,国际在线陕西频道采用多种内容呈现方式,包括海报、短视频、组图、图文稿件等,通过国际在线官网、抖音、央视频、视频号、微博、今日头条等国内社交媒体平台,以及Facebook、Twitter、Youtube、Instagram 等海外社交媒体平台,发布了以英语、俄语、德语等多语种进行的全方位、多角度、立体化报道，展示了中国和全球农业领域的创新、发展、合作和交流。同时，还邀请了贵州国际传播中心、江苏 Now 国际传播中心以及《厦门日报》等媒体，以"不一样的杨凌农高会，一样的中国科技范儿"为主题，进行了海外联动报道，共同讲述"农高故事"。此外，来自全球 37 个国家和地区的 660 家海外媒体，如福克斯新闻、远东农业、拉美社等，发布了与农高会相关的新闻，使其传播热度和影响力显著提升。

5. 文博会及丝博会中的陕西文化传播

中国西部文化产业博览会和西安丝绸之路国际旅游博览会是集结文化产业资源、展示文化产业成就、促进中外文化交流的重要平台。在第十届中国西部文化产业博览会和 2023 西安丝绸之路国际旅游博览会上，宝鸡的表现引人注目，组织了 13 场文化旅游推介活动，展出凤翔泥塑、西秦刺绣、马勺脸谱、西府剪纸、宝鸡擀面皮等 10 余类 60 余种文化旅游商品、民间工艺美术品和特色美食，编排了近 20 场以周风秦韵、非遗传承、历史文化、景区演艺为主题的文化展示节目，如《何以中国》《历史的回响》《大秦关山》《你好，宝鸡》《天地社火》等。这些节目结合实物展示、文化表演、现场推介和观众互动，向国内外的展商、游客和市民等全面呈现了宝鸡的文化底蕴和丰富物产。

（七）陕西文化国际传播研究机构建设

1. 陕西国际传播中心在西安成立

2023 年 12 月 10 日，陕西国际传播中心在西安成立。该中心以陕西广电融媒体集团（台）国际传播融媒矩阵为依托，与全省主流媒体、各地市以及相关单位协同合作，整合全省对外传播资源，致力于将平台建设成为集海外传播矩阵、外宣内容生产、对外文化交流以及国际传播研究等多功能于一体的、具有陕西特色的对外传播平台。

此外，陕西国际传播中心与中外媒体、兄弟省市国际传播中心一同签署了《国际传播合作框架协议》，西安交通大学、陕西师范大学、西北大学、西安外国语大学成为首批"共建高校"。陕西国际传播中心的建设将进一步提高陕西国际传播能力，后续将上线精品国际传播项目。

2.陕西华商国际传播中心暨国际传播研究院成立

2023年7月12日，由陕西省归国华侨联合会牵头、《华商报》社具体执行，成立陕西华商国际传播中心。同时，陕西华商国际传播中心充分整合陕西高校的专业资源，与西安交通大学新闻与新媒体学院、陕西师范大学新闻与传播学院、西北大学新闻传播学院、西安外国语大学新闻与传播学院、西北政法大学新闻传播学院、西安理工大学人文与外国语学院联合创立了国际传播研究院。陕西华商国际传播中心美国、俄罗斯、哈萨克斯坦、白俄罗斯、埃及、英国、德国、法国、日本、澳大利亚、加拿大、瑞典等12个分中心将协同参与国际传播工作，多方协作形成合力，提升中华优秀文化国际传播的精准性、有效性，增强陕西文化的传播力。

二 陕西文化国际传播能力建设存在的问题

（一）传播主体：国际传播账号矩阵不完善，本土创作者活力不足

目前，陕西文化国际传播主体仍以政府和媒体为主，企业、组织、群众等民间角色参与度较低。其中，政府是国际传播的主体，主要依靠重大活动和重要节展、赛事平台推动陕西文化的国际传播；官方媒体正在打造国际传播的旗舰媒体，但尚未建立起体系化的国际传播账号矩阵，账号分布较为零散，缺乏顶层设计与总体部署。现有账号在海外社交媒体平台收获了一定粉丝量，但是用户互动评论较少，实际传播效果和与海外受众沟通交往的能力较弱。

在民间传播主体方面，存在重"洋网红"、轻本土内容创作者的问题。陕西省在国际传播中善于吸纳海外大V、在华留学生、海外亚裔青年等力量，但很多具有国际传播能力的本土民间个体的力量尚未被充分挖掘。如西安剪纸传人涂永红通过西安外国语大学汉学院涉外剪纸教学直播活动，已经

吸纳了上千名海外弟子，像这样具有文化传播力的非遗传承人的传播能力值得进一步挖掘。从陕西企业的国际传播来看，陕西品牌国际化传播能力整体较弱，尚未形成以秦商文化为核心的品牌文化形象。

（二）传播议题布局与引导：以"一带一路"议题为主，红色文化传播力度不足

陕西作为西部地区与共建"一带一路"国家开展文化交流的重要省份，在文旅、影视文化创作、展会中充分挖掘古丝绸之路历史文化，强化共建"一带一路"国家之间的文化交流。然而，陕西文化国际传播的议题建构与引导存在重古代、轻近代的问题，陕西红色文化传播的议题建构与引导力度不足。陕西作为中国革命历史上的重要省份，有着丰富的红色文化资源。根据党史部门的历史统计数据，陕西省 11 个市（区），107 个县、市（区）党史部门共普查遗址 2155 个（革命遗址 2051 个，其他遗址 104 个）。[1] 就目前的传播建设来看，陕西对红色文化国际传播有一定的意识，也关注到了利用文旅、游学、媒体、科技等推动红色文化传播，但实际打造的国际传播议题较少。

（三）讲故事的能力：叙事视角宏大，情感策略与微观叙事运用较少

习近平总书记在十九届中共中央政治局第三十次集体学习时强调，讲好中国故事，传播好中国声音，展示真实、立体、全面的中国，是加强我国国际传播能力建设的重要任务。[2] 陕西一直以来都注重以文化遗产、古建筑、器物等文化元素讲述陕西故事，但多从宏大视角出发，微观叙事与情感传播的策略运用不足，导致用户的共情效果不佳。以文物故事讲述为例，文物承

---

① 《陕西红色文化资源丰富　革命遗址达 2051 个》，中国新闻网，https://www.chinanews.com/cul/2011/06-28/3142614.shtml，最后访问日期：2023 年 10 月 23 日。

② 《加强和改进国际传播工作　展示真实立体全面的中国》，https://baijiahao.baidu.com/s?id=1701405663376542126&wfr=spider&for=pc，最后访问日期：2023 年 10 月 25 日。

载着时代的情感和历史的余温,陕西文物故事目前仍集中于对外观的呈现和对做工的"炫技",缺少结合历史创造的新故事。此前在社交平台爆火的《逃出大英博物馆》短剧,讲述了大英博物馆的一盏玉壶出逃寻乡的故事。文物的拟人化为文物注入了灵魂与情感,更能引发用户共鸣。这是陕西文化传播在讲故事的能力建设中尤其需要学习的一点。

(四)话语体系与叙事体系:强调本土叙事,文化隐喻与比喻不易理解

受民族性、区域性、思维方式、语言习惯、表达方式、国情特点和文明特征等因素的影响,陕西文化国际传播在话语体系和叙事体系方面存在一些问题。首先,陕西文化传播通常强调本土文化特点,国际观众可能会因为对该地区文化不太熟悉,导致对陕西文化的理解存在局限。其次,陕西文化传播中的创作者思维方式和语言习惯可能对国际受众造成障碍。有些表达方式和修辞过于专业化,过度使用地方性的修辞和表达方式,特定的文化隐喻和比喻不易理解,使国际观众难以理解其文化内涵,限制陕西文化的传播力。

(五)分众化传播问题:缺少可分析的数据基础,造成精准传播困境

首先,在国际传播中,语言和文化差异常常成为理解和接受的障碍,因此必须采取文化翻译和本土化的方法,使内容能够在不同文化背景下得到精准传播。目前陕西的国际传播以英语为主要传播语言,虽然已经涉及多语种平台的建设,但仍然存在不足之处。其次,用户反馈数据是调整传播策略、实现精准传播的基础。目前,陕西的国际传播媒体矩阵建设不够完善,可获取的数据有限,尚未形成可分析的数据基础。这在一定程度上制约了对陕西文化国际传播效果的准确评估和优化。

(六)创造性转化问题:再语境化转化能力仍需强化

中华优秀传统文化创造性转化是指把中国优秀传统文化的要素、资源经

过创造实践转变为另一种新的文化事物，借以形成新的文化特质，从而实现对中国文化资源的再利用。[1] 在国际传播中，需要将中国传统文化通过再语境化，即将中国这一文化场域下的文化转化到另一文化场域下。再语境化过程并不是简单地将抽象知识照搬进另一文化场域，而是根据受众特点、场域性质等进行重构，实现传播效果最大化。[2] 目前陕西文化的国际传播仍以文化呈现为主，对跨文化语境下的文化接受度和理解度考量不足。陕西在国际传播中一直致力于深挖深厚的历史文化资源，但是中国历史文化知识对于大部分国际受众而言是较为陌生的，仅展示、呈现代表性的文化符号达不到在国际传播中对中华文化进行创造性转化的要求。

三 陕西文化国际传播能力建设对策建议

（一）加强顶层设计，构建多元传播主体

陕西文化国际传播需要建立起一个多元主体的生态系统，需要从顶层设计层面为陕西文化的国际传播制定系统方案，同时积极吸纳普通公众参与国际传播，推动本土网红出海，通过短视频、直播等形式传播陕西文化。另外，从区域传播主体来看，当前陕西文化传播主体以省会西安为代表，延安、渭南、宝鸡等城市正在积极跻身国际传播队列之中，但是其他地区在国际传播中整体声量微小，在国际传播中隐身。未来陕西文化的国际传播应当带动陕西更多区域融入其中，挖掘城乡县域地方特色，以城出新，开启民间外交新篇章。[3]

---

[1] 涂可国、秦树景：《创造性转化与创新性发展的时代内涵、思想来源与辩证关系》，《周易研究》2022 年第 6 期。

[2] 辛红娟、孟佳蓉：《地域红色文化的国际传播策略解析——以〈100 年·外国人眼中的中国浙江记忆〉为例》，《对外传播》2022 年第 8 期。

[3] 黄建友：《未来中国国际传播的重要面向：以城会友 讲好中国故事》，中国社会科学网，2022 年 6 月 25 日。

（二）挖掘全球人类共通情感，将个人故事融入陕西发展

陕西十分关注借助在华留学生或其他在华外国人的"话筒"，问题在于，依旧是老故事换成外国人来讲，没有将外国人的个人成长轨迹融入陕西发展中。浙江省为庆祝建党100周年专门策划的融媒传播系列产品《100年·外国人眼中的中国浙江记忆》中，视频《弗洛吉：我在中国的电影梦》讲述了来自刚果（布）的弗洛吉（Flogy）在浙江的求学之旅和横店依靠影视基地致富的故事，弗洛吉的求学成长之旅与当地发展同呼吸共命运，真正实现了于个人故事的方寸间见证地方的发展变迁，而这种追求梦想、追求幸福生活的精神也是全人类的共同追求。陕西文化的创造性转化也需要探寻全球人类的共通情感，通过人的故事展现地方故事，才能为陕西文化的国际传播带来新的机遇和可能性。

（三）创新话语表达方式，善用互动叙事、口译和视觉翻译

创新话语表达方式是构建新时代中国话语体系的重要环节。陕西文化传播需要紧跟时代发展，采用虚拟现实、互动体验和跨媒体叙事等新颖的表达方式，吸引国际受众。陕西文化话语体系与叙事体系构建还要求陕西建立起专业的翻译团队，不仅是文字翻译，还应该包括口译和视觉翻译，确保陕西文化元素在不同的文化环境下得以保留和传达。在团队建设方面，要培养团队成员的跨文化交流能力，了解不同文化之间的差异，如礼仪、文化符号和价值观等，避免文化冲突和误解。

（四）制定国际传播方案，实现分众化精准传播

要实现精准的国际传播，需要制定明确的国际传播方案。首先，要进行市场调研和受众分析，精确锁定目标受众，制定有针对性的传播策略。其次，传播内容需要保持灵活性，以适应不同国际受众的需求和文化背景。同一作品在多国传播时，还需要增加翻译、视觉设计等多个环节的审核，以确

保内容的适应性和可接受性。最后，国际传播的效果需要实时监测和评估，同时根据数据和用户反馈，及时调整传播策略，以确保传播的精准性和良好效果。

（五）常态化评估国际传播效能，建立文旅融合机制

陕西需要建立国际传播效能监控数据库，更好地协调国际传播活动。在海外传播平台，积极鼓励受众通过在线问卷、社交媒体互动、电子邮件等途径提供反馈和建议。同时通过追踪受众的重复访问、参与度和互动性来监测，确定哪些内容和活动对受众产生了深远的影响。在本报告中可以发现，文旅在陕西文化的国际传播中发挥着关键作用，建立文旅融合机制应当成为陕西文化国际传播的战略重点。这要求陕西文旅建立起效果评估体系，定期评估文化与旅游的协同效应，通过数据监测了解游客对文化体验的满意度，并根据反馈和数据进行调整。

行业篇

B.6
陕西打造万亿级文化旅游产业集群研究

曹云　张寅潇*

摘　要： 2023年陕西文化旅游市场总体呈现高位复苏态势，旅客出行半径增长、消费需求多元化趋势明显，以重大项目为突破点、重点产业链群为支撑的万亿级文旅产业打造持续提速，"扩内需、强消费"系列措施取得显著成效，现代文旅产业体系基础不断夯实。尽管2023年陕西文旅市场形势喜人，但产业规模和质量总体有待提升、省域范围内旅游空间格局不够优化、县域旅游发展竞争力不足、现代化产业体系不够健全。基于以上研究，报告从六个方面提出相应的对策建议：聚焦消费增长与产业长期高质量发展并重、以"建成传承中华优秀文化的世界级旅游目的地"为目标优化旅游空间布局、以数字化创新为支撑提升文旅消费市场潜在增长率、以打造重点文旅产业链为着力点完善现代文化旅游产业体系、完善"土地"要素流动政策体系加快陕西乡村旅游产业发展、建立独具特色的传播体系提升"陕

* 曹云，陕西省社会科学院文化与历史研究所副研究员，主要研究方向为文化产业；张寅潇，陕西省社会科学院文化与历史研究所助理研究员，主要研究方向为陕西地方文化。

西文化"传播效能等。

关键词： 文化旅游产业　数字化创新　陕西

2023 年以来，以接触型、聚集型为代表的文旅消费加速释放市场潜力，带动餐饮、住宿、旅游、交通、文娱等服务消费较快增长。2023 年全国服务零售额比上年增长了 20%，快于商品零售额 14.2 个百分点，以文化旅游为代表的消费市场成为增长最快、热点最多的领域。

2023 年陕西省积极打造万亿级文旅产业集群，以重大项目作为支撑、发力布局 8 条重点链群，实施"文化陕西"品牌培育计划，加快构建现代文化产业体系。全省文化旅游市场呈现供需两旺的态势，部分业态截至上半年恢复至 2019 年同期规模，在消费结构上愈加呈现个性化、多样化的趋势，显示出陕西文旅市场的巨大潜力，为陕西万亿级文旅产业建设注入强大动力。

一　2023年陕西文化旅游市场总体情况

（一）习近平总书记历次来陕考察重要讲话重要指示为陕西文旅产业发展提供了根本遵循

2023 年，陕西加快建设文化强省、立足自身资源优势打造万亿级文旅产业集群，是贯彻落实习近平总书记历次来陕考察重要讲话重要指示精神的具体行动。《陕西省打造万亿级文化旅游产业实施意见（2021~2025 年）》（以下简称《实施意见》）中提出的构建"一核四廊三区"区域协调发展新格局，以实际行动贯彻落实了习近平总书记的重要讲话重要指示精神，即保护好、挖掘好、展示好秦岭、黄河（陕西段）丰富的生态价值、文化价值，以及长征红色文化（陕西段）、丝绸之路（7 个点）各自的历史价值、时代价值，在文化资源的创造性转化中实现高水平保护、高质量发展。陕西立足自身资源优势确立了8条重点文化旅游产业链群，旨在通过"补短板、强优势"，以市场化方式做强做大"链主"企业、聚集一批链条企业，全力以赴在构建现代文化旅游产业体系上取得新突破，通过加快实施数字赋能文化旅游产业、培育数字文化旅游新业态等系列措施，力争通过科技创新重塑陕西文旅产业新优势。

（二）2023年陕西文化旅游市场总体呈现高位复苏态势

2023年陕西文化旅游市场走势与全国的情况大致相同，总体呈现高位复苏态势。全年接待游客人数、旅游收入分别增长106.5%、150.6%，文旅重点产业链年综合收入达到7729亿元。2023年陕西文化和旅游市场具体呈现以下特点。一是西安市的旅游热度在全国范围内持续走高。从春节开始，西安城市热度持续走高，排在全国十大热门旅游目的地城市，全年接待游客2.78亿人次，旅游收入3350亿元，均超过2019年同期水平。其中，省外游客占比达35%，年轻游客占比达83.3%，文旅产业发展居全国第一阵营。二是受益于接触型、聚集型、流动型消费恢复性反弹，旅游和出行客流量大幅增加，推动住宿餐饮、交通运输等接触性服务消费加快复苏。全年限上住宿业、餐饮业营业额分别增长24.4%、19.6%。西安咸阳机场单日最高航班量超1000架次，单日客流峰值近15万人次，2023年累计旅客吞吐量突破4000万人次，成为全国第9家突破4000万人次的机场。

（三）文化旅游市场呈现出行半径增长、个性化、多元化的特征

规模增长的同时，陕西文化旅游市场呈现出行半径增长、个性化、多元化的特征。随着全民旅游、休闲旅游时代来临，文化旅游逐渐成为一种生活方式，文旅市场体现出全要素、全人群和全天候的新趋势，而互联网则加速重构了文化旅游消费结构。一是"线上"内容获取、"线下"消费成为文化旅游消费的底层逻辑。三年的疫情实现了"线上"获取旅游资源的消费习

惯，从年轻的"Z世代"到老年群体的全覆盖，社交平台大数据算法最大化提升了不同年龄段、不同需求偏好群体获取自身倾心旅游产品与服务的便捷性，促使消费者增加出行半径，加速了文化旅游消费个性化、多元化趋势的形成，客观上也形成了目的地城市全天候的新趋势，2023年以来西安市长期位居各OTA榜单前十、网络对"西安旅游只有两季，旺季和旺旺季"即说明了这一点。二是长线游恢复带旺亲子游、研学游、红色游、观演游等传统小众的个性化出游，成为近3年陕西文旅市场新的消费增长点。以暑期为例，跨省游用户占西安出游人次比例达到85%，截取美团平台7月8~18日10天的数据显示，陕西省外游客到店餐饮堂食订单、酒店和民宿订单、门票订单量同比增长387%、339%、2800%。

（四）多措并举激活文旅市场"扩内需、强消费"

以"扩内需、强消费"为重点，陕西文化旅游政策供给持续创新。一是立足自身资源优势更加突出产品打造。依托丰厚的丝路、汉唐历史文化，打造、升级了丝路欢乐世界、长安十二时辰等呈现特色历史风情的文化产品，《延安保育院》《延安十三年》《延安记忆》三大红色演艺展示了陕西红色文化遗存，让红色记忆更加鲜活，《夜谭·白鹿原》、宝鸡西府老街等展现了陕西关中特有的民俗文化，秦腔《生命的绿洲》、话剧《生命册》《延水谣》等新时代主题文艺精品不断涌现，"新时代秦腔三部曲"晋京演出圆满成功，《非遗里的中国·陕西篇》持续热播成为记录陕西非遗发展的影像志，极大丰富了优质特色文旅产品供给。二是通过主题宣传扩大"文化陕西"旅游知名度。策划推出"三秦四季·畅旅欢歌"品牌，大力发展夜间文旅经济，发放5291万余元的惠民卡（券），带动文旅消费1.67亿元；举办2023西安丝绸之路国际旅游博览会、第十届中国西部文化产业博览会等大型活动，签约29个重点文旅项目，金额143.48亿元。三是更加注重面向C端激活的品牌营销。通过在央视投放宣传广告、与抖音小红书等新媒体合作、邀请网络达人景区直播、重要交通场站投放旅游宣传广告等方式，激活了C端潜在旅游消费群体，有效提升了陕西目的地旅游热度，扩大了旅客群体数量和消费规模。

（五）以重大项目为突破点、重点产业链群为支撑加速发力打造万亿级文旅产业

文旅产业是陕西省重点建设的四个"万亿级"产业之一。2023年陕西以建设万亿级文旅产业集群为目标统领文旅工作全局，以重大项目作为突破点，发力布局8条重点链群建设，建立了省级重点文化旅游项目库、重点产业链项目库、"四个一批"项目库等3个项目库，持续壮大产业规模。一是重点发力打造8条文旅产业链群。按照"宜链则链、宜群则群、链群结合"原则，全省确定了旅游景区及线路、文娱演出产业、文化创意产业、商旅名街、会展经济、赛事经济、出版发行、乡村旅游等8条重点文旅产业链群，具体包括8条子链、6个子群、链群单位54家。实施"链长制"专班推进链群建设，持续完善统计监测、数据服务和考核评价指标体系，上半年入库产业链项目共有97个，投资金额1394.84亿元。二是全力推进重大项目开工建设。重点文旅项目全年开工、投产项目307个，总投资1569.6亿元，实际完成投资360.4亿元。除此之外，联合省市金融机构为渭南少华山、宝鸡石鼓文化城等11个项目融资42.94亿元，白鹿原景区、延安枣园文化广场等9个项目获得信贷资金4.04亿元。三是建立了"四个一批"文旅高质量项目库，2023年入库项目552个，开工、投产项目分别为196个、79个，总投资2705.61亿元。

（六）文化和旅游现代产业体系基础不断夯实

随着打造重点文旅产业链群加速发力，陕西文化和旅游现代产业体系基础不断夯实。一是市场主体门类齐全、重点企业优势突出。陕西现有文化及相关产业经济主体12万户，A级旅游景区540家，其中5A级、4A级景区分别为12家、162家，西安、宝鸡2个文旅试点消费城市，国家级的夜间文旅消费聚集区、旅游休闲街区分别为8个、3个。其中，曲文投集团11年蝉联"全国文化企业30强"，陕旅集团3次荣获"中国旅游集团20强"，陕文投荣获中国最佳旅游投资机构，荣信文化等一批民营文化企业活力迸发。二是数字文旅快速发展。成长出易点天下、云创科技、创梦数码、新昆

科技等一批具有竞争优势的文化科技类企业，陕旅集团先后推出"数字夜游""数字科技馆""数字体验"等全新数字文旅项目，通过打造行业首家"数字科技联合实验室"以新科技赋能文旅产品内容生产、AIGC、IP活化等，为文旅产业虚实融合提供了更大的想象空间。

二 当前陕西万亿级文旅产业存在的问题

（一）陕西文化旅游产业规模、质量总体有待提升

陕西是文化资源大省，文旅产业发展基础扎实、潜力巨大。陕西有3处世界文化遗产和4处人类非物质文化遗产，拥有陕北高原、关中平原、陕南秦巴山地3个地貌区，更拥有涵盖中国革命各个时期的珍贵的红色文化资源，较之于丰厚的资源优势，陕西的文旅产业优势并不突出，在产业规模、质量等方面与西部的四川及东部发达地区有一定差距。一方面，陕西旅游业在2000年以前处于全国旅游的第一梯队，高于陕西GDP的全国排名，尤其是入境游在当时全国排名在第7~8位，完全有资源、有条件建成世界级旅游目的地。另一方面，受制于文化资源转化率不足等因素，陕西省由资源优势带来的发展红利逐渐被其他省份赶超。例如，从产业规模上看，2019年全省旅游收入在全国排第16位，低于GDP排名（第14位），彼时浙江等旅游总收入过万亿元的省份已有8个；从人均消费来看，全省旅游人均消费913元（前11个月），而国内大部分省份全年人均消费在1000元以上。

（二）省域范围内旅游空间格局有待优化

以2023年上半年的数据为例，陕西省上半年接待游客、国内旅游收入分别为3.49亿人次、2918.36亿元，西安市同口径数据分别为1.24亿人次、1500亿元。说明两个问题，一是西安市旅游业恢复领先省内其他地市，凸显了中心城市较高的城市首位度。西安上半年以占全省35.5%的接待游客数，创造了全省51.4%的旅游收入，西安市的旅游经济能级相当于省内其

他 9 地市的总和。全省上半年接待游客、国内旅游收入分别恢复至 2019 年同期的 95.2% 和 80%，而西安市相关指标均超 2019 年同期水平，说明同期陕西省其他 9 地市旅游业尚未恢复至疫情前的水平。二是与其他省份相比，以云南为例，2023 年前三季度云南省接待游客 8.24 亿人次，实现旅游收入 10017 亿元，陕西同期相关数据分别为 5.86 亿人次、5283.95 亿元，其游客接待人次、旅游总收入分别高于陕西 40.6%、89.6%。究其原因，西安市占陕西的旅游收入首位度为 51.4%，而昆明市占云南省的旅游收入首位度为 29% 左右，也就是说，陕西的旅游资源过度集中于西安，而云南省除了昆明，还有大理、丽江、香格里拉等多个旅游明星城市。未来陕西要建成世界级旅游目的地，仍需重点关注西安以外的其他地市。

（三）县域旅游发展竞争力仍显不足

陕西共有 36 个县将文旅产业作为县域经济首位产业或主导产业，涌现了礼泉县袁家村、佳县赤牛坬村等众多乡村旅游的全国典型案例，《实施意见》更是提出"创建 10 个省级文化旅游名县、40 个全域旅游示范区、100 个乡村旅游示范村"的目标。从 2023 年全国县域旅游综合实力百强县评选结果来看，浙江占 32 席、四川占 14 席、贵州占 10 席，陕西并未上榜，客观上说明陕西县域旅游产业总体发展基础不强、核心竞争力不够。未来应全面学习百强县的资源转化模式、开发模式、经营模式，以全域旅游示范区建设为着力点，构建陕西的县域旅游发展新格局，花大力气健全城乡融合发展体制机制，完善城乡要素平等交换、双向流动的政策体系，打通绿水青山向金山银山的转化通道。

（四）现代化的文旅产业体系建设仍有待突破

按照《实施意见》，未来陕西将形成一批千亿级、百亿级重点产业链，培育一批"独角兽""小巨人"文化旅游企业。其中，千亿级、百亿级的产业链需要大、中、小不同的市场主体分工协作，链主企业要具备相当的规模实力，链条企业要有足够的配套能力和细分创新能力。从现阶段的实际情况来看，陕西省年收入过 10 亿元的企业不足 20 家，规模大、市场竞争力强的龙头企业数量偏少，规模以上文化企业营业收入仅占全国 0.95%，而大多数中小文化经营主体在过去 3 年负债率明显增加，导致复苏阶段投入不足。因此，如何做大做强链主企业、加快链条企业发展、优化行业生态，未来一个阶段的政策取向至关重要。

三 加快陕西万亿级文旅产业建设的对策建议

（一）促消费与产业高质量发展相互促进，是未来陕西文旅施策的重点

2023 年以来，国家层面先后出台《关于恢复和扩大消费的措施》（国办函〔2023〕70 号）、《关于释放旅游消费潜力推动旅游业高质量发展的若干措施》（国办发〔2023〕36 号）等，将文旅消费作为扩大内需的重点领域，旅游业高质量发展在国民经济中的位置更加突出。较之上年地方文旅工作的重心是"促消费、稳增长"，2023 年上半年则重在"促消费、扩内需"，随着未来促消费政策边际效应递减、文旅经济进入创新驱动和理性繁荣阶段，陕西省文旅施策的思路也应从"促消费"转向"促消费与产业高质量发展相互促进"上来。一方面，在提振消费的过程中，文旅市场已经从传统的"吃住行游购娱"，转向以"旅游"为纽带、融合消费百业的"大旅游"消费，2023 年文旅市场的高位复苏展现了未来文旅产业前所未有的市场空间；另一方面，2023 年陕西各项文旅指标表现抢眼主要得益于抑制性需求的集中释放，未来如何在增速回归常态的情况下实现产业长期、稳定增长，根本仍是持续的产品创新以及高效完善的产业链条。建议陕西做好旅游市场监测和政策性储备预案，一手抓文旅促消费不放松，进一步改善旅游消费环境、完善消费惠民政策、调整优化景区管理交通服务等，持续释放消费潜力；一手抓优质旅游产品和服务供给，在提升优质供给的过程中培育新型文旅产业生态，做好重点产业链建设。从供需两端发力，在不断创造"需求引领供给、供给创造需求"更高水平动态均衡的过程中，持续做大陕西文旅产业规模。

（二）以"建成传承中华优秀文化的世界级旅游目的地"为目标，优化陕西旅游体系的空间布局

"建成传承中华优秀文化的世界级旅游目的地"是《实施意见》提出的目标。从世界旅游发展经验来看，旅游目的地的空间范围决定其供给规模、需求规模和经济实力。省级的世界旅游目的地必然以城市群为依托，只有协作互补、分工明确的多极核城市才能支撑陕西"世界级旅游目的地"的建设目标。陕西提出"一核四廊三区"的空间布局拉大了省域范围内的旅游空间骨架，为打造万亿级规模的文旅产业集群提供了充足空间保障。现阶段存在的问题是，西安市的旅游产业分布与旅游空间能量占陕西的50%左右，其无论是5A景区数量、旅游产品知名度、交通便捷程度，还是规上文化企业规模都远超其他地市，要达到2026年全省"总产值1万亿元、年接待国内外游客9亿人次"的突破，一方面要全力支持西安世界级旅游城市建设，另一方面应花大力气缩小省内各区域之间、城乡之间的旅游要素差距，着力提升宝鸡、榆林、安康等其他地市旅游设施与服务效能，优化、丰富其旅游线路与品牌营销策略，重视相关景区创A升A工作，促进区域、各城市间的合作联动，进一步发挥西安作为热门目的地城市的引流、导流作用，逐步形成陕西省"一核多极"的世界级旅游目的地空间格局，为实现万亿级产业目标奠定坚实的基础。

（三）以数字化创新为支撑，提升陕西文旅消费市场潜在增长率

以创新驱动全面塑造发展新优势，是紧扣文旅市场新趋势、释放文旅消费潜力的内在动力。全面拥抱数字化是未来文旅产业跨越式发展的必由之路，加快传统历史文化资源的数字化转型和智能化升级，是陕西从文化资源大省向文化强省跃进、重塑"文化陕西"旅游品牌新优势的关键。建议一是加强文化旅游产品的内容创作，通过对历史文化资源的数字化挖掘，依托丰富的文物遗存、历史故事和民俗文化资源，打造"丝路文化之旅""秦岭生态之旅"等一系列主题旅游线路和旅游产品。二是扩大优质数字文旅产

品供给，发展沉浸式、体验型文旅消费，引导和培育网络消费、体验消费、智能消费等消费新热点、新模式，加强新型基础设施建设，促进文旅产业数字化、网络化、智能化发展。三是建设陕西文旅云数据中心，整合各类文旅数据为需求端提供科学可靠的旅游决策依据，利用人工智能、物联网技术为游客提供更加智能化的导游服务、住宿服务，通过智能客服机器人提供 24 小时在线咨询服务等，提高国内外游客旅行体验的满意度。

（四）以打造重点文旅产业链为着力点，完善陕西现代文化旅游产业体系

万亿级文旅产业集群必然以现代文旅产业体系为支撑，陕西未来一是要推动大、中、小各类旅游市场主体发展壮大，推动旅游企业系统性开展技术升级、管理创新、研发强化、产品迭代、品牌建设等工作，形成旅游业优质企业梯度培育、集群发展的格局与体系。二是围绕"强链、延链、补链、建链"，在 8 条重点文旅产业链建设进程中，推动旅游创新链、产业链、资金链、人才链深度融合。三是深化"文旅+""+文旅"产业融合，推动旅游与相关产业交叉领域实现多点突破、融合互动和跨界发展，延伸文旅产业链、催生新业态、创造新价值，推动文化旅游产业多领域、多维度的重塑与再造，提高旅游行业全要素生产率水平，完成文旅产业体系迭代升级。

（五）完善"土地"要素流动政策体系，加快陕西乡村旅游产业发展

习近平总书记在听取陕西省委和省政府工作汇报时强调，要"健全城乡融合发展体制机制，完善城乡要素平等交换、双向流动的政策体系"。对于陕西来讲，当前的重点工作一是加速制定"点状供地"政策及实施细则。"点状供地"是解决当前乡村旅游建设用地不足的新型供地模式，通过将农村建设用地的边角料推向市场，具有缓解政府供地紧张、盘活土地再利用、提高投资回报率的优点，能够适应乡村旅游项目设施占地小且

分散、资金投入大且回报周期长的特点。二是尽快建立全省统一、市场化运营的陕西农村产权交易平台。按照 2023 年农业农村部等十一部门联合发布的《农村产权流转交易规范化试点工作方案》，"统筹推进省级信息系统建设"提上日程。尽管陕西省已基本搭建起以县级产权交易中心为重点、乡镇交易服务站为补充的农村产权交易平台体系，但现实工作中仍受制于县、乡级中心（服务站）交易不活跃、缺乏统一标准、交易品种单一、实际运营与配套服务缺失等问题，农村产权交易平台体系未能有效发挥激活土地要素活力的积极作用。未来应加快省级农村产权交易平台建设，为陕西省农村土地资源交易提供更大市场容量、更加高效便捷、规则明确、标准化的公共配套服务，与现有的县乡级平台共同构成多级联动、互联互通、功能互补的农村产权交易服务体系，最大化撬动社会资本、金融资本向乡村地区流动，解决乡村文旅产业所需资金难题。三是通过上述政策的落地实施，激励更多优质企业投身乡村文旅产业，加速城市资金、人才向乡村流动，从而推动乡村旅游产业链从传统的"食、住、行"逐步延伸至消费弹性更高的"游、购、娱"。建议参考浙江莫干山裸心堡、江苏林渡暖村的发展经验，大力发展田园综合体和农文旅融合项目，在不剥离村民生产生活空间的基础上，更大限度拉长消费链条，促进一二三产融合，提升县域旅游产业竞争力。

（六）建立立体、多元、独具特色的传播体系，提升"陕西文化"传播效能

陕西有 3 处世界文化遗产和 4 处人类非物质文化遗产，拥有陕北高原、关中平原、陕南秦巴山地 3 个地貌区，更拥有涵盖中国革命各个时期的珍贵的红色文化资源，如何诠释好、传播好这些文化资源是未来陕西万亿级文旅产业建设关键之举。建议一是拓展全媒体传播广度，深化与央视等权威主流媒体、传统 OTA 平台、抖音等营销平台合作，探索在 Facebook、Twitter 等海外主流社交平台上形成一批活跃账号，通过短视频营销等方式建立新型文化传播矩阵，多渠道、多角度、多形式宣介陕西历史文化故事。二是重视发挥各种非官方组织、社会组织、民间社团等在对外传播中的作用，构建主体多元、差异化、面向不同受众的国际传播力量。三是以中国—中亚峰会为契机，加强同中亚国家主流媒体合作，通过联合采访、定制推送等方式，加强与相关国家的文化交流互鉴，持续扩大陕西文化品牌的国际知名度、美誉度，将陕西建设成赓续历史文脉、讲好当代中国故事的世界性文化交流窗口。

B.7
陕西文化企业数字化转型发展研究[*]

赵　东[**]

摘　要： 近年来，陕西各类文化企业面对数字化大潮进行着不同程度的数字化转型，形成了越来越多的新型数字文化企业。这些企业在数字化时代表现出鲜明优势，引领着越来越多的文化企业向数字化转型，陕西文化企业数字化转型不断推进。但是，陕西还存在众多传统文化企业需要数字化转型，现有新型数字文化企业还需要从数字化思维、运营模式等层面深度转型。结合陕西文化企业数字化转型现状和问题，建议：加强政策配套和规划部署；深化文化企业数字化转型认知理解；建立健全文化数据开放共享机制；加强文化数字化人才引进与培养；组建秦创原（文旅产业）创新促进中心，加强协同。

关键词： 文化企业　数字化转型　陕西

数字经济是互联网、大数据、云计算、人工智能、区块链等数字技术全面渗透到社会经济领域而形成的经济形态，已成为重组全球要素资源、重塑全球经济结构、改变全球竞争格局的关键力量。数字化转型成为经济社会发展的必由之路，文化产业数字化转型成为当前文旅产品迭代和产业创新的主动力，是不断满足文旅消费和优化文旅产品的重要途径，也是文化产业高质量发展的迫切需要。《陕西省"十四五"数字经济发展规划》

---

[*] 本文系陕西省软科学研究计划一般项目"陕西文化产业数字化协同创新发展路径研究"（项目编号：2024ZC-YBXM-156）阶段性成果。

[**] 赵东，博士，陕西省社会科学院副研究员，陕西文化产业发展研究中心主任，主要研究方向为文化学、文旅融合、数字文化产业。

和陕西省《关于贯彻落实国家文化数字化战略实施方案》已专门对文化产业数字化做出布局，要求推动产业数字化转型升级。"文化产业数字化的核心是文化企业数字化，文化企业数字化转型状况决定了文化产业数字化走向"。[①] 由于多方面原因，陕西文化企业创新创意能力和竞争力不够强，数字化转型情况总体还不够理想。陕西应当抓住文化产业数字化转型的时代机遇，做好顶层设计，加快转型步伐，从而实现陕西文化产业追赶超越。

一 陕西文化企业数字化转型现状

文化企业数字化转型是指通过数字技术来改进企业的核心业务和产品理念，以数据贯穿于企业生产、管理以及营销的整个过程，从而增强客户体验、简化运营流程、优化组织结构、提升生产效率或创建新的商业模式，并在此过程中不断形成以数字化、网络化、智能化等为主要特征的文化新业态，成为新型文化企业，亦可称为数字文化企业。在文化企业数字化转型中，数字化、网络化、智能化等特征越是明显，越能称为新型文化企业或数字文化企业。随着二三十年来数字化、网络化发展，国内外一大批互联网文化企业应运而生，其本身是数字技术的产物，属于数字化原生文化企业，而更多传统文化企业则不断应用数字技术以及因此而带来的思维模式变化等向数字文化企业转型。

近年来，陕西各类文化企业在面对数字化大潮进行着不同程度的数字化转型，形成了越来越多的新型文化企业。在数字化、网络化快速发展过程中，陕西产生了一批原生数字文化企业，主要集聚在省会西安。其中，西安高新区依托优惠政策与科技实力，吸引扶持了一大批数字文化企业，驻于区内的陕西省动漫游戏行业协会企业会员 200 多家，碑林

---

① 宗祖盼：《从传统迈向新型：文化企业数字化转型的内涵认知、制约因素与路径选择》，《同济大学学报》（社会科学版）2023 年第 3 期。

区陕西动漫产业平台也是著名的动漫游戏产业园区，聚集了来自国内外50多家数字文化企业，曲江新区业已形成量子晨数字娱乐产业园区、曲江电竞产业园和北极星数字文化产业园等示范性文化产业园区，聚集了100多家新型数字文化企业。位于西安市浐灞生态区的陕西数字基地出版传媒集团是一家新生的大型数字文化企业，投资参股公司10余家，孵化产业项目11个，年收入超1亿元。同时，西咸新区等开发区也引进、培育了一批数字文化产业园区以及相应文化企业。其他更多的陕西文化企业则属于传统文化企业，正在利用数字技术从生产、营销等层面向新型文化企业转型。

2023年，陕西省1641家规模以上文化企业实现营业收入1166.88亿元，其中文化新业态（数字文化业态）特征较为明显的有15个行业小类，文化新业态企业数量从2021年的145家、2022年的150家增加到2023年154家，实现营业收入234.42亿元。2023年文化新业态企业营业收入占全部文化企业营业收入的20.1%。其中，互联网其他信息服务企业的营业收入居文化新业态企业首位，达到118.86亿元，占文化新业态企业营业收入的50.7%；互联网广告服务企业营业收入为58.10亿元（见表1）。在陕西省64个文化服务业行业中，互联网其他信息服务企业和互联网广告服务企业营业收入分列一、二名。同时，其他文化新业态小类还在不断发力，与数字化紧密相关的文化产业行业门类也不断取得良好成绩。目前，陕西省有6家上市文化企业，其中4家属于数字文化企业，其余2家也在大力拓展文化新业态，不断取得新的业绩。文化新业态企业在数字化时代呈现明显优势，引领着越来越多的文化企业向数字化转型。

表1 2023年陕西规模以上文化企业与文化新业态企业发展情况

企业类型	数量（家）	营业收入（亿元）	较上年同期增长（%）
规模以上文化企业	1641	1166.88	8.4
新闻信息服务企业	—	144.93	0.8

续表

企业类型	数量(家)	营业收入(亿元)	较上年同期增长(%)
内容创作生产企业	—	117.10	16.4
创意设计服务企业	—	197.80	6.6
文化传播渠道企业	—	227.56	19.2
应用电视设备及其他广播电视设备制造企业	—	139.83	—
文化新业态企业	154	234.42	−2.9
互联网其他信息服务企业	—	118.86	
互联网广告服务企业	—	58.10	

资料来源：陕西省统计局。

从产业门类看，2023 年陕西文化产业九大行业门类中数字化转型较快的文化传播渠道类企业以 227.56 亿元的营业收入处于领跑地位，比上年同期增长 19.2%，高于全省文化企业 10.8 个百分点，高于全国（11.9%）7.3个百分点，对文化产业增长贡献率达到 40.7%，拉动文化产业增长 3.4 个百分点。在陕西其他行业门类中，数字化转型较好的新闻信息服务、内容创作生产、创意设计服务 3 个大类也取得了较好成绩，2023 年营业收入分别为144.93 亿元、117.10 亿元、197.80 亿元，分别比上年同期增长 0.8%、16.4%、6.6%。以上数据充分表明数字化转型对陕西文化企业与文化产业发展产生的巨大促进作用。

从统计数据看，陕西规模以上文化新业态企业占全部文化企业总数的9.38%，营业收入占到 20.1%，即不到 10% 的文化新业态企业取得了 20% 以上的营业收入，表明近年来陕西省文化新业态企业的快速发展以及在整个文化产业发展中的地位，需要大力发展。虽然和全国相比，陕西文化企业数字化转型还有很大差距，但是从文化和科技基础看还有一定后发优势。如果能够准确把握现状，找准问题与差距，通过全省上下共同努力，陕西文化企业数字化转型可以取得更好成绩。

二 陕西文化企业数字化转型存在的主要问题

文化企业数字化转型不仅要攻克思维、技术、人才等难关，同时还要承担业务创新、流程再造、组织变革等方面的成本和风险，特别是一些传统文化企业对数字化转型的重要性和"如何转"等认识不深，转型的意识不强、意愿不高，影响转型步伐。当前陕西文化企业数字化转型还存在文化产业链条不够完善、结构不尽合理、发展不够均衡、协同促进机制尚不健全等问题，突出表现在以下方面。

（一）文化企业数字化转型总体较慢

随着时代发展，几乎所有陕西文化企业都已涉及数字化。但是，从现有统计数据可以看出，陕西省还存在众多传统文化企业需要数字化转型，而且，现有文化新业态企业还需要从数字化思维、运营模式等层面深度转型。总体上，陕西文化企业数字化转型任重道远。从全国层面看，2023年文化新业态企业实现营业收入52395亿元，已占到全部文化产业营业收入的40.1%，而陕西省仅占20.1%（见表2）。这与陕西文化资源和科技实力难以匹配，曾经拥有的古籍、文博数字化方面领先优势未能有效转化为数字文化产业优势，文化企业数字化转型还需加大追赶超越步伐。

表2 2023年陕西文化新业态企业与全国比较情况

项目	特征较为明显的行业小类（个）	营业收入（亿元）	较上年增长（%）	增速高于全部文化产业（百分点）	占全部文化企业营业收入（%）
全国	16	52395	15.3	7.1	40.1
陕西	15	234.42	-2.9	-11.3	20.1

资料来源：国家统计局和陕西省统计局。

目前，陕西文化企业大多还带有传统性，对于数字技术适应较慢，或者较难迅速跟进数字技术的快速发展；2023年占全省营业收入46%的国有文化企业由于体制机制等原因，文化产品迭代速度较慢，创新动力不足，较依赖于传统路径，整体数字化转型步伐较为迟缓；广大中小文化企业受意识、资金、能力、技术、人才和政策支撑等因素制约，在数字化转型上方向不明、持续力不足。总体上，数字技术在陕西文化企业发展中还没有占据主导地位，在整个经营管理中数字化运营思维不足，存在"不会转""不敢转""不愿转"等现象，数字化转型基本上还处于摸索之中，依托数字技术形成的文化新业态、新模式、新产品还相对较少，和全国相比尚缺乏文化新业态特征较为明显的增值电信文化服务行业小类，文化数据尚未形成产业化。

陕西文化新业态更多存在于动漫游戏等文化服务企业，且多在西安，文化制造企业尤其是手工艺企业数字化转型明显落后，大多数企业提供的数字文化产品还不能很好地满足市场需求。目前，很多市县的数字文化产业发展还处于谋划规划阶段，一些园区（基地）仍处于招商引资、出租房屋而缺乏实质性发展的状况，还有一些在发展过程中着重于数字科技而忽略文化创意，在本质上并非数字文化企业，还需要加强引导。

（二）对于文化企业数字化转型认知理解不深

文化企业数字化转型包括相互连接、相互交融的"数字产业化"和"产业数字化"两个层面，涉及各种支撑要素，是从企业技术革新到相关部门协同促进的全过程。在文化企业数字化转型中，要认识到数字技术是关键，还要认识到数据是核心，更要认识到数字化具有开放性、共享性、融合性、精准性等特征，要将其形成管理运营思维。不仅要重视利用数字技术从事文化生产、传播，还要关注生产和消费数据，更要以数字化理念探索新的商业模式。文化企业数字化转型不仅是企业的重要事项，更是宣传、文旅、科技、发改、工信、市监、统计、财政、金融、税务、人社、教育等相关部门的工作职责。

从调研情况看，文化企业数字化转型在陕西尚需深入认知理解。虽然陕西在已印发的相关文件中包含了文化企业数字化转型内容，但是基于资源禀赋和发展目标，应该特别深化研究，以至出台专门的文件。有关文化企业数字化的交流研讨也不多。在陕西文化企业层面，大多对数字化缺乏全面认知理解，一些中小企业甚至不知数字化转型"为何"。虽然一些文化企业已在运用数字技术进行生产、提供服务以及通过网络宣传销售等，但仅仅处于基本的层次并缺乏深入思考谋划；对于更深层次的数据生产力关注不够，缺乏通过数据分析优化产品以及构建新的业态模式等。

（三）文化数据应用、开放和共享不足

文化大数据是数字时代的重要生产力，是分析文化消费、提供优质文化产品、满足多样性文化需求的核心要素，是打通文化产业链的关键，是文化企业数字化转型必不可少的支撑要素。但是，要利用好文化大数据加快文化企业数字化转型，重要的一环则是数据的开放和共享。通过持续多年的公共文化数字化建设，陕西在文博等领域形成了巨量数据，并在一定程度上开放和共享，有效支撑了陕西数字文创业态，但是相对专业化较强、互动性较弱，面向广大中小企业服务还有所不足。相对而言，省级和西安市公共文化数据情况开放较好，而很多市县层面的文化机构、企业网站建设、微信公众号运营等则比较缺位，文化数据共享远远不足，这在很大程度上影响到陕西文化创新发展，从而制约文化企业数字化转型。

在更多领域，诸如文化旅游、新闻出版、广播电视等，通过多年建设陕西也形成了巨量数据，但由于思想观念、技术限制、行业壁垒、部门分割等各种因素，虽然各自也都建设了不少数据库，但较少向外开放，缺乏大范围共享。即使是商业数据，也因为缺乏相应平台、政策支撑、定价标准、利益分享等因素，同样较难开放共享。归根结底，由于机制不够健全、渠道不畅，当前陕西文化数据缺乏有效开放和共享，形成众多"数据孤岛"，文化生产力远远没有得到释放。这些不利于陕西文化企业数字化转型氛围营造，也不利于文化企业数字化生产，甚至数字化运营。同时，由于陕西相关机构建设的公共文化数字化平台不够畅通，众多中小微文化企业不得不借助一些垄断性平台进行数字化营销而被切去大量利润，数字化转型积极性不高。从

发展形势和省外经验看，目前建设全省文化消费数据库还缺乏专门的文化大数据运营企业。

（四）缺乏一大批文化产业数字化人才

文化企业数字化转型需要一大批既懂文化产业又懂数字科技的综合性人才。陕西虽然是文化、科技、教育大省，各个门类人才相对齐全，包括数字科技在内的科技人才为数不少，也在源源不断地培养各类专业人才，但是文化数字化人才是一种新型文化科技人才，更加凸显综合性，原有人才很难适应需求。在新的数字化转型时期，既懂文旅（创意、产业）又懂数字科技的高端人才少之又少。

在数字化转型中，很多文化企业自身缺乏相应人才，数字化生产只能依靠其他信息化公司。这些公司员工多是传统的计算机、信息化人员，缺乏对文化的理解。陕西亦是如此，新型文化科技人才不足，相关文化数字化项目多是简单的数字化加工、展示，尤其是缺乏必要的文化产业数字化转型综合性运营人才，使当前数字化管理运营不足，难以形成有效的文化创意设计和商业模式，从而导致文化企业数字化转型多处于较浅层次。在具体操作层面，全省整体缺乏文化数据分析人才，产品销售主要是借助网络或 App，把传统销售搬到线上。

（五）相关力量对文化企业数字化转型协同促进不够

现代文化企业发展通常受到各种因素影响，文化企业数字化转型更是受到其他外部因素的影响。在数字化转型中，文化企业更为明显地跨越了传统的、固定的企业边界，需要更加广泛和便捷地连接外部资源，需要得到利益相关者的协同促进。如果相关协同不够，可能进一步导致文化企业数字化转型困难。尤其是在数字化转型初期，文化企业存在认知不深，缺乏技术、人才、资金等问题，迫切需要相应政策指导、技术支持、人才培训、财税引领、知识产权以及相关研究机构等社会各界的协同促进。陕西短时期内还难以形成较强的协同促进力量。

在《陕西省"十四五"数字经济发展规划》和《关于贯彻落实国家文化数字化战略实施方案》等陕西省现有政策文件中，都不同程度提出文化企业数字化内容，支持高校、龙头企业、行业协会等加强协同，建设数字化转型促进中心，提供数字化转型公共服务等。但是，一方面因文化企业数字化转型既强调数字技术又突出文化性而呈现更大的难度；另一方面由于陕西高校对文化产业研究较少、龙头文化企业不强、行业协会力量还有待加强等因素，协同促进文化企业数字化转型存在"心有余而力不足"问题。

三　陕西文化企业数字化转型发展的思考与建议

文化企业数字化转型发展是陕西发展数字经济、打造万亿级文旅产业集群的重要内容和推手。结合陕西数字文化产业现状和存在的问题，本报告有以下思考与建议。

（一）加强政策配套与规划部署

文化企业数字化转型将陕西大力发展数字经济和打造万亿级文旅产业集群两大任务充分结合，是陕西文化产业发展的重要着力点。结合陕西发展现状，应深入开展调研，出台系列政策指引，重点规划部署，尽快编制出台加快文化产业数字化转型发展的指导意见。一是鼓励文化企业大胆转型，将文化企业数字化转型项目纳入发展规划，强化政策合力和要素保障，从财税、奖补资金等方面大力扶持，为文化企业数字化纾忧解困。二是帮助具备转型潜力的文化企业快速成长，将政策资源、资金投入、人才培养向其转移，培育更多"独角兽"企业、"瞪羚"企业和平台型企业。三是优化数字文化市场环境，充分考虑中小文化企业面临的资金、技术和人才障碍，促进协同发展，激发市场主体创新创造活力，保障和促进文化数字化项目创新；同时不断创新优化监管方式方法，为文化企业数字化转型创造统一开放、高效规范、竞争有序的市场环境。

结合各市区发展实际，规划部署一批数字文化产业园区，给予政策倾斜，鼓励支持不断引进和培育数字文化企业或传统文化企业通过数字化转型而来的新业态。加强对国有数字文化产业园区督导和考核，注重对民营数字文化产业园区引导和鼓励，激励他们做实做强数字文化产业业务。在各市区规划部署中，应有一定的业态错位发展，避免省内恶性竞争。结合陕西省文化新业态缺少 1 个行业小类的情况，可由省上出面沟通协调三大运营商以及相关部门，大力发展陕西增值电信文化服务业务，填补陕西文化新业态空白。面对陕西省中小文化企业的线上资源困难以及公共文化平台建设情况，应整合优化陕西智慧旅游平台和陕西文化旅游数字产业平台为陕西文旅云平台，集文旅资讯、文旅服务、文旅管理、文旅营销、文旅体验等于一体，打造线上与线下相结合的精准高效、高品质和定制化服务模式，为职能部门、文化企业和消费者提供便捷服务。

（二）深化文化企业数字化转型认知理解

目前，文化企业数字化转型的很多内容还有待深入探讨并向业界普及。结合各界对文化产业数字化转型不够熟悉的现状，不仅要通过政策文件指导，还要加强理论研究，全面深化认知，结合地域发展情况编制《陕西省文化企业数字化转型发展指导手册》等，分类指导，并通过各种手段针对不同群体、不同部门、不同企业采取差异化的宣传方式，文化产业要明晰数字化转型"是什么""转什么""如何转"，通过各种渠道加大文化企业数字化转型宣传报道，营造环境氛围；利用各种场景加强文化企业数字化转型理论知识普及，不断加深文化行业尤其是企业经营管理者对数字化转型的认知理解，强化数字化转型发展意识。

同时，有关管理部门以及行业协会应多组织"走出去""请进来"活动，让文化企业干部到数字化转型较好的地区、企业考察学习，让转型比较良好的企业经营管理者到其他文化企业巡讲，推广经验。通过组织培训班、研讨会和交流会，尽可能地吸收专家学者的研究成果。积极邀请专家学者开展相关讲座，普及数字化转型理论，剖析优秀转型案例，并进入企业指导、答疑解惑。支持高校、科研院所联合行业协会、文化企业共同举办数字化转型论坛，促进文化企业数字化转型深入讨论；支持文化企业经营管理者参与省内外各类数字化转型研讨会，或发言或旁听。必要时，还可举办专门的陕西（西部）文化企业数字化转型博览会，加强展示交流。

（三）建立健全文化数据开放和共享机制

文旅数据必须开放共享，必须打破"数据孤岛"。建议根据国务院《政务信息资源共享管理暂行办法》，借鉴《陕西省教育数据管理办法》等制定《陕西省文化和旅游数据管理办法》，专列开放和共享条款，按照管理要求和实际情况，或无条件，或有条件，或不予开放和共享。要求或激励公共文化机构、政府部门尽可能通过网站、微信公众号等使文化数据最大限度地开放和共享。对于商业文化数据，同样应秉承开放和共享理念，在保护知识产权的前提下，本着互利共赢的原则，尽可能实现商业文化数据的开放和共享。同时，可以探索商业文化数据开放和共享激励制度，通过税收优惠政策，对提供数据的企业实行"以数抵税"。

通过《陕西省文化和旅游数据管理办法》加快文化数据分级分类，强化数据确权基础，推动跨行业、跨部门、跨企业文化数据的交流互通，加强文化数据交易和基础设施建设，建设省市文旅大数据交易中心（有限公司、服务平台），完善文化数据交易体系，促进文化数据跨平台交换共享，在全省搭建起互联互通、有序共享的文化大数据体系，以完整统一的数据标准（可借鉴四川的"数据字典"）促进不同层级、不同领域、不同部门的数据传递，构建政府主导、各方参与的数据资源开放和共享机制。全省范围内文旅职能部门、文化企业、消费者等相关群体将自身海量数据信息输入服务平台，通过文化数据收集与分析，可以实时传递数据给任意一方，所有主体均可参与数据信息的研究分析，挖掘文化数据的潜在价值。

（四）加强文化数字化人才引进与培养

人才是推动文化企业数字化转型发展的重要支撑要素。针对文化数字化（运营）人才十分紧缺的情况，要将其作为特殊性人才专门引进，可以在省市层面构建专门的复合型文化数字化人才库，在原有省、市、县各级人才引进暂行办法中特设文化数字化人才，完善人才招引服务制度。在同等情况下，在薪资、待遇、持股、职称、晋升等方面给予文化数字化人才更多政策倾斜，解决生活和工作后顾之忧，营造更好的人才发展环境。基于当前陕西实际，可以全职引进与柔性聘用相结合，给出总经理、总监等全职岗位，或者技术顾问、独立董事、远程办公、阶段性指导、项目参与等兼职岗位。通过各种形式，充分提升引进文化数字化人才的可能性，激发这些人才的能动性和创造力，切实为陕西文化企业数字化转型发展提供智力支持。

持续加大陕西本土文化数字化人才培育力度，完善相关教育培训体系。一是现有高校积极打破学科壁垒，推动学科交叉融合，将人工智能、大数据、云计算等数字技术融入人文史艺术、新闻传播、经济管理等传统学科，构建"新文科"人才培养体系。二是尽快组建单独设置的"陕西文化旅游学院"，以文化产业、旅游开发等为核心专业，并以文化管理为基础学科，设置其他相关专业，为文化旅游服务，源源不断地培养陕西既懂文化旅游又懂经营管理、既懂文化旅游又懂数字科技等方面的专业技术人才。三是在人才培养模式上大力推进"产教融合"，推行"校企联合"项目制，鼓励陕西大型文化企业、文化行业协会参与文化数字化人才培养，加快产、学、研、用联盟建设，使"所学"无缝对接"所用"，并从"所用"中提炼"所学"之需反馈于"所用"，达到"学""用"深度结合，尽快使其从学生转换成文化企业所需的文化数字化人才。

（五）组建秦创原（文旅产业）创新促进中心，加强协同

面对文化企业数字化转型初期发展困难以及相关力量协同促进不够的问题，建议党委政府把行业协会、高校、科研机构、公共文化机构、文化园

区、大型文化企业以及金融等相关机构的力量整合在一起，协同促进文化企业数字化转型。特别是 2021 年以来不断推进的秦创原创新促进中心，既有总窗口，又有各市和各个行业的分中心，为陕西企业数字化转型搭建了有力平台。此外，文化企业具有其独特性，需要在西咸新区总窗口组建专门的秦创原（文旅产业）创新促进中心，整合全省相关力量，加强协同促进。

基于文化企业的特殊性和陕西文化产业实际，在秦创原（文旅产业）创新促进中心体系中，各级党委政府还需发挥主导作用，把握战略方向，确保制度供给，做好引导、扶持、服务、监督工作；高校主要是培养、提供专业人才；科研机构主要进行相关数字技术研发；公共文化机构主要提供相关实体数字文化资源；文化园区是协同促进的物理空间和主要载体；金融等相关机构是协同促进的支持者、配合者；大型文化企业可发挥领军作用，一方面引领行业数字化转型，另一方面推动大数据和平台共享开放，为中小文化企业提供数据、技术和流程支持，进一步优化资源共享、数据开放、业务流程和智能管理；行业协会可以设立文化企业数字化转型专委会，进一步发挥桥梁作用，为技术层面较为滞后的企业提供相关技术支持和服务，为资金欠缺的企业解决资金问题，甚至人才共享等。

B.8
陕西文化科技融合创新发展研究报告[*]

颜 鹏 王长寿[**]

摘 要： 加快文化领域科技创新进程，发挥科技创新在文化发展中的支撑和引领作用，实现陕西文化与科技从"物理组合"到"化学反应"的全面融合，已经成为当前陕西文化产业转型升级的大趋势和大方向。本研究围绕陕西文化强省建设目标，梳理陕西推进文化科技融合创新的探索与实践，得出陕西文化科技创新能力日益提升、文化生产力逐步增强、文化科技成果转化加快、数字创意产业迅猛发展等发展态势。同时，陕西文化科技融合创新能力还比较薄弱，文化科技创新融合还存在一些短板和弱项。在中国式现代化建设进程中，陕西应立足创新，充分激发文化市场主体参与文化科技融合的动力与活力，探索文化与科技融合新模式、新机制和新方式，构建文化科技融合创新发展体系，为陕西文化产业高质量发展提供有力支撑。

关键词： 文化科技 创新发展 数字文化产业 陕西

　　文化与科技是人类物质文明和精神文明成果的具体表现。以数字技术为代表的科技创新已全面融入人类社会经济和文化生活等各领域和全过程。党的十八大以来，我国文化科技领域涌现了诸多雅俗共赏的优秀文化

---

　　* 本文系 2023 年度陕西省哲学社会科学研究专项青年项目"文化强省建设目标下陕西文化产业创新发展的实践路径"（项目编号：2023QN0357）阶段性研究成果。
　　** 颜鹏，陕西省社会科学院文化与历史研究所助理研究员，主要研究方向为文化经济与文化产业管理；王长寿，陕西省社会科学院文化与历史研究所首席专家，研究员，主要研究方向为文化产业。

产品，无论是在形式还是在内容上都使戏曲、音乐、诗文、绘画等传统文艺作品以科技创新的最新形式展现在人们面前，取得了明显的社会效益和经济效益。2020 年 9 月 17 日，习近平总书记在马栏山视频文创产业园考察时指出，文化和科技融合，既催生了新的文化业态、延伸了文化产业链，又集聚了大量创新人才，是朝阳产业，大有前途。① 随着《"十四五"文化发展规划》及国家文化数字化战略的实施，从国家到省市层面都对文化产业科技创新能力越来越关注，文化与科技融合创新也被提到了新的高度。

一　文化科技融合的本质内涵与实践意义

文化与科技融合是在物质、文化、知识、资本、人力、技术等要素基础上的人文体系与自然科学理性体系有机结合，是两个系统之间较为紧密的汇集、互动和共生。文化科技融合不仅在文化信息采集、制作、管理和发布等文化生产环节实现，还在文化传播、文化消费等领域迅速扩散。在创新驱动发展战略的指导下，文化和科技融合是新时代推动文化产业高质量发展和旅游产业优质升级的重大现实需要。文化与科技的融合不仅能促进经济发展方式转变，也有利于提升我国文化产业的核心竞争力和质量效益。文化和科技融合能促进传统文化产业结构调整与优化升级。广大文化产业从业者从传统文化中吸取文艺创作源泉，将现代技术、现代设计和管理理念融入传统文化之中，通过改进设计、改良制作、改善材料、提高品质、培育品牌、拓展市场，推动具有传统文化特色的文化产品和服务走进国内外市场。文化科技融合满足人民群众体验感和参与感的需求，有效增加文化新产品和服务供给，为扩大文化消费注入新动能，对体验感和参与感的需求还能催生出产业新兴业态。此外，文化科技融合还适应了文化产品和服务从展示到体验，由被动到主动的过程。以国家级文化和科技融合

---

① 《风华正茂是长沙——人文经济视野下的长沙观察》，《湖南日报》2023 年 8 月 11 日。

示范基地、国家级动漫基地、国家级数字出版基地以及文化与科技融合示范企业、文化与科技融合示范性项目为主体，形成了政府引导、产业集聚、科技引领的格局。截至 2023 年，我国已认定国家文化和科技融合示范基地 4 批共计 85 家，其中集聚类基地 44 家、单体类基地 41 家，基本形成了以文化为内容核心、以科技创新为重要支撑、文化科技深度融合的产业业态。

二　陕西推进文化科技融合创新的探索与实践

近年来，围绕文化强省建设目标，陕西不断完善文化产业发展体制机制，稳步实施文化产业"十百千"工程，持续推进文化与科技融合。悠久的历史文脉，丰富的文化资源，深厚的文化积淀，名列前茅的现代科技教育优势，使陕西文化人才辈出，形成了较强的文化科技阵容。

（一）科技战略支撑作用显著增强，文化科技创新能力日益提升

陕西把文化科技创新摆在推动文化产业发展的重要位置，坚持以产聚才、以才兴产，用科技优势塑造文化产业优势，以科技创新赋能文化产业高质量发展。R&D 经费是反映科技创新投入的总规模和发展水平的主要指标。2013~2020 年，陕西有 R&D 活动的规模以上文化制造业企业从 12 家增加到 48 家。截至 2021 年 12 月，陕西规模以上文化制造业研发费用（R&D）为 67932 万元，比 2020 年增长 23.43%，仅占全国规模以上文化制造业研发费用的 0.71%。陕西以人才优势促进创新优势，文化企业的自主创新能力有效提升。2013~2021 年，陕西规模以上文化制造业 R&D 人员折合全时当量由 225 人年增加到 711 人年，年均增长 15.47%（见图1）。[①] 截至 2019 年底，西安文化科技企业达 1.6 万家，甲骨文、字节跳动、喜马拉雅等多家知名文化科技企业在西安投资兴业；10 个园区被评为市级

---

① R&D 人员折合全时当量是国际上通用的用于比较科技人力投入的指标。

示范园区,100家企业被评为市级示范企业。在文化科技示范园区建设上,曲江新区和高新区引领效应显著。①

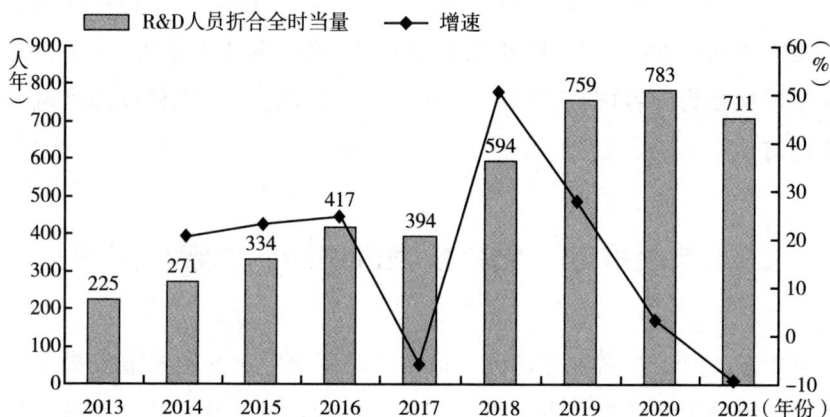

图1　2013~2021年陕西文化制造业R&D人员折合全时当量及增速

（二）文化生产力逐步增强，文化产业结构不断优化

随着科技应用水平的不断深入，科技推动文化产业的结构优化与升级，陕西文化及相关产业增加值已从2012年的500.7亿元增长到2020年的694亿元。2022年，陕西文化新业态特征较为明显的15个行业小类共150家企业，比上年增加5家，实现营业收入236.87亿元，比上年同期增长34.7%，增速高于全省全部文化企业31.8个百分点，高于全国文化新业态29.4个百分点，占全部文化企业营业收入的20.3%，高于上年同期5.1个百分点。②陕西文化产业新产品销售收入由2013年的32302万元增长到2021年的397916万元，年均增长36.9%。其中，出口占新产品销售收入的比重也由

① 《西安传统文化如何破局？科技引爆文化产业"开挂模式"》，https：//mp. weixin. qq. com/s? _ _ biz=MzU2MzI2MzkyNg= = &mid=2247490680&idx=1&sn=de8237aadd10d62ff6cd6b88390b52aa&chksm=fc5dbca1cb2a35b78d418e788c001a62e42cb188d81f90b6e6b2d936782fd7542cf1ab62d5cf&scene=27，最后访问日期：2023年10月7日。

② 《2022年陕西规上文化企业营业收入1169亿元　同比增长高于全国2个百分点》，https：//www.xiancn.com/content/2023-03/08/content_ 6696651.htm，最后访问日期：2023年11月8日。

2013 年的 5.79% 增长到 2021 年的 7.94%。随着科技创新力度的加大，陕西文化产业新产品开发经费支出由 2013 年的 8302 万元增长到 2021 年的 44225 万元，年均增长 23.3%。专利申请数从 2013 年的 79 件增加到 2021 年的 485 件，年均增长 25.5%。有效发明专利数从 2013 年的 34 件增加到 2021 年的 506 件，年均增长 40.1%。陕西加快推进文化科技领域关键技术和项目研发，部署安排文化科技融合产业链和创新链，一批具有影响力的行业排头兵企业和具有全国领先水平的创新型骨干企业迅猛发展。陕西北人印刷机械有限责任公司是集科研、开发、生产、销售与服务于一体的包装印刷设备高新技术企业，是工信部首批制造业单项冠军培育企业，取得授权专利 210 项，其中发明专利 40 项，在同行业居领先地位，先后获得"陕西省知识产权优势培育企业""全国企事业知识产权试点单位""国家知识产权优势单位"等称号，高档软包装凹版印刷机市场占有率达 80% 以上，印刷机械产品市场覆盖长三角、珠三角、环渤海等地区。2021 年，由西安音乐学院和西安地图出版社有限公司申报的项目入选国家文化和旅游科技创新工程项目储备库。

（三）发挥高校园区创业孵化作用，加快文化科技成果转化

陕西以"双创+"为理念，充分利用深厚的历史文化底蕴，完善以企业为主体、市场为导向、产学研用深度融合的文化产业创新创业孵化体系，努力为文化创新型企业提供资源对接、项目孵化、创业指导、融资等创业服务。碑林环大学创新产业带以建设全域"大学+"平台激发创新活力，已建成西安创新设计中心、西工大创新大厦、建科大厦等依托高校的双创载体，拥有创业孵化、技术转移、投融资、公共服务、展示交易五大平台，孵化了中航创世机器人、五和土木、多普多信息科技等高新技术企业近 300 家。西咸新区秦创原发挥总窗口优势，已与西交大、西工大等 11 个高校院所签约 15 个科转平台。浐灞国际港积极打造创新型科技产业园区，以腾讯、亚马逊等头部企业创新合作平台为支撑，重点发展数字文创设计产业，已获国家级众创空间、省级科技企业孵化器等称号。曲江新区大唐不夜城文旅融合示

范街区智慧管理系统和跨境电商数字化综合服务平台入选 2022 年度陕西省数字经济典型示范案例名单。

（四）数字创意产业迅猛发展，新兴文化业态不断涌现

陕西持续推进文化产业数字化、网络化、智慧化升级，新兴文化服务行业（包括互联网搜索服务、增值电信文化服务、互联网广告服务和互联网文化娱乐平台等）的增速超过 30%。依托陕西数字出版基地、陕西动漫产业平台，陕西加快发展以内容创新、产品创新和技术创新为主要内容的数字创意产业。西安高新区、西咸新区数字文化企业较为集中，已入驻了腾讯、喜马拉雅、字节跳动、商汤科技、三人行、易点天下等众多数字文化企业。2023 年 7 月，秦始皇帝陵博物院与西安可视可觉网络科技有限公司联合打造了兵马俑 VR 影院项目，获得世界知识产权组织颁发的世界知识产权组织全球奖，成为全国 6 家入围企业之一。"长安十二时辰+大唐不夜城"唐文化全景展示创新实践项目成功入选 2022 年度文化和旅游最佳创新成果。长安十二时辰主题街区沉浸式体验街区品牌塑造与传播案例还荣获长城奖—文旅好品牌"2022~2023 年度银奖"景区及博物馆品牌优秀案例奖。数字技术也快速应用于陕西文化遗产资源挖掘、数字转化、展示推广等领域，全息影像《霓裳羽衣舞》"盛唐天团"IP 形象的裸眼 3D 大屏、"无人机+VR"沉浸式览古城等新业态、新模式、新消费，提升游客的游览和娱乐体验，并为文化遗址保护提供新思路。通过线上演播和线下演出融合，陕西演艺行业多渠道展示推广优秀演艺作品，实现了从形式到内容的数智升级。

（五）强化企业科技创新主体地位，加快文化科技融合创新载体建设

随着文化产业园区的公共服务设施和技术水平的完善和提升，陕西文化产业园区与高新技术、历史文化的融合越来越紧密。西安高新区国家数字出版基地、西安国家级文化和科技融合示范基地、西安文化科技创业城产业园等国家级园区是陕西省数字文化产业基地的典型代表。陕西动漫产业平台、渭南 3D 打印产业培育基地以及西安曲文投、华夏文旅、西影数码等省级文

化和科技融合示范基地的经营范围覆盖数字视听、数字出版、数字演艺、数字文旅、动漫游戏等多种门类，充分发挥了产业园区基地的集聚效应，数字文化产业得到了快速发展，陕西文化科技融合创新载体得到有力推进。2022年，曲江新区浙文创·新势力创意中心和曲江369互联网创新创业基地入选2022年国家级科技企业孵化器名单。此外，陕西加快构建创新创业孵化链条，打造"众创空间—孵化器—加速器"等功能多样的文化科技创新创业体系。2015～2021年，陕西省共认定了七批次"陕西众创空间孵化基地"，其中文化产业众创空间33家。截至2020年，在陕国家备案众创空间已有90家，主要集中在电子信息、先进制造和文化创意等行业，催生了一大批创新型文化企业。2020年，未来彩蛋创业谷、浐灞万创空间、腾讯众创空间（西安）、百度（西安）创新中心、曲江369互联网创新创业基地等5家文化产业众创空间获批国家备案众创空间。2021年，西安外事学院"鱼化龙"众创空间、启迪之星（曲江）文创孵化基地、腾讯众创空间（西安浐灞）等3家文化产业众创空间获批国家备案众创空间。2021年，陕西师范大学的民歌智能计算与服务技术文化和旅游部重点实验室荣获第三批文化和旅游部重点实验室。2021年，由陕旅集团、蚂蚁科技集团联合发起的陕西文化旅游数字产业平台成立。该平台正逐步完成陕西境内文博、文化、旅游等实体资产的数字化，完成文旅资源上链、确权、运营、开发、交易等全供应链保护。2021年，中国电子西部数字经济产业基地落户西安西咸新区，重点发展数字经济，着重布局人工智能、大数据、云计算、云游戏等研发及应用产业。

（六）完善政策法规体系，优化文化科技创新创业环境

陕西以文化科技创新发展为切入点，加强对文化产业园区的规范化建设，从政策和资金上支持各级文化产业园区基地资源整合、环境优化、机制完善和服务升级。省级文化产业发展专项资金对新认定的国家级文化产业基地（园区）、新认定的省级文化产业"十百千"示范园区和新认定的省级文化和科技融合示范基地（集聚类）分别给予200万元和100万元奖励。2020年11月，陕西省科技厅、省委宣传部等部门印发《陕西省关于

促进文化和科技深度融合的实施意见》提出，全面提升陕西文化科技创新能力，加快建设省级文化和科技融合示范基地，培育壮大文化科技融合领军企业，完善文化科技创新体系。[①] 2022 年 8 月，《陕西省打造万亿级文化旅游产业实施意见（2021~2025 年）》提出，壮大市场主体规模，培育一批平台型、科技型企业集团。实施文化领军企业"腾飞"行动，一批"独角兽"和"小巨人"文化企业茁壮成长。西安先后出台了《文化产业发展的若干政策》《建设"丝路文化高地"行动计划》《文化产业倍增计划》《文化与科技、旅游、金融融合发展实施方案》等政策措施。市级财政设立每年 1 亿元的文化产业发展专项资金和 5 亿元的西安市文化产业发展基金，并建立重点文化科技企业上市库。环球印务等两家企业 A 股上市，荣信教育、易点天下等 8 家企业挂牌新三板，陕西旅游等新三板挂牌企业也正酝酿冲刺 A 股上市，易点天下是西北首家"独角兽"企业。曲江新区印发的《曲江新区促进数字经济高质量发展若干措施》《西安曲江新区促进文化产业高质量发展若干措施》等政策从数字经济企业培育、科技平台建设、文化科技融合等多个方面对企业给予支持，鼓励文化科技加速发展。曲江新区已将文化产业发展专项资金增加至 3 亿元。数字文化产业已成为秦创原总窗口建设新赛道，将实现数字文化产业创新链与产业链"两链融合"。

三 陕西文化科技融合创新发展面临的问题

陕西文化科技创新融合还存在一些短板和弱项，主要表现在以下几个方面。

（一）文化科技研发创新能力依旧薄弱

尽管陕西文化科技研发创新能力有所增强，但文化科技创新仅限于少部

---

① 《陕西省科学技术厅等六部门印发〈陕西省关于促进文化和科技深度融合的实施意见〉的通知》，http://www.shaanxi.gov.cn/zfxxgk/zcwjk/szfbm_ 14999/qtwj_ 15009/202208/t20220817_ 2246495.html，最后访问日期：2023 年 10 月 1 日。

分门类，属于分散创新阶段。由于文化科技创新投入、研发、转化和产出的周期较长，陕西文化科技融合创新跨行业、跨部门、跨领域的多项协同创新能力依旧不强，文化技术装备和软件研发的生产能力依旧偏低。从具体数据上看，文化制造业新产品开发项目数增长速度缓慢，2021 年仅为 2013 年的 2.86 倍。作为文化科教大省，陕西具有较强的文化、教育、科技资源优势，但数字文化产业发展还有待深入，数字文化产品潜在市场大，各方面条件仍需完善，产业发展的机遇和挑战并存。

（二）文化科技创新要素集聚欠缺

科技、人才和金融是创新创业活动中最活跃的要素，是文化科技融合创新的动力。陕西科技、人才和金融要素的集聚度整体偏低，技术能力佳、高成长型、文化科技型企业和"独角兽"企业数量太少。大多数文化产业园区基地的文化科技创新主体力量不足，文化企业提升产品和服务体验的技术开发能力较弱。由于关键技术领域的创新能力不强，文化企业拥有的自主技术较少，文化企业科研技术创新能力和关联性创新创业服务竞争力依旧不强。数字技术人才短缺不仅涉及文艺演出、民间艺术等传统行业，也涉及新兴文化产业。以大学生为重点的青年创新创业群体数量明显不足，文化科技创新中介、文化科技服务组织较少，文化科技创新项目的创新程度依旧不足。文化金融产品种类较少，产品体系不完善，不能为文化科技创新提供更好的金融支撑作用。

（三）文化科技创新政策尚不健全

由于文化和科技分属不同管理系统，文化和科技创新具有高投入、高风险等特点，文化科技企业一般被认定为高新技术企业，对于企业的管理模式一般遵循传统科技企业，一定程度上制约了企业开展文化和科技融合的积极性、主动性。陕西文化产业创新创业孵化条件和配套设施依旧滞后，文化与科技融合的统筹协调机制和激励扶持政策还有待完善。多数文化产业孵化器是由政府出资设立，运营经费和服务项目较容易获得，但此类孵化器可持续发展和文化科技创新动力严重不足，致使文化科技成果应用及推广较为困难，对优质创新创业资源的吸引力稍显不足。文化科技金融配套支持政策还不够健全，在项目孵化、人才培训、团队建设、项目库与人才库建设等方面的工作较为滞后，特别是对一些初创型科技企业来说，获得风险投资的机会比较少。

（四）文化科技创新生态体系建设任重道远

目前陕西文化科技创新生态体系建设主要集中在孵化器这一阶段。针对高层次文化科技人才、大学生和留学归国人员开展的文化科技创新创业团队项目辅导和创业实践不足，针对高成长型文化企业的资本运作、国际合作、上市并购辅导的经验不足，对文化产业服务的加速器建设不足。由于对于文化产业园区的支持力度偏弱、保障力度不足，不能有效调动文化企业的积极性，文化科技创新生态体系建设任重而道远。

四　提升陕西文化科技融合创新能力的对策建议

在中国式现代化建设进程中，陕西应立足创新，充分发挥市场在资源配置中的决定性作用，激发市场主体参与文化科技融合的动力与活力，探索文化与科技融合新模式、新机制和新方式，构建文化科技融合创新发展的体系，争取吸纳更多资源和机会，为陕西文化产业高质量发展提供有力支撑。

（一）夯实产业发展底座，培育文化科技融合创新载体

聚焦文化科技融合领域研发创新，着重关键技术研发和文化装备及产品技术水平提升，引进和培育文化科技融合领军企业，加快国家级、省级文化和科技融合示范基地建设。

加大文化科技融合领军企业培育力度。支持大数据、云计算、5G等数字技术在文化前沿领域的集成应用与创新。大力支持科技型文化企业发展，可以在研发投入后补助、研发费用加计扣除等方面给予补助和倾斜。鼓励科技企业与文化企业开展深度合作交流，建议文化企业申报高新技术企业、创

新企业，加强科技特派员对文化科技型企业的技术支持。以技术创新推动陕西文化产品创新、模式创新、业态创新。培育行业领军企业，培育龙头企业、领军企业，带动中小企业发展。

加快文化科技融合示范基地建设。打造高能级创新平台，加速科技创新资源集聚。加快文化产业园区创业孵化基地空间建设，按照《陕西省文化和科技融合示范基地认定管理办法（试行）》，为更多文化企业提供更加舒适的创业孵化环境及全链条、一站式的创业服务。鼓励和支持园区基地围绕产业链部署创新链、围绕创新链布局产业链，有效发挥产业集群效应。围绕新闻出版、广播影视、文化艺术、创意设计、文化旅游等方向，重点建设若干能够聚集一批文化科技融合相关要素和企业，为文化和科技融合发展提供相应基础设施保障和公共服务的聚集类基地。依托文化和科技融合领域优势单位，建设若干在本领域具有核心竞争力的单体类基地。

（二）加快文化数字化进程，培育数字文化产业新业态

聚焦文化科技成果应用及推广，全面贯彻落实国家文化数字化战略，推进公共文化服务数字化进程，实现文化科技融合新业态发展。

提升陕西文化数字化水平，提升文化数字化生产能力，形成特色鲜明、覆盖面广的优秀文化数字资源库，推动陕西优秀传统文化资源数字化，丰富文化产业创作供给库。加快发展数字文化产业，适应数字化传播新特征和新模式，创作丰富、多元的优质文化产品。加强陕西文化数字化原创能力建设，培育塑造一批特色鲜明的优秀原创 IP，形成陕西特色数字文化品牌。加强文化产品版权运用及推广，提升文化产品品牌价值与文化价值。

推进公共文化服务数字化进程。强化文化基础设施建设，加强分布式硬件与软件系统建设。利用人工智能、大数据、AR/VR 等技术，对陕西文化资源数据信息进行智能提取、关联、分析与理解，建成文化资源数据采集、存储、传输、交易、保护、集成软硬件系统。推进陕西文化数据库建设，全面梳理全省文化资源数据。构建基于算法模型输出的智能化、关联化、可视化的数据要素，对陕西文物、演艺、非遗、名人、历史地理信息等文化数据

进行专题存储展示，形成有机深度的关联融合。以数字技术为支撑，搭建覆盖全省文化馆（站）的陕西公共文化云平台，打造数字化新平台新阵地，扩大公共文化产品的供给范围，打通数字文化惠民服务"最后一公里"。加快农家书屋数字化建设，确保数字公共文化精准配送。推进地面数字电视覆盖网、应急广播体系优化升级，提升超高清电视节目制播保供水平。

加快发展文化科技新业态。强化文化资源数据的开发保护和利用，推动文化资源数据要素高效流通，大力发展非遗云上展览、文化创意、数字视听、动漫等新业态。推动线上演播和线下演出融合发展，多渠道展示推广优秀作品，打造演出新业态，开发包括元宇宙技术应用在内的新的演出体验形式，实现演出从形式到内容的升级优化，推出2~3个数字演艺示范场景。作为整合多种前沿数字科技与社会投资热点的集成领域，元宇宙将实现虚拟世界与现实世界在经济、社交、娱乐以及身份等各层面的交叉融合，这既需要文化从表层、深层到意义结构的全面赋能，也将加速数字文化生态的全景式呈现和创新。

丰富发展陕西文化科技产品体系。充分挖掘黄帝陵、兵马俑、延安宝塔、秦岭、华山等具有陕西特色的地标价值，开发研学旅游、沉浸式体验、3D全息投影等数字文化新产品，通过数字产业化和产业数字化丰富文化产品供给。运用数字化、沉浸式、人工智能技术等现代高科技手段与陕西文化完美对接，进行情景再现、虚拟成像，形成具有陕西文化特色的数字文化产品体系。

（三）完善文化科技创新产业链，壮大文化产业发展规模

聚焦完善文化科技创新产业链，构建文化科技创新体系，加快文化科技创新成果转化，推动文化数字化与其他行业的融合发展。

构建文化科技创新体系。明确企业、科研院所、高校、社会组织等各类创新主体功能定位，培育和壮大文化科技创新主体，加快促进产学研结合、上中下游衔接、大中小企业协同，构建开放高效的创新网络。按照《陕西省文化和科技融合示范基地认定管理办法（试行）》，为更多文化企业提供

更加舒适的创业孵化环境及全链条、一站式的创业服务。通过建立园区项目库、人才库和 IP 信息库，为入驻企业提供"政策—培训—市场—孵化"四位一体的服务，帮助企业打造 IP 形象及衍生品。推进文化科技企业孵化器、众创空间等平台建设，鼓励中小型文化企业向"专、精、特、新"方向发展，培育一批"瞪羚"企业、"独角兽"企业。有效发挥国家级文化和科技融合示范基地、国家自主创新示范区、国家重点实验室优势，打造更多创新创业新高地。

完善文化技术创新产业链。完善从基础研究到关键技术研发、集成应用的一体化创新链条。打造以文化资源数据采集、加工、挖掘和服务为特色的文化数据产业链，构建"文化数字研发—成果转化—数字文化企业培育—数字文化产业发展壮大"的数字文化生态共生机制，形成全要素、全生态的数字文化企业孵化体系。推动文化数字化产业与制造业、现代服务业融合发展，提升产业文化内涵、创意水平与附加价值；推动文化数字化产业与实体经济融合发展，促进数字文化与实体经济高质量发展相融合，创新打造数字文化产业集群。

B.9
陕西文创产品开发调研报告

陕西文创产品开发调研课题组*

摘　要：　陕西文创产品设计开发的迅猛发展体现了中华文化的强大创造力，得益于悠久的陕西历史文化积淀、鲜明的地域特色与文化自觉意识、文旅融合的创造性转化能力。近年来，陕西文创产品的研发理念涵盖了生活与艺术、历史与文化记忆、科技创新、国际交流等视角，较好树立了既具陕西地域特色又兼具包容、开放的陕西文化形象，很好展现了陕西的文化自信。目前，陕西文创产品在开发过程中仍存在不足。开发特色文创产品，提升文创实践品质，讲好陕西文化故事，以文化创造实现文化进步，既要做到返本开新、兼容并蓄，又要充分考虑以下几个方面：第一，找定位抓空白，提升研发能力；第二，打破传统理念，推动协作融合；第三，搭建培育平台，构筑人才高地；第四，关注文化惠民，促成全民推广。

关键词：　文创产品开发　高质量发展　陕西

2022年8月，中共陕西省委宣传部、陕西省文化和旅游厅联合印发《陕西省打造万亿级文化旅游产业实施意见（2021~2025年）》（简称《意见》），指出要丰富文化旅游产品供给，"支持文化文物试点单位开发主题旅游商品和文创产品，办好旅游商品和文创产品创新设计等赛事，推出一批

---

* 课题组组长：胡耀飞；课题组成员：谢宇荣、刘思怡、邱荻。胡耀飞，陕西师范大学历史文化学院副教授，主要研究方向为隋唐五代历史文化；谢宇荣，陕西省社会科学院古籍整理研究所助理研究员，主要研究方向为文化史、文献学；刘思怡，陕西省社会科学院古籍整理研究所研究员，主要研究方向为中国史、陕西地方文献整理；邱荻，陕西省社会科学院古籍整理研究所研究实习员，主要研究方向为中国史、陕西地方文献整理。

知名 IP，打造千种以上文化内涵丰富、适应现代生活需要、符合市场需求的文创产品和旅游商品"。2023 年 12 月，陕西省人民政府办公厅印发《陕西省关于加快文旅产业发展的若干措施》（简称《措施》），指出要发展文化创意产业，扶持文创产品、旅游商品创意研发。《意见》《措施》的发布，为促进陕西文旅深度融合、激发民众文旅消费潜力提供了政策支持。

近年来，得益于悠久的历史文化积淀、鲜明的三秦地域特色与文化自觉意识，文旅融合进入创新性发展和创造性转化的提升期，陕西文化产业的迅猛发展和文创产品的开发成果也日益获得国内外瞩目。

一　陕西文化产业发展和产品开发概况

文化产业是以文化创造力为核心的新兴产业，其行业发展强调的是技术、创意和产业化开发与营销实践。陕西文化产业的发展，有助于构建更好的城市文化形象，同时也为陕西经济社会高质量发展注入力量。近年来，陕西文创尤其是博物馆文创发展势头强劲，引起了人们广泛关注。众多文创产品的开发与营销实绩，都很好地表明了陕西文化产业正处于大有可为的重要战略机遇期。

（一）文旅融合强势推进，陕西文创持续"出圈"

2022 年，陕西省文化和旅游厅印发《陕西省推进旅游商品创意提升工作方案（2022~2025）》，积极引导文旅市场注重提升产品品质、重视商品研发工作。2023 年第 13 个"中国旅游日"，陕西共有 18 件文创产品入选文化和旅游部"中国礼物"名单。其中，"宝塔砚台""红宝"等是延安红色印象的表达，"奇迹系列盲盒"则是动画人物与秦岭四宝元素融合的产物，"社火脸谱"元素的数种产品、"腰鼓酒具"等是陕西民间艺术跨越地域性的文创实践，而"花样盛唐团扇""论语筹令·酒令"等产品则是"大唐IP"的佳作。

近年来，陕西文化产业与旅游业有机结合，在景区、街区、园区、社区及大中小学之间形成循环串联，叠加呈现当地的城市文化特色，更好地构建了城市的文化形象。素有"千年古都"之称的西安，文化产业正以现象级的发展速度向外界展示其独特的历史魅力和文化特色，各类优秀传统文化形象深入人心，并加速走出国门。2023年西安市在八个方面重点工作安排中强调要"着力传承弘扬中华优秀传统文化"。大唐不夜城、碑林历史文化街区、小雁塔历史文化片区、汉长安城未央宫遗址公园等景区、街区、园区的发展及文化项目的提档升级都体现出西安市"文旅深度融合成效明显，对文化遗产保护力度不断加大"。不少博物馆文创实体店还纷纷加入线上营销模式，截至2024年3月20日，陕西历史博物馆天猫旗舰店位列博物馆文创店铺热卖榜第5名，粉丝数达到33.8万，其中该馆出品的唐葡萄花鸟纹香囊挂饰居人气收藏榜第1名。

伴随着文旅市场的热度升级，陕西文创"出圈"产品"热搜"不断，文创花车、不倒翁小姐姐手办等文旅衍生产品具象化地为公众讲述着西安故事。西安碑林博物馆"景云钟雪糕"、兵马俑"俑气雪糕"、陕西历史博物馆"抹茶虎符"、西安博物院"小雁塔巧克力雪糕"等文创雪糕则纷纷成为游客的消暑热门，反映了西安对文化产业带动经济发展的敏锐把握。继皇后玉玺交通卡、虎符交通卡、唐妞交通卡之后推出的折扇交通卡等同样引发了本地市民甚至省外民众的购买热情，体现出城市规划与弘扬优秀传统文化相结合的巧思。

（二）展商推介互动频繁，营商环境继续优化

中商产业研究院2022年的统计数据显示，陕西在业、存续文化相关企业达5801家，居全国首位。[①] 省政府各部门及各市（区）县政府积极搭建展商推介平台，促进各地文化产业交流交易，继续优化营商环境。此外，陕

[①] 《2022年中国文创企业数据分析：陕西文创企业数量最多》，中商情报网，https：//www.askci.com/news/chanye/20220208/1736021744815.shtml，最后访问日期：2024年3月20日。

西省文化产业协会、西安市文化创意产业协会等非营利性社会团体的成立，在培育和服务文化市场主体、推动文化产业发展、促进产业结构优化等方面起到了重要作用。

2023 年 8 月，第十届中国西部文化产业博览会在西安举办，27 个国家和地区、21 个省（区、市）代表团、700 余家文化旅游企业、9800 余名展商参展。文博会期间，现场交易额实现 6000 余万元，29 个重点文旅项目成功签约，总金额达 143.48 亿元，宝鸡、铜川、渭南和汉中四个城市的代表还借力平台推介了各自的文化资源和营商环境，为进一步的招商引资打下基础。8 月 29 日，由陕西省文化和旅游厅主办的"三秦四季 苏陕同心"陕西文旅（江苏）推介会在南京举办，旨在促成进一步深化两地在资源开发、招商引资、宣传推广、客源互送等方面的务实合作。推介会现场展示了"汉中藤编"等 3 个非遗项目以及 6 家文化企业产品。9 月，在天津举办的第十三届中国旅游产业博览会上，设置有"非遗文创"展区，西安、宝鸡、咸阳、渭南、延安、榆林、陕旅集团、陕文投等 20 家陕西文旅单位和旅游商品企业参展，展示销售非遗商品、文创产品、旅游商品等 60 余种。

陕西文旅频繁搭台，产业经济也好戏不断。展商推介活动频次加大，激发了文化产业发展的活力，而线上+线下结合的展出方式则在极大程度上实现了文化影响力外扩及产品销量增长。2023 年第二届苏陕非遗消费年暨苏陕非遗文创产品联展联销活动中，还开通了线上直播环节和依托支付宝搭建的非遗商品和文创产品的展销活动，让苏陕两地的非物质文化遗产进一步走入日常生活，在推进苏陕协作高质量发展中实现携手并进、互利共赢。

各地多部门为提升域内文化产业活力，也纷纷推出文化创意集市。为多途径满足大众对文创产品的消费需求，不少文旅单位和文化企业也积极参与线下文创展会和创意集市，还频繁亮相于"云展会"中。同时，在线下实体店之外，也开通了线上直播和销售渠道等，为公众全方位、多角度了解陕西文化打开了新思路。

（三）跨界 IP 借力合作，媒体宣传力度加大

2023 年全国文化创意产品推介活动评选产生了"第二届全国文博百强文创产品单位"，西安博物院、宝鸡青铜器博物馆、陕西历史博物馆、西安秦砖汉瓦博物馆、西安曲江城墙旅游发展有限公司、西安半坡博物馆、陕西自然博物馆、西安大唐西市博物馆、西安柴窑文化博物馆等 9 家单位位列其中。

百强文创产品单位的诞生基于多个深具陕西特色、颇受公众喜爱的文创 IP 的开发。从诞生年限最久且入选外交部国礼的"秦亲宝贝"，到火遍全国、登上央视春晚的"唐妞"，都是陕西带有文化符号标记的文创产品。近年来，国内首支文化盲盒"遇见长安"大唐 IP、陕西自然博物馆推出的"四宝看世界"文创 IP 旗下的《2022 年恐龙日历》等则是文创产品开发实践的优秀案例。

从诸多优秀 IP 打造成效来看，跨界合作日趋紧密，开发成果日益多样化，媒体宣传力度也在持续加大。设计来源出自陕西自然博物馆古生物研究团队，并由博物馆联合核桃科技共同开发，跨界合作呈现的最终作品《2022 年恐龙日历》，从知识性、功能性、环保性等多个方面体现出了较高水准。陕西本土餐饮品牌陕拾叁与陕西历史博物馆联合推出的"杜虎符"造型的主题饼干"虎虎生风"也被很多游客及网友竞相追捧成为网红产品。

除研发团队跨界合作以外，陕西文创 IP 的"深耕"与"延展"也走出了颇具特色的融合之路。近年来，数个热门文博单位找准定位，结合馆藏资源打造出了多个 IP 项目，如作为国家首批文创产品试点单位的西安博物院大胆对"花月醉雕鞍——大唐金乡县主展"等展览文物进行深度构思和二度创作，开发出了配套的金乡县主系列文创。不少文博单位设计部门也会在深挖陕西文化资源内涵的同时，不断丰富产品品类，如带有节日属性的文创礼盒、定制食品、时尚潮玩等种类，让文化创意真正实现了"看得见、用得着"的设想。

从自身特点出发，近年来陕西文创产品的开发也有一定的创新性发展。由陕西历史博物馆与西安城市一卡通有限责任公司联合推出的"西汉皇后

之玺公交卡"满足了公众"出门见玺（喜）"的美好愿景，是文物与日常生活的碰撞。西安博物院联合中国运动科技品牌匹克推出"文物复活计划"，打造的赛博朋克风格的"唐三彩腾空胡人骑马俑"是文物与艺术的跨界融合之作。此外，还有不少文创产品，在设计过程中涉及了元宇宙概念，运用了数字技术，展现出了科技为文化注能的强大动力。

（四）设计赛道热度攀升，文创人才多样化聚拢

陕西历史的庞大根系和三秦文化的时代价值是陕西文创产品设计和开发的"底气"，同时也是文化创意产业加速驱动和蓬勃发展的"活水"。2023中国特色旅游商品大赛中，陕西斩获 9 金 15 银 12 铜，陕西省文化和旅游厅、西安市文化和旅游局被评为"最佳贡献单位"。

近年来，省内赛事热度不断提升。2023 西安文创产品创新设计大赛以"生态秦岭　创意西安"为主题，围绕城市品牌、秦岭生态 2 个类别，在 20 余所省内外高校师生、设计师及设计企业提交的 300 余件作品中，评选出了60 件获奖作品。8 月，第五届中国西安国际文创产品创新设计大赛以"文化创新、创意赋能、产业升级、融合发展"为主题，从 2100 余件参赛作品中，决出 42 个奖项，并依托赛事服务平台和第十届中国西部文博会，集中配套向公众展示了大赛中的优秀作品和转化成果。

2023 年 5 月，为落实中共中央办公厅、国务院办公厅印发的《关于加强文物保护利用改革的若干意见》和《关于推进实施国家文化数字化战略的意见》，中共陕西省委宣传部、陕西省文物局主办首届"陕西文物数字文创大赛"，以"AI 创作"和"数字文创"为赛道，鼓励心怀创意、想法超前的企业、团队和个人参赛者"以历史文化为核心，以数字化技术为支撑，以创意精神为基础，充分发掘陕西丰富的文物和历史文化资源"，并为参赛者提供免费版权登记和市场转化服务。6 月，"AI 创作"赛道奖项公布，为发掘陕西文创人才、推动文物文化资源创造性转化和创新性发展提供了智力支撑。

文创赛事的举办进一步激发了民众的创新创造活力，吸引和挖掘了大批优秀的创意设计人才，为陕西打造万亿级文旅产业积蓄了力量。不同主题的

创新和赛道设计的多样化，也是创意设计驱动文化传承与创新的主旨体现，为文创人才设计出更多优秀作品并实现成果转化，推动陕西文创从传统迈向前沿、从本土走向国际提供了导向。

二 陕西文创产品开发存在的问题

文旅融合乘风发展，文创产品备受青睐。但是，陕西文创产品的发展与北京、上海等地仍存在一定差距，面临的困难和问题仍须得到重视和解决。

（一）设计创新整体不足，开发力度和产品质量有待提升

文创作品屡次获奖，产品市场不断扩大，创收数据稳步增长，意味着陕西文化产业发展态势较好，同时也彰显出陕西文化的独特魅力。在公众的精神诉求和审美需求整体上得到进一步满足的同时，也应该看到目前陕西文创研发与营销在实践层面存在区域分布不均衡的特点。西安、延安、宝鸡、汉中等城市在文旅、经济资源上占据优势，创新人才向这些地区密集聚拢，而其他城市文化产业发展进程较慢，研发力量则相对薄弱。

2024年，中国博物馆协会组织第五批全国博物馆定级评估工作，以《博物馆定级评估标准》（2019年12月）为评估依据，将"文化创意产品研发与经营"列入评分细则中，体现出活化文物与遗产在博物馆公共文化服务功能实现中的推动作用。陕西历史博物馆、西安博物院、秦始皇兵马俑博物馆等文创"线上+线下"经济模式的常规化发展不仅提升了消费者的购物体验，吸引了潜在的来陕游客，还拓宽了公众进一步了解陕西历史文化、实现公共教育与服务的途径。尽管"网红"博物馆的文创产品已经逐步跳脱出传统旅游纪念商品的框架，不断推陈出新，并注重与地方特色、消费热点的结合，但其余地方性文创产品开发整体滞后，数量众多的中小型文化场馆、文娱场所、景区景点、街区园区等，如陇县博物馆、横渠书院等在文创产品的研发实践上涉足不深，尚未开发出与其文化资源相匹配的文创产品系列。

此外，不少旅游景点展陈销售的文创产品同质化严重，缺乏特色，无法满足公众的精神消费需求。产品研发理念创新度的不足，导致设计行业跟风现象普遍存在，展现的成品缺乏温度、深度、高度，不少"陕西元素"未能得到很好的挖掘和更快地走出陕西、走向国际。同时，文化产业竞争激烈也引发了一些企业在产品开发过程中急功近利的现象，忽视对产品质量的把控，简单粗暴进行元素拼凑，选材用料缺乏环保意识，以次充好造成"一次性"营销，降低了民众的重复购买力，这也使产品反馈在观赏性、功能性、环保性、导向性等方面都经不起考验。

（二）IP 主题延展性不够，成果转化及品牌建设亟须发力

文化创新助推文旅产业高质量融合发展。文创相关企业数量的增长及其营销规模的扩大，目标明晰、规则日益成熟的文创设计赛事的举办，吸引了越来越多文创人才的关注和参与。不过，城市文化形象的构建和文化品牌的塑造还需协同经济发展，将设计创意落地。

目前，陕西文创产品开发仍存在极大的空间，如陕北剪纸、长安泥塑、宁强羌绣、楮皮纸及皮影制作工艺等，具有不可替代的陕西地方特色，但行业内对这些主题鲜明的物质文化元素的开发程度显然远远不足，一些元素由于专业性太强导致设计流于表面，一些设计则止步于开发落地环节，从文创市场份额来看，仍存在设计成果转化率不高的现象。

尽管有不少文创 IP 被公众热捧，但作为一源多用的资源，系列产品种类的开发和文化功能的实现更倾向于依赖实体经济，且具有国际影响力的品牌仍然不多。2020 年，文化和旅游部印发的《关于推动数字文化产业高质量发展的意见》指出，支持文化场馆、文娱场所、景区景点、街区园区开发数字化产品和服务，将创作、生产和传播等向云上拓展。鼓励依托地方特色文化资源，开发具有鲜明区域特点和民族特色的数字文化产品。目前来看，陕西文化产业与影视、动漫、虚拟现实技术、数字出版等门类的结合发展仍存在瓶颈，这也使不少已经初具规模的文创 IP 在"文化+数字""文化+体验"等方面的延展性不够，品牌塑造力后劲不足。

（三）各环节人才蓄力不足，营销模式及推广路径有待更新

陕西文化相关企业和机构在数量上位居全国前列，机构类型也很丰富，文创产品的市场需求量逐年增长。目前，陕西正在聚力打造万亿级文旅产业集群，文创产品产业链的开发和运转极为重要。这就需要不同环节创新型人才持续用力，深入了解消费者心理，精心研发高品质产品，密切关注市场动向，抢先探索推广路径，高效完成精准营销。

虽然近年来政府高位推进文旅融合发展，积极推动文化展销推介活动开展，文创设计赛事也频繁亮相，陕西文化产业各环节专业人才，尤其是青年人才，仍然供不应求。从全国范围来看，一线城市及东部地区经济发达，文化产业发展空间领先陕西，产业人才分布较之陕西，也兼具数量和结构上的双重优势。从本省情况来看，文创人才主要集中在西安、延安、铜川等地，且对周边城市形成了人才"虹吸效应"。

从营销模式来看，虽然线下+线上融合展销手段被热门博物馆积极采用，但线下模式仍是主流，其中场馆、景区等文创购物店仍是创收主体，而街区、社区的实体店数量则较少。部分非营利性场馆的线上销售平台借力社会企业，通过合作方式打响品牌购买力。不过，鉴于场馆运营的综合考量，不少文创产品仅在线上销售，线下反而难觅踪迹。以上两点，都对公众尤其是本地居民的日常文创消费活动的便利性造成了一定的影响。

从推广路径来看，"云展览""云旅游""云创作"等文旅新业态的发展有利于提升陕西文旅产业在全国范围内的竞争优势，集书店、咖啡、展览、文创等模式于一身的复合文化消费空间的打造则促成了一批城市文旅消费新地标的形成。不过，从长远来看，文化产业的实践成就得益于地方传统文化的创新性发展和创造性转化，因此文创运营的文化惠民功能需要有所体现。一度冲上热搜榜的"玉玺""虎符""折扇"等公交卡作为便民惠民的文创产品，在西安长安通支付有限责任公司官网"产品介绍"栏中却未能得到充分展示。西安雁塔文化创意集市、高新阳光天地创意市集等长期或不

定期举办的文化消费活动虽具有极好的推广效果，但文创活动进社区甚至进家庭仍任重道远。

三　陕西文创产品开发的对策

开发特色文创产品，提升文创实践品质，讲好陕西文化故事，既要做到返本开新、兼容并蓄，又要充分考虑本土特色和现实需求。

（一）找定位抓空白，提升研发能力

在当今城市文化形象塑造的黄金期，把握好陕西得天独厚的历史文化资源和地方特色，找准市场定位，抓住创意空白，提升研发能力，是产业发展核心竞争力的体现。

在前期佳绩的基础上，立足城市文化和地方特色，自主研发一批个性鲜明的原创产品，精心培育一批受人喜爱的知名IP。聚焦黄河文化、秦岭文化等重大题材，从沿线风俗人情、自然环境、人文历史、乡土特色等方面提取创意因子。关注中医药古籍、陕西文学形象等热点题材，依托公共图书馆馆藏典籍、保护修复成果、地方特色文化等，深入挖掘中华优秀传统文化，走稳"文创+典籍"的创新发展之路。针对延安、宝鸡、渭南、铜川等地革命旧址、纪念馆、博物馆等重要场景的红色教育功能，挖掘陕西红色文化资源的价值内涵，重点规划设计符合青少年消费需求的系列文化用品。博物馆、图书馆、纪念馆、文化馆等馆藏单位，继续优化馆藏文物资源的"活化"开发路径，加强与馆外专业设计团队合作，联合推出兼具艺术性与功能性的高品质文创IP产品。深度提炼非遗和特色乡村文化中的陕西元素，秦腔、陕北民歌、华县皮影戏、凤翔木版年画、西秦刺绣等众多非遗技艺、地域特色美食等都是陕西形象的具象要素，培育一批延展性强的创意产品，对推进传统文化创造性转化具有重要意义。

（二）打破传统理念，推动协作融合

在设计理念上，从消费者的切实需求出发，打通多位一体的设计思路。文化消费是人们追求精神满足的方式，将文化创意融入日常生活是发展趋势。文创作品不应仅满足早期旅游商品类型的"纪念"属性，还应观照到"功能"属性，涉足生活日用品、家居用品、礼仪休闲用品、文化体育用品等领域，开发功能型文创产品。构建地方文化形象，深耕文化内涵，融合创新科技，整合资源亮点，必将进一步激发陕西文化创意产业发展的新活力。因此，要打造具有重复购买力和原创优势的文化 IP，就要做精品牌特色，拓宽文创 IP 之路。

积极探索"文创+"的跨界融合新业态，助推本土产业协作迈入新高度。贯彻中省相关文件精神，继续推进文旅融合发展之路，发挥文创赋能城市发展、文创赋能乡村振兴的优势作用，不断解锁多元化的文旅融合模式。科技助力文化产业发展，将数字技术、互联网技术、现代信息技术等融入文创开发的全过程中，既释放了人们尤其是新时代年轻人的消费潜力，又延伸了文化产业链，加快了文化产业数字化进程。

（三）搭建培育平台，构筑人才高地

文化产业的迅猛发展创造了大量的就业岗位，也促成了人员结构的优化。其中，文创人才需要具备专业性和高度创新能力，培育、引进、壮大人才力量，对推动文创人才队伍建设至关重要。

培育产业储备人才，充分利用陕西丰富的高校资源和场馆景区的团队资源，鼓励文创企业与学术机构、科研院校交流合作，研究制定长期合作规划，建立产学研一体的人才培养模式。深挖本土文创人才，通过文创设计大赛、优秀文创产品评选等活动，鼓励创新人才以知识产权、技术要素入股等方式加入企业运营和创业行列中，提升本土企业自主研发能力，推动研发成果转化应用和产业化。加大对国内外优秀人才和团队的引进力度，完善人才引进政策，吸引复合型人才和高层次人才来陕发展，对在陕来陕发展的文化

及相关企业加大政策扶持。

同时，提升产业发展内生力量，还在于激发全民研发热情。推广省图书馆实践方案，围绕馆内资源，定期开展创意互动活动，包括古籍装帧及修复体验、文创产品设计师分享会等，提升公共文化服务水平，激发公众的创意活力。鼓励支持消费者基于个人兴趣和体验需求加入文创设计队伍，利用虚拟现实技术、3D 打印技术等，满足自身对文创产品互动性、个性化、定制化的消费需求。

（四）关注文化惠民，促成全民推广

经由文化挖掘、元素提炼、产品研发、成果转化、营销推广等环节，陕西文创完成了对文化自信的具象化。文化创新要着眼于人民群众的需求，文创实践是公众精神追求的表达，须凸显文化惠民的功能。

从区域整体规划出发，建设更多特色历史文化街区，引导提升街区差异化竞争优势，为文创从业者营造良好的创业氛围，提升区域整体文创实力，形成各地特有的文化魅力。积极拓展地方文化产业链，构建区域内文化夜游经济，点亮群众多彩生活，促进文商融合发展。营建、支持社区内"小、美、精、新"的文化空间载体，促成文创实体店及相关文化场所走出景区、走出场馆、走出大型商厦、走入群众日常生活，切实发挥文创实践文化惠民功能。

创意在理念，更在行动。加大跨地区文旅展销推介活动的组织频次，继续加强主流媒体的宣传推广，积极开展与新媒体的合作，多方位采用网络直播、社交短视频分享等方式，形成创意品牌推广矩阵。线下营销推广全面发力，发挥文创品牌店、体验店、文化场所设置的文创产品专柜或专区等空间载体的文化推广影响力。同时，文化 IP 影响力的持续扩大，离不开群众的地域文化认同和自主推广。"云分享"带活"文创点亮美好生活"等热门话题，"云参观""云体验"实现"文创讲好陕西故事"的情境共鸣，"云购物"则能呈现公开、直观的推广反馈。

B.10
陕西旅游演艺产品现状调查及发展对策[*]

赵立莹　王嘉伟　郑洋^{**}

摘　要： 旅游演艺为游客提供了丰富的文化体验，同时提升了旅游目的地知名度和吸引力。陕西多项旅游演艺产品以历史故事和文化特色为主题，通过精彩的表演和先进的舞台技术，展现了魅力和风采。但陕西在旅游演艺产品研发过程中，对旅游演艺文化内涵认识不足、人才培养和引进机制不健全、宣传推广方式单一等问题仍制约其发展。基于此，本文提出五条旅游演艺产品竞争力提升路径：针对观众需求完善旅游演艺产品发展规划；健全旅游演艺产业人才培养和引进机制；完善行业标准，推进政策法规建设与行业扶持协同并进；强化旅游演艺产品内容和传播渠道创新；拓宽旅游演艺形式，减少产品同质化。

关键词： 旅游演艺　文旅融合　文化传播　特色文化　陕西

　　旅游演艺作为文化演艺与旅游产业融合的新业态，将文化融入旅游消费之中，为文旅产业发展提供了巨大的动能。随着旅游市场升级和消费者需求多元化，旅游演艺也在不断创新和转型，从单纯的"演艺+旅游"向"产业

---

　*　本文系 2024 年度陕西蓝皮书合作研究项目"陕西旅游演艺产品现状调查及对策研究"（项目编号：2023HZ143）阶段性研究成果。

**　赵立莹，西安建筑科技大学教授，主要研究方向为文化旅游产业管理；王嘉伟，西安建筑科技大学研究生，主要研究方向为文化旅游产业管理；郑洋，西安建筑科技大学研究生，主要研究方向为文化旅游产业管理。

融合"发展，以提升旅游目的地品牌价值和竞争力。陕西旅游演艺业在《陕西省"十四五"文化和旅游发展规划》《陕西省打造万亿级文化旅游产业实施意见（2021~2025 年）》指导下，打造了一批地域特色鲜明的旅游演艺产品。本文旨在对陕西旅游演艺产品进行调查分析，为旅游演艺产品存在的问题提供解决思路，助推陕西文化旅游深度融合。

一　陕西旅游演艺发展现状

陕西旅游演艺可以追溯到 1982 年的《仿唐乐舞》，是我国旅游演艺产业的发源地之一。当前旅游演艺产品已成为陕西文化旅游产业的重要组成部分。2023 年上半年，陕西旅游文化产业公司主营业务收入约 4.94 亿元，其中旅游演艺收入为 2.79 亿元，[①] 旅游演艺收入持续增长。总体上，陕西旅游演艺产业在创新、传承、品牌等方面取得了显著成绩，为陕西文化旅游发展做出了积极贡献。

（一）旅游演艺产业蓬勃发展，产品数量不断增多

2023 年陕西三大旅游演艺产品《长恨歌》《驼铃传奇》《延安保育院》入选全国旅游演艺精品名录。这些演出保留了陕西文化的独特性，运用现代演艺的表演风格，形成了陕西文化的新面貌和新风采。《陕西省"十四五"文化和旅游发展规划》提出要"培育演艺精品，推出一批实景演出和驻场演出，因地制宜发展中小型、主题性、特色旅游类演艺项目"。[②] 陕西旅游演艺产品涵盖实景演出、剧场演出、主题公园等多种形式，展现了陕西历史文化、民族风情、自然景观等多方面的魅力（主要产品见表 1）。

[①]《陕西旅游文化产业公司 2023 半年度报告》，陕西旅游文化产业股份有限公司，http://www.sxtourism.com/Investor/709.html。

[②]《陕西省"十四五"文化和旅游发展规划》，陕西省文化和旅游厅，http://whhlyt.shaanxi.gov.cn/content/content.html。

表1 陕西部分大型旅游演艺项目

序号	演艺产品	类型	首演时间	演出地点
1	《长恨歌》	实景演出	2006年	西安华清宫景区
2	《驼铃传奇》	剧场演出	2017年	西安华夏文旅大剧院
3	《延安保育院》	剧场演出	2012年	金延安文化旅游产业园
4	《12·12》	剧场演出	2016年	西安华清宫景区
5	《西安千古情》	主题公园	2020年	西安世博园
6	《出师表》	主题公园	2016年	汉中诸葛古镇景区
7	《梦长安》	实景演出	2015年	西安市永宁门景区
8	《黄河大合唱》	实景演出	2017年	壶口瀑布景区
9	《大唐女皇》	剧院演出	2016年	西安唐乐宫
10	《法门往事》	剧院演出	2017年	扶风法门寺景区
11	《二虎守长安》	实景演出	2016年	西安白鹿原影视城
12	《黑娃演艺》	剧场演出	2017年	西安白鹿原影视城
13	《延安保卫战》	实景演出	2016年	延安市宝塔区
14	《复活的军团》	剧场演出	2018年	西安市临潼区大秦剧场
15	《汉颂》	剧场演出	2019年	汉中市兴汉胜境景区
16	《大唐追梦》	实景演出	2019年	西安市大唐芙蓉园
17	《梦回大唐》	剧场演出	2019年	西安市大唐芙蓉园
18	《秦汉风云》	主题公园	2018年	泾阳县乐华欢乐世界
19	《永远的长征》	剧场演出	2018年	延安大剧院
20	《天汉传奇》	剧场演出	2018年	汉中市兴汉胜境景区

近年来，陕西旅游演艺产业规模持续壮大，不断推出新项目，加强基础设施建设，培养专业人才和品牌影响力，实现了经济效益和社会效益双提升。陕西旅游演艺产品的市场规模在近年来呈现快速增长的态势，主要受到以下几个因素的推动：旅游业的发展为旅游演艺产业提供了客源和需求；文化产业的发展为旅游演艺产业提供了丰富的资源和支持；政府的扶持为旅游演艺产业提供了优惠的政策和环境；旅游演艺产业创新为旅游演艺产品提供了多元化和高质量的产品和服务。

（二）旅游演艺讲述陕西故事，文化传播效果显著

陕西旅游演艺产业通过将本省的历史文化资源转化为具有艺术价值和市

场价值的优秀演出，有效提升了陕西文化的知名度和影响力。以科技创新为手段，涌现了一大批体现陕西特色地方文化的优秀产品，如《再回延安》《驼铃传奇》等优秀旅游演艺产品。这些产品不仅运用投影映射、AR 等先进技术，也结合了现场互动、多媒体展示等现代理念，为游客提供了全新的视觉感受和互动方式。这些产品在展示陕西旅游演艺产业科技实力的同时，也展示了陕西的文化创意，体现了陕西对文化形式和内容的创新和探索。陕西旅游演艺产业通过将历史文化资源以生动而精彩的方式呈现给观众，有效弘扬了陕西文化的精神和价值。这些演出不仅反映了陕西地域特色、历史风貌和民族风情，也反映了陕西人民勇敢、刚毅、创新的精神特质。

在旅游需求市场的刺激下，陕西将一些以游客为导向的地方表演艺术作品整合进旅游业中，在平衡旅游产业季节性效应的同时使当地经济得以持续发展。部分旅游演艺产品将旅游演艺与景区的其他产品打包，为游客提供愉悦的、体验性的旅游感受。《再回延安》充分运用游客前往延安学习红色文化的导向作用，以延安革命历史为背景，结合历史真实和艺术虚构，展现了红色文化的魅力和精神。其舞台设计充分利用了空间和视觉效果，营造了独特的文化氛围。采取了沉浸式观演方式，不同于传统的镜框式的"坐着看"，而是采用了行进式的"走着看"的方式。《再回延安》通过举办首演、红色文化论坛、红色旅游推介会等文化活动，在提升剧目知名度和影响力的同时，与周边的红色景区、酒店、餐饮等形成了旅游集群，实现了文化与旅游的互动发展。

西安《梦长安》旅游演艺以盛唐礼仪文化为主题，通过现代声、光、电等技术与古城墙实景相结合，再现了唐朝的繁荣与开放，也展示了西安作为丝绸之路起点的国际化风貌。作为一种行进式、体验式、沉浸式的观演方式，《梦长安》充分利用城墙的历史价值和文化内涵，通过打造独特的演出场景和氛围，让观众在参与中感受盛唐文化的氛围和情趣，它不仅展现了西安的历史底蕴和文化魅力，也为西安树立了独特文化品牌和形象，提高了西安在国内外的知名度和美誉度。据统计，自开演以来，《梦长安》旅游演艺已经接待了超过 100 个国家和地区的外国友人。

（三）旅游演艺品牌化建设相对完善，知名度较高

陕西旅游演艺产品本身具备较高的品牌影响力。《长恨歌》演艺项目作为特色品牌化建设较早的旅游演艺产品，已成为游客赴陕旅游的重要吸引物之一。《长恨歌》这类演艺产品以一种相对独立的业态与旅游业产生互动。基于陕西的特色文化遗产以及景区自然风貌，以《长恨歌》为代表的旅游演艺产品2007年起就开启了探索演艺产品品牌化建设的进程。《长恨歌》在2022年12月至2023年2月期间，共演出133场，接待购票观众32.22万人，实现经营收入6636万元。《长恨歌》以唐代著名诗人白居易的同名长篇叙事诗为创作素材，深入结合西安华清宫的历史文化资源，打造了具有浓厚地域特色和文化内涵的演出品牌。"旅游资源+文化创意+科技演绎"成就了《长恨歌》这一旅游文化创意精品。在市场营销方面，《长恨歌》同样抓住了网络平台和社交媒体所提供的机会，通过视频和短视频的传播，构造独特的《长恨歌》IP，吸引了大量年轻消费者的关注和参与。《长恨歌》还通过举办唐宫灯会、七夕情人节等文化活动，打造了特色鲜明的西安旅游新形象，并推出特惠文旅产品，拓展了市场渠道和客源群体。

（四）文化惠民与大众消费协同并进，增强人民幸福感

陕西在"全民演艺"建设模式中探索较早，通过将旅游目的地营造成为全民演艺的舞台，借助特色文化场景中的歌舞演艺，在大力宣扬地域文化内涵的同时，提升特定地域的经济效益。西安"大唐不夜城"不仅营造出了地域文化氛围，而且借助特定的历史文化街区，使游客在参与庆祝、狂欢、表演的同时，观赏到真正的"大唐文化"。

2023年，西安"大唐不夜城"日均客流量达到了30万人次。大唐不夜城旅游演艺作为陕西较早开展的非营利性表演，主要通过从地方政府、基金会和公司获得的捐赠支持来开展艺术表演活动，带来了当地游客数量的增加，演艺的大众化给游客带来了更高的参与度和更好的体验性。大唐

不夜城利用西安的历史文化底蕴,以唐代建筑风格和文化元素为主线,打造沉浸式的夜游体验。街区内设有大雁塔、群英谱雕像、贞观广场等景观节点,以及西安音乐厅、陕西大剧院、西安美术馆等文化场馆,展示了盛唐的风貌和艺术。此外,街区还引入了声光电等高科技手段,增加了互动体验装置,让游客感受到唐代的繁华和魅力。以大唐不夜城为首的陕西全民参与演艺产品不再以剧目形式呈现,而是将游客纳入生产者范畴中,让游客在一种陌生的文化氛围中,体验陕西特色文化的价值观和精神。大唐不夜城在商业布局上,形成了"一轴、两市、三核、四区、五内街"的总体结构,打造了分型定制的城市级商业中心,满足了不同消费者的需求。

基于传承和弘扬本省优秀历史文化与提升人民幸福感的目的,陕西通过举办优惠活动和公益演出,让居民能够以优惠的价格享受到优秀的旅游演艺产品和服务。以《西安千古情》《长恨歌》为首的旅游演艺产品推出的惠民策略,让更多本省居民与在校学生能够了解和学习陕西优秀历史文化和民俗文化,在增强文化自信的同时推动了特色文化传播。陕西文旅惠民平台推出"惠文化、惠旅游、惠生活"演出季促销活动,将所有纳入演出季的项目实施门票最低4折的优惠政策。陕西进一步加大文化惠民补助力度,通过展现本省历史文化和民俗风情,为人民群众提供多样化和高品质的文化消费选择,满足人民群众对于高品质精神文化的需求和追求。

二 陕西旅游演艺存在的短板

当前,陕西旅游演艺产品市场竞争非常激烈,不仅面临来自其他省份和地区的旅游演艺产品的竞争,还面临来自其他类型和形式的文化旅游产品的竞争。这些竞品往往具有更强的品牌影响力、更广的市场覆盖、更高的技术水平、更低的成本价格等优势,给陕西旅游演艺产品带来了巨大的压力和挑战。

（一）旅游演艺产品起步较早，但提升空间仍然很大

陕西旅游演艺产品开发主要是以市场需求为导向，市场需求的保守和跟风现象降低了陕西旅游演艺产品在开发过程中的主动性和前瞻性，在竞争中无法充分展现自身优势和特色。市场需求动态变化，观众对旅游演艺产品的喜好也会随之变化。这些因素导致旅游演艺产品特色突出不明显，较难适应消费者多元化、个性化、体验化需求。

陕西旅游演艺产品的客户需求相对多变和复杂，不仅受到客户个性化、多样化、差异化等因素的影响，还受到社会环境、经济状况、文化氛围等因素的影响。陕西旅游演艺产品的客户不仅包括不同年龄、性别、教育、收入等层次和背景的人群，还包括不同地域、民族、宗教等特征和习惯的人群。这些客户对于旅游演艺产品的需求和期望也不尽相同，一部分客户追求旅游演艺产品的娱乐性和趣味性，一部分客户追求其知识性和教育性，还有一些客户则追求其情感性和体验性等。这些需求和期望会随着时间和情境而变化，多变的客户需求给陕西旅游演艺产品带来了更高的适应性和灵活性要求。

陕西旅游演艺产品的定价策略应当充分适应市场需求、竞争环境、成本收益等因素，从而推动产品销售和利润的提升。部分旅游演艺产品价格相对较高，超出了部分观众的承受能力和支付意愿。同时，对旅游演艺产品服务质量进行改善，不仅能使旅游演艺产品给观众带来观看与享受的正面影响，还能增加观众对产品的好感，提升观众忠诚度。这些服务质量主要包括前期的预订、购票、咨询等服务，中期的接待、引导、安全等服务，后期的反馈、评价、售后等服务。

（二）旅游演艺人才培养和引进机制有待健全

对陕西旅游演艺产品的人才资源进行挖掘，有利于形成旅游演艺产品开发和运营的专业化人才队伍。旅游演艺产品的开发需要专业的编剧、导演、

演员、舞美、灯光等人员，这些旅游演艺相关人员部分则需要从外地进行借调或聘请。因此，完善旅游演艺人才培养与引进机制已成为旅游演艺产品健康发展的关键。企业通过完善有效的薪酬、福利、职业发展等方面的激励措施，能够更好地吸引与留住演艺优秀人才。此外，由于陕西旅游演艺教育培训体系相对薄弱，部分高校和职业院校针对旅游演艺产品的专业设置和课程开发相对较少。因此，应当着力完善适应市场需求的高素质人才培养体系，从而推动旅游演艺产品健康发展。

（三）旅游演艺产品宣传推广方式相对单一

旅游演艺产品应当利用新媒体等网络平台进行宣传推广，提升产品的影响力和知名度。目前，陕西旅游演艺产品的宣传推广主要依靠传统的媒体和渠道，如电视、报纸、杂志、海报、传单等。传统的大众传媒信息量有限，不能充分展示陕西旅游演艺产品的内容和特色，而公共空间所投放的海报、传单等渠道的信息也存在传播质量相对较低的问题，不能有效吸引观众的注意和兴趣。旅游演艺产品的宣传推广需要注重针对性和互动性，利用新媒体等社交媒体等平台与游客进行有效互动和沟通。同时，企业在宣传推广方面扩大媒体选择，能够覆盖到更多的目标市场和客户群体，推动产品供给与需求相匹配。

旅游演艺产品应当根据不同目标市场、消费群体、季节等因素进行差异化、个性化的宣传推广，从而吸引和留住消费者。部分旅游演艺产品在宣传推广方面的评估和反馈机制相对薄弱，难以及时调整和优化宣传推广方案，导致这类旅游演艺产品宣传推广效果不显著。另外，部分旅游演艺产品企业在宣传推广方面的资金投入不足，导致产品本身无法承担高昂的广告费用和宣传费用，同时减少了具有新媒体宣传技能人才的引进机会。在缺乏专业的宣传推广团队和人才的情况下，也导致了宣传效率的降低。

（四）旅游演艺产品存在同质化

旅游演艺产品大多以历史文化为主题，通过创新与差异化战略能够减少旅游演艺产品之间的同质化，推动其形成自身的特色和优势。陕西部分经典旅游演艺产品以秦汉唐等历史时期为背景，虽然各有侧重点和表现手法，但在内容上存在一定的重合度。旅游演艺产品不能仅对历史文化元素进行拼凑，而是要着重突出自身的创意和风格。过多以秦汉唐历史事件为背景的演艺产品，在一定程度上导致了故事背景、演出风格上的雷同。因此，陕西旅游演艺产品应当深度挖掘地域文化、民俗文化等资源，体现文化的多样性和包容性。此外，陕西旅游演艺产品地域分布相对不均衡，存在关中地区旅游演艺产品较多，陕北和陕南地区旅游演艺产品较少的问题。因此，深度开发陕北与陕南的特色文化，更能展示陕西旅游演艺产品的多样性。

陕西旅游演艺产品的品牌形象应当具有鲜明的特征和优势。部分旅游演艺产品的名称、标志等较少体现陕西的地域特色和文化内涵，产品的创意和差异化不明显。同时，由于一部分旅游演艺产品的故事、内容等未能突出产品的主题和价值，只运用了一些平淡的情节和角色，也降低了这部分旅游演艺产品的影响力和吸引力。

三 提升陕西旅游演艺产品竞争力的建议

基于陕西旅游演艺产品存在的短板，本文立足现实发展需要，从多角度提出提升陕西旅游演艺产品竞争力的对策建议，以响应国家"以文促旅，以旅彰文"的号召。

（一）针对观众需求完善旅游演艺产品发展规划

旅游演艺产品需要加强对旅游演艺市场的调研和分析，了解不同类型、层次需求的游客的喜好，以及不同地区、季节和节日的市场特点，从而制定更符合市场需求的经营策略。在旅游演艺项目的运营管理方面，应当根据旅游演艺市场动态竞争情况，选择合适的经营模式和营销策略，优化产品结构和布局，使旅游演艺项目具有灵活性、持续性，满足消费者的购买和消费需求。优化旅游演艺产品的结构和布局，增加自然风光类和现代娱乐类等类型的旅游演艺产品，平衡历史文化类和民俗风情类等类型的旅游演艺产品，合理分配旅游演艺产品在不同地区、季节和节日的数量和质量。旅游演艺产品的供给应该具有创新性和差异化，突出自身的特色和优势，形成品牌效应，从而吸引更多游客。此外，应当根据旅游演艺产品的需求、标准、规范等要求，选择合适的建筑风格、设施设备，使旅游演艺项目美观性与舒适性并存，满足观众的观赏体验和需求。

旅游演艺是文化旅游深度融合发展的重要领域，需要有明确的发展目标、方向和路径，以及相应的政策支持和引导。因此，需要制定旅游演艺产业的发展规划和政策指导，明确旅游演艺产业的定位、功能、特色、优势等，制定旅游演艺产业的发展战略。各级文旅部门应当依据《陕西省打造万亿级文化旅游产业实施意见（2021～2025年）》的指导，明确旅游演艺项目的发展规划，根据旅游演艺产品的类型、内容、形式等特点，充分利用当地的自然环境、人文环境，使旅游演艺项目与周边的文化遗产与民俗风情等资源相协调，形成文旅深度融合和产业协调发展的效果。

（二）完善行业标准，推进政策法规建设与行业扶持协同并进

制定与完善专门针对旅游演艺产业的法律法规文件，对旅游演艺产业的发展方向、目标、任务等基本要求进行规范，并保障旅游演艺产业的合法权益和正常秩序。一是建立统一的旅游演艺行业标准和监管机制，制定旅游演艺产品内容审查、质量评估、安全管理等方面的行业标准和规范，建立旅游演艺产品登记备案、许可证核发、市场监督等方面的监管体系和流程，以保障旅游演艺产品的质量和安全，维护旅游演艺市场的秩序和公平。二是建立旅游演艺产业的监管和执法机制，明确旅游演艺产业的监管部门、职责、权限等基本内容，并完善旅游演艺项目的审批、备案、检查、评价制度，加强对旅游演艺项目的安全质量、市场准入、消费维权等方面的监督管理，通过及时查处违法违规行为，维护市场公平竞争，保证行业整体质量。

加大旅游演艺产品扶持力度与放宽行业准入，贯彻落实《"十四五"文

化发展规划》，延续旅游演艺产业的财政支持和税收优惠，明确旅游演艺产业的财政投入、资金来源、资金使用等基本内容，通过建立旅游演艺项目的财政补贴、贷款贴息、风险补偿制度，降低旅游演艺项目的成本和风险。旅游演艺产业作为涉及多个主体和利益相关方的协作性产业，需要由政府统一指导，以促进旅游演艺行业的自律和协调，提高旅游演艺行业的影响力和竞争力。通过明确社会资本参与旅游演艺产业的条件、方式、程序等基本内容，建立旅游演艺项目的招标投标、合作共建、特许经营制度，从而吸引国内外优秀的文化企业和创意团队参与旅游演艺项目的开发和管理，提高旅游演艺项目的市场化水平和国际化水平。

（三）强化旅游演艺产品内容和传播渠道创新

大力加强旅游演艺产品的品牌建设和形象塑造。旅游演艺产品的宣传推广需要有鲜明的品牌和形象，以提高旅游演艺产品的知名度和美誉度，吸引更多的游客。因此，各级文旅部门应当加强对旅游演艺产品的市场调研和分析，通过大数据了解消费者需求和喜好，从而制定差异化旅游演艺产品策略。通过加强对旅游演艺产品内容创意和形式创新，结合陕西历史文化、民俗风情、自然风光等资源，同时运用现代科技和艺术手段，提高旅游演艺产品的观赏性和互动性，打造具有陕西特色的旅游演艺品牌和形象。

利用多种媒体和渠道进行宣传推广。旅游演艺产品的宣传推广需要利用多种媒体和渠道，以扩大旅游演艺产品的覆盖面和影响力，增加旅游演艺产品曝光度和关注度。应当基于当前新媒体、网络平台等手段，加强对旅游演艺产品的宣传推广和口碑传播。一方面，利用微信、微博、抖音等社交媒体平台，发布旅游演艺产品的介绍、预告和花絮，吸引用户的关注和转发；另一方面，利用新媒体收集旅游演艺产品的市场需求和反馈意见。通过网络直播、社交平台、短视频等方式，增加消费者对旅游演艺产品的兴趣和忠诚度，同时通过优惠券、抽奖活动、会员制度等方式，增加消费者对旅游演艺产品的参与度和分享度。此外，应当建立旅游演艺产品与旅行社、酒店的合作机制，拓展旅游演艺产品市场渠道和客源群体，利用第三方平台的推荐和引导，将旅游演艺产品纳入旅游线路和套餐中，将旅游演艺产品作为住宿和观光的附加服务。

（四）拓宽旅游演艺形式，减少产品同质化

结合陕西的历史文化特色和地域特色，开发一批具有文化内涵和创意元素的旅游演艺产品，打造一批具有品牌效应和口碑效应的旅游演艺项目。通过对历史文化 IP 进行深度挖掘和多元解读，建立一批能展现地域文化特色的精品项目。以精品项目为龙头，拉动地域旅游演艺产品发展。如咸阳依托"秦文化"，深入构建《秦时明月照咸阳》节目，运用现代科技手段赋予"秦文化"独特的文化阐释，将千年前的秦王宫映入现实。同时，咸阳还计划打造《昭陵颂》特色项目，在展现唐代历史文化魅力的同时，注入现代创意和活力，打造具有时代感和地域特色的旅游演艺产品。利用陕西独特的地理环境和自然资源，如黄河、渭河、秦岭等，开发一批展示陕西自然美景和生态文明的旅游演艺产品。通过水幕电影、水舞表演等方式，展现黄河和渭河的沧桑变迁，或者通过植物雕塑、花卉展览等方式，展示黄土高原的生机勃勃，让游客充分感受陕西的壮丽景观与悠久历史脉络。

基于陕西多元的民族文化和民俗风情，充分挖掘回族、藏族、苗族等少数民族特色文化，开发一批体现陕西民族色彩和民俗魅力的旅游演艺产品，彰显陕西旅游演艺产业的包容性。此外，均衡陕西旅游演艺产品地域分布，加大对陕北和陕南旅游演艺产品的扶持力度。通过用活、用好陕北红色文化和民歌文化，打造一批红色旅游演艺产品、陕北民歌大舞台等精品项目。同时，通过将陕南蜀汉文化与当地特色山水风景相结合，打造一批高水平的山水实景演出，从而推动陕北、关中、陕南旅游演艺产品的均衡发展。

同时，在演艺产品的开发中充分运用现代科技，为旅游演艺产品增加新颖和创意的元素。一方面，通过现代 VR 技术让游客亲身体验历史场景和文化氛围，通过增强现实将历史人物和场景呈现在观众眼前，让观众仿佛穿越时空，与扮演特定人物的演艺人员进行充分互动交流，让游客感受到旅游演艺产品的科技魅力和创新精神，增加游客的沉浸感和互动感。另一方面，运

用 3D 投影、植光表演等现代演出技术，为彰显传统文化的旅游演艺产品赋予时代特性，让游客感受到旅游演艺产品的艺术魅力和动感氛围，增强旅游演艺产品的吸引力。

（五）健全旅游演艺人才培养和引进机制

建立旅游演艺的人才培养体系，加强与高校、科研机构、行业协会等的合作，培养一批具有专业技能和创新能力的旅游演艺人才。一是加大对旅游演艺专业的支持力度，在高校与职业院校中开设与旅游演艺相关的课程和实践，培养学生的理论知识和实践技能。此外，还应当布局旅游演艺人才的合作网络，推动国内优秀的文化机构和创意平台参与陕西省旅游演艺市场的拓展和推广。二是建立旅游演艺研究中心，通过开展旅游演艺相关的科研项目和成果，推动国内外优秀的文化学者和创意人士参与陕西省旅游演艺产品的研究和创作，催生、培养一批新型节目及人才。三是完善旅游演艺行业协会制度，开展旅游演艺相关的培训和考核，培养从业者的专业素养和服务水平。

建立可持续的旅游演艺产业人才激励机制。加强对旅游演艺人才的待遇、发展、保障等方面的有效激励，吸引一批优秀的旅游演艺人才。推进旅游演艺人才的待遇制度建设，明确旅游演艺人才的工资、奖金、福利，提高旅游演艺人才的收入水平和生活质量。完善旅游演艺人才的成长路径，明确旅游演艺人才的职称、职务、职责等内容，为旅游演艺人才提供良好的晋升空间和发展机会。完善旅游演艺人才的保障制度，通过明确旅游演艺人才社会保险、医疗保健、安全防护，保障旅游演艺人才身心健康。

公共文化篇

B.11

陕西公益电影标准化放映研究报告

杨艳伶*

摘　要： 自咸阳和延安两市于2006年被选定为农村电影改革发展暨数字化放映试点以来，陕西依照国家倡导的"市场运作、企业经营、政府购买、群众受惠"的农村电影发展思路，同时参照全国先进试点和先进模式，不断探索符合本省实际的公益电影标准化放映模式和服务体系，推动公益电影这项民生工程真正惠及广大人民群众。本报告从梳理陕西公益电影标准化放映现状入手，分析了陕西公益电影标准化放映存在的"放管服"改革依然任重道远、补贴资金无法足额及时到位、放映员素质偏低、放映设备老化、影片内容和质量不够丰富上乘、社区广场电影放映重视程度不够、公益电影放映品牌尚未真正形成等问题，从进一步理顺体制机制、构建完善效能评估体系、推动供给侧与需求侧更好对接、打造特色"公益电影+"品牌、培育具备市场生存能力的农村影院、扩大放映活动覆盖范围等维度，提出了推动陕西公益电影标准化放映提质增效

---

* 杨艳伶，文学博士，陕西省社会科学院文化与历史研究所副研究员，主要研究方向为文化产业、少数民族文学、地域文化。

的方法与路径。

关键词： 公益电影 标准化放映 供给侧改革 提质增效 陕西

如果说承载时代精神、人文价值以及家国情怀的电影是人们生活中不可或缺的光影艺术，公益电影则是农村文化建设的重要组成部分之一，"作为乡村振兴战略中'文化振兴'的重要抓手，农村公益电影放映工作对于巩固农村文化阵地、提高农民素质、满足群众精神文化需求具有重要意义"，① 它让文化惠民以生动具象的形式走进人民群众的生活，并进一步推动现代公共文化服务体系的建构与完善。

从中宣部、文化部、国家广电总局 1998 年 10 月联合印发《关于贯彻落实农村电影放映"2131"目标的通知》（广发影字〔1998〕822 号）以来，各级政府、各个地方都做了大量的工作以推动农村电影"2131 工程"（1 村 1 月放映 1 场电影）顺利实施。国家计委、国家广播电视总局、文化部于 2000 年联合印发的《关于进一步实施农村电影放映"2131 工程"的通知》（计社会〔2000〕2463 号）明确指出，作为一项新世纪的电影工程和文化建设项目，"2131 工程"的实施，对于宣传贯彻党的理论和路线、方针、政策，提高农民群众的生活质量和整体素质，普及科技文化知识，促进农业产业化进程，推进西部大开发，落实党的民族政策，维护农村的社会安定和边疆稳定，都具有十分重要的现实意义。② 还有文化部、国家计委、国家广播电视总局于 2002 年联合出台的《农村电影放映国家"2131 工程"专项资金及资助设备拷贝管理办法》（广发影字〔2002〕37 号），国家广播电视总局、文化部、国家计委、财政部于

---

① 方金伟、平志磊、王永民：《论群众需求在农村公益电影放映工作中的关键作用——以山东省临清市为例》，《中国电影市场》2021 年第 11 期。
② 《国家计委、国家广电总局、文化部关于进一步实施农村电影放映"2131"工程的通知》，江苏省文化和旅游厅，http://dct.jiangxi.gov.cn/art/2013/11/19/art_ 14746_ 441904.html，最后访问日期：2023 年 8 月 1 日。

2002 年 4 月印发的《关于加快实施"2131 工程"加强农村电影发行放映工作的通知》（广发影字〔2002〕304 号）等，都是从国家政策层面给予农村电影放映工作的指导与扶持，各类试点的确立也有效推动各项工作稳步实施。2005 年 6 月，全国数字电影进农村试点首场放映暨台州市万场电影下农村活动在浙江省台州市启动，"台州模式"随后向全国推广；2006 年 4 月，浙江、陕西、河南、江西等 4 个综合试点省和湖南、吉林、宁夏、广东等 4 个专项试点省（区），以及这些省（区）所辖的绍兴、嘉兴、宁波、温州、台州、湖州、咸阳、延安、郑州、洛阳、吉安、赣州、常德、长春、银川、佛山等 16 个农业及文化建设基础较好的市被国家广电总局确定为农村电影改革发展及数字化放映试点。2006 年 6 月，面向农村电影改革发展试点与全国农村、代表国家履行农村数字电影公益版权洽购和发行的中影新农村数字电影发行有限公司经国家广电总局电影局批准成立。2011 年，浙江省安吉县启动农村电影院建设和改革工作，并形成了颇具特色的农村电影院"安吉模式"。2013 年，农村电影标准化放映试点在山东潍坊安丘市启动。2016 年 6 月，全国农村公益电影标准化放映工作现场会议在安丘市召开，来自全国 28 个省（直辖市、自治区）的 180 余位代表现场观摩研讨该市标准化放映工作，"山东标准"开始向全国推广。标准化放映、多元化服务是推动公益电影放映优化升级的必然要求，是从影片选购、映前宣传、放映场地、放映流程、放映设备、监管平台、场次认定、放映人员、安全管理、考核评审等方面升级电影公共服务的深入探索。

自咸阳和延安两市于 2006 年被选定为农村电影改革发展暨数字化放映试点以来，陕西依照国家倡导的"市场运作、企业经营、政府购买、群众受惠"的农村电影发展思路，同时参照全国先进试点和先进模式，不断探索符合本省实际的公益电影标准化放映模式和服务体系，推动公益电影民生工程真正惠及广大人民群众。

一 陕西公益电影标准化放映现状

以 2006 年在延安、咸阳两市为开端，到 2009 年全省各市全部组建起农村数字电影院线公司，经过十余年的发展与积淀，陕西公益电影已经实现了影片采购、放映管理、场次核算、放映员培训以及设备管理维护等全部环节与流程的标准化和规范化放映，具体体现在以下几方面。

（一）理顺体制机制，建构起覆盖所有行政村的公益电影放映网络

依据陕西省机构改革方案，将原属省新闻出版广电局的新闻出版管理和电影管理职责划归省委宣传部，各市县电影主管部门自 2019 年开始也大多从文广新局划转至党委宣传部。为确保全省公益电影放映工作有章可循，制定出台了《农村公益电影放映管理办法》《农村电影院线公司管理细则》《农村公益电影放映考核办法》《农村数字电影放映设备管理办法》《农村数字电影标准化放映规范》《农村电影放映员培训制度》等 30 余个管理制度或办法。全省 12 个市、107 个县（区）总共组建了 10 个农村数字电影院线公司（省直管的韩城市以及杨凌示范区分别挂靠渭南和咸阳院线公司）（见表1），共有农村数字电影服务站 101 个、数字电影放映设备 1500 多套、农村电影放映队 1600 多个、放映员 2000 多人，构建起了以农村数字电影院线公司为龙头、县区农村数字电影服务站为骨干、乡镇放映队为基础、覆盖全省 27461 个行政村的公益电影放映网络。

表 1　陕西 10 个农村数字电影院线公司及成立时间

名称	成立时间
陕西世纪长安农村数字电影院线有限公司	2007 年 2 月
咸阳新农村数字电影院线有限公司	2006 年 8 月
渭南市新创农村数字电影院线有限公司	2008 年 1 月
铜川市新农村数字电影有限公司	2008 年 1 月
宝鸡农村数字电影院线公司	2009 年 7 月
汉中市农村数字电影院线公司	2008 年 12 月
商洛新创农村数字电影院线有限公司	2008 年 11 月
安康市新农村数字电影院线有限责任公司	2009 年 9 月
延安市农村数字电影有限公司	2006 年 9 月
榆林新农村数字电影院线有限公司	2008 年 7 月

（二）明确目标任务，确保公益电影放映任务基本甚至超额完成

由省电影局负责全省农村公益电影放映任务业务指导及监督管理，每年与各市签订目标责任书，每两年对放映设备进行检测并对财政补贴经费进行审计，各市农村院线公司负责统一采购片目，统一下达任务并统一管理制度，各县（区）电影服务站执行具体放映任务，这是农村公益电影放映的具体模式。在如期完成一村一月放映一场公益电影任务的同时，将放映活动范围延伸至学校、广场、社区、军营、厂矿、养老院等，让电影惠民工程真正惠及更多人。以近五年（2018~2022年）为例，尽管期间受到疫情影响，但陕西公益电影年度放映任务也基本甚至超额完成（见表2），完成率均超过100%。

表2　2018~2022年陕西公益电影放映完成情况

年份	完成率（%）	农村放映场次（万场）	观影人次（万人次）	校园放映场次（万场）	观影人次（万人次）	广场、社区放映场次（万场）	观影人次（万人次）
2018	101	28.005	2803	4.2	—	1.3	—
2019	—	27	2422	4.1	750	1.275	247
2020	110	21.89	1655	—	—	0.0127	10
2021	—	24.74	2004	4.2	154	1	100
2022	113	22.89	—	2.4	268	0.31	60

资料来源：陕西省电影局。

（三）围绕中心工作，开展丰富多彩的主题电影展映展播活动

紧紧围绕中心工作和思想宣传文化工作使命任务，用优秀影片展映展播方式奏响礼赞新中国、奋进新时代的光影颂歌。"我们的中国梦—文化进万家""庆祝中华人民共和国成立70周年""抗日战争暨世界反法西斯战争胜利75周年""丝路连接世界、电影和合文明""电影扶贫 圆满小康"，以及庆祝建党100周年公益电影"百部万场"红色主题电影放映系

列活动、"百年铸辉煌，扬帆再起航"公益电影喜迎建党 100 周年主题放映系列活动、"中国共产党百年华诞百部国产影片齐献映"主题电影放映活动、"学党史、颂党恩"百部万场红色电影下基层以及庆祝中国共产党成立 100 周年优秀影片展映展播暨"看电影学党史"主题活动等，都是以公益电影放映形式激发全社会爱党爱国热情、提振集体荣誉感和文化自信心的有益探索。

（四）加强组织管理，细化放映流程、规范资金管理

各院线公司在认真做好公益电影放映组织管理、放映设备维护与技术保障、放映员专业技术培训的同时，从放映设备、映前宣传、放映节目、放映员、放映队以及放映现场操作等方面推进标准化放映。《西安市公益电影工作制度》就从西安市公益电影放映选片制度、放映员管理制度、监控平台使用管理制度、监督检查制度、放映员培训制度、财务培训制度、放映设备检修维护制度、公示宣传制度、电影资金拨付流程、放映场次认定等方面规范公益电影放映工作，《西安市农村数字电影公益放映场次补贴专项资金管理办法》（市财发〔2015〕232 号）则对农村电影放映工程补贴资金从资金申请和拨付、支出范围和标准以及监督管理等层面进行了细致划定，确保公益电影场次补贴专款专用。咸阳市出台了《咸阳市农村公益电影标准化实施办法》《咸阳市农村公益电影安全放映应急处置预案》，宝鸡市印发了《宝鸡农村数字电影标准化放映规范》《宝鸡市农村电影公益放映场次补贴专项资金管理实施细则》等，都是陕西省致力于推动公益电影标准化放映的具体措施。

（五）创新思路方法，改善观影条件、优化服务模式

为给广大群众带来更好的观影体验，各地都在改善观影条件、优化服务模式方面做出了一些尝试。一是各院线公司购买小板凳，由放映队摆放在放映现场，解决群众从站着看到坐着看的难题。二是通过申请政府资金或自筹资金的方式推进银幕墙、银幕架和室内放映点建设，共建成固定银幕墙 333

个、固定银幕架 494 个、室内放映点 144 个。三是加快乡镇影院建设，目前已建成乡镇影院 34 家、银幕 121 块。四是促进公益电影与新时代文明实践中心有效对接，西安市蓝田县、西咸新区以及汉中市洋县等进行了积极尝试，尤其是蓝田县的做法被称为农村公益电影放映的"蓝田实践"，《中国电影报》记者林莉丽撰写的文章《西安农村公益电影放映的"蓝田实践"》发表在《中国电影报》（2021 年 4 月 28 日）以及《中国电影市场》2021 年第 9 期。

二　陕西公益电影标准化放映的短板与不足

公益电影标准化放映是事关人民群众多样化精神文化需求是否得到满足、农村文化建设阵地是否牢固坚守的文化宣传形式，陕西公益电影标准化放映取得的成效有目共睹，但存在的短板与不足同样不容忽视，强弱项、补短板任务依然艰巨。

（一）"放管服"改革依然任重道远，政策更新与现实发展不能匹配

大部分地方的电影管理职责在市县机构改革后划归至党委宣传部，但仍有部分市县存在电影行政隶属不明确不统一问题。以渭南市为例，白水县、富平县和华州区归宣传部管理，澄城县由融媒体中心管理，临渭区、华阴市、大荔县、蒲城县及合阳县则由文旅局代管。除咸阳市委宣传部设立了专管电影工作的电影管理科，其他市县宣传部大多没有专门的电影管理机构人员编制，权责不明、多头管理容易造成工作展开不畅、工作推进滞后等一系列问题。再加上现行的公益电影放映政策大多由广电和文化等原来的主管部门出台，加之时间久远，一些原有的政策已经不符合现今的公益电影发展形势，政策更新速度与现实状况无法匹配，各项工作的沟通衔接以及规范运行都会受到不同程度的影响。

（二）补贴资金无法足额及时到位，财政投入资金又存在较大缺口

国家广播电影电视总局于 2008 年 11 月印发的《农村公益电影放映场次补贴管理实施细则》规定："农村电影公益场次最低为一村一月一场（每年 12 场），农村电影公益场次补贴最低为 100 元/场，其中：西部地区由中央财政补助 80 元/场，地方财政最低补助 20 元/场；中部地区由中央财政补助 50 元/场，地方财政最低补助 50 元/场。东部地区和有条件的中西部地区，可根据当地运营成本适当提高发放标准，场次补贴由地方财政自行解决。"① 2009 年，陕西省将农村数字电影放映补贴提高至每场 200 元，根据路程远近以及路况条件，发放标准在 120~140 元浮动，但放映员劳务费平均每场应不低于 120 元，市、县（区）财政补贴标准各地有所不同。《西安市农村数字电影公益放映场次补贴专项资金管理办法》（市财发〔2015〕232 号）规定：市、县（区）财政对农村数字电影公益放映场次补贴为 100 元/场，加上中省财政补贴，西安市农村数字电影放映场次补贴共为 300 元/场。时至今日，陕西省各地农村数字电影放映场次补贴并没有随着经济社会发展、物价上涨等生活成本的提高而提高，反而因财政紧张而使配套资金划拨打了折扣，个别年份个别县（区）存在不能足额划拨或不能落实的情况，安塞区和延川县 2018~2020 年的县级配套就没有到位，咸阳礼泉县配套资金甚至连续五六年未能落实到位，资金补贴问题不能及时妥善解决自然会挫伤基层放映人员的工作积极性，进而会波及农村公益电影事业的稳定长远发展。

（三）观影条件亟须进一步改善，放映员专业水平不高、放映设备老化问题依然突出

配备便民小板凳、建成固定银幕架及银幕墙等，还未能从根本上解决观影条件不佳的问题，而室内放映投入成本大且需要前期规划，群众的观影体

---

① 《广电总局关于印发〈农村电影公益放映场次补贴管理实施细则〉的通知》，法律图书馆，http://www.law-lib.com/law/law_view1.asp？id=271839，最后访问日期：2023 年 9 月 11 日。

验自然跟城市院线不可同日而语。放映员年龄偏大（45 岁以上居多）、文化程度偏低、技术水平不高等在一定程度上也制约着公益电影放映工作的有效开展。根据技术标准，农村公益电影放映设备使用年限一般为 4～5 年，但放映设备老化、使用超期是各地都面临的紧迫问题，以安康市为例，旬阳、岚皋、宁陕全部以及汉滨、石泉的部分设备已经使用了 11 年，超期、超龄服役的放映设备会导致画质不清晰、画面不稳定等一系列影响放映效果的问题。

（四）影片内容和质量不够丰富上乘，群众观影热情并未得到充分调动

新媒体环境下，人们可以通过电脑、手机、数字电视机等终端收看到海量视频资源，当然也能观看到充裕的热门影片，"无偿或低价视频节目极为丰富，对电影放映活动形成了'替代效应'"，[①] 公益电影放映影片选择上就需要综合考量诸多因素。农村放映的大多是院线下线影片，现今的农村又多以老年人和儿童为主，老人儿童喜闻乐见的戏剧片、故事片、科教片、动画片等在订购单上的比重还没有得到充分体现（见表 3），公益电影放映活动对群众的吸引力和影响力有待提升。

表 3   2020～2023 年陕西世纪长安农村数字电影院线有限公司
订购前 20 名影片相关信息

序号	片名	类型	院线上映年份
1	《港珠澳大桥》	纪录片	2019
2	《中国机长》	剧情/传记	2019
3	《打过长江去》	剧情/战争	2019
4	《金刚川》	剧情/战争	2020
5	《天火》	动作、冒险、灾难	2019

---

① 张子珍：《公共产品视野下农村公益电影放映提质升级研究》，西南财经大学硕士学位论文，2020。

序号	片名	类型	院线上映年份
6	《地雷战》	战争	1962
7	《烈火英雄》	剧情	2019
8	《飞驰人生》	动作喜剧	2019
9	《疯狂丑小鸭2靠谱英雄》	动画	2021
10	《百团大战》	历史、战争	2015
11	《战狼2》	动作、战争、军事	2017
12	《我不是药神》	喜剧	2018
13	《我和我的家乡》	剧情、喜剧	2020
14	《红海行动》	剧情	2018
15	《我和我的祖国》	剧情	2019
16	《念书的孩子》	剧情	2013
17	《贺龙军长》	故事片	1983
18	《永不消逝的电波》	军事、谍战	2010
19	《独行月球》	喜剧、科幻	2022
20	《流浪地球2》	科幻	2023

资料来源：由陕西世纪长安农村数字电影院线有限公司提供。

（五）社区广场电影放映重视程度不够，公益电影放映品牌尚未真正形成

根据《关于开展城市社区广场电影公益放映活动的通知》（陕新广发〔2016〕25号）相关要求，社区广场公益电影放映活动的保障力度应该加大，现实情况却是一些地方配套资金补贴没有落实，一些地方因主管部门变更，原有的资金拨付停止而使城市社区广场电影放映处于停摆状态。与此同时，第十三届北京国际电影节首届"公益电影高质量发展论坛"于2023年4月26日在北京举行，公益电影被作为电影节的论坛板块之一，不仅是对北京国际电影节的丰富与提升，更是对公益电影提档升级的期许，陕西省公益电影放映在"蓝田实践"之外，还应该探索更多能够在全国产生深远广泛效应的优势品牌，以富有特色的品牌放映活动惠民生、顺民意、暖民心。

三　陕西公益电影标准化放映提质增效的方法和路径

优化布局结构、提高服务效能、加强管理服务是《"十四五"中国电影发展规划》关于"升级电影公共服务"的重要内容之一，即"创新实施电影惠民工程，促进农村电影放映优化升级""积极推进农村电影发行放映机制改革创新，促进电影公共服务与群众需求有效对接""落实公共文化领域中央与地方财政事权和支出责任划分改革方案要求，进一步理顺管理体制机制，夯实各级主管部门主体责任"。① 结合区域实际，陕西公益电影标准化放映提质增效需要从以下方面发力。

（一）进一步理顺体制机制、健全政策法规，确保权责明确、规范运行

进一步落实宣传部门对电影工作的主管与指导职能，逐步改变部分地方由融媒体中心或文旅部门代管现状，中共陕西省委宣传部、省电影局全面负责全省公益电影放映资金预算编制及具体执行工作，各市、县（市、区）党委宣传部门在省委宣传部、省电影局指导下开展公益电影放映相关工作。在原有政策文件基础上，由省相关部门出台《陕西省公益电影标准化放映管理办法》《陕西省电影公共服务标准化指导意见》《陕西省公益电影标准化均等化放映工作实施细则》《陕西公益电影放映配套补贴资金管理办法》等。还可以通过广泛调研、深入论证，制定并实施《陕西公益电影放映路程差别补贴办法》《陕西公益电影放映监督管理工作制度》等，权责明确的同时做好公益电影标准化放映工程统筹，以完善的制度保障各项工作有据可依、规范运行。

---

① 《"十四五"中国电影发展规划》，《中国电影报》2021 年 11 月 17 日。

（二）强化资金管理、重视监督反馈，构建完善的效能评估体系

借鉴广东、浙江、山东等先进省份经验，建立陕西省公益电影放映场次补贴专项资金长效机制，适当提高公益电影放映场次补贴标准，各级财政根据本地实际落实好本级公益电影放映场次补贴，将场次补贴列入本级财政年度预算范畴，确保及时足额发放以及专款专用。农村数字电影院线公司、县（区）服务站的经营收入，须接受电影主管部门和财政部门等的监督检查与评估审计。以西安市公益电影监管平台作为样本，建好全省公益电影放映共享监管平台或网络，从设备管理、回执单审核统计、放映质效等方面进行全方位掌握与呈现。联合省内高校、社科研究机构等评论与理论研究力量，构建起涵括公益电影标准化放映各流程、各环节的效能评估体系，为公益电影高质量发展提供理论依据与实践路径。

（三）优化放映队伍、提升片源质量，推动供给侧与需求侧更好对接

在落实放映员管理制度的同时，建立能够保障放映员权益、激发放映员潜能的激励考核办法，尽快帮助公益电影放映员树立崇高的职业使命感与荣誉感。每年从银幕架设、设备调试、故障排除、现场应变能力等方面对放映员进行比武考核，每年定期邀请省内外专业团队为放映员授课培训，开展"年度最美放映员"评选，营造"以赛促学、以学促行、以行践学"良好氛围，想方设法吸纳熟悉农村且懂新技术和新媒体的年轻人加入放映员队伍。借鉴公益电影标准化放映走在全国前列的山东等省的经验，着力做好公益电影放映供给侧改革，"山东的农村公益电影放映抓住了党中央和国务院提出的'供给侧改革'的机遇，从各级政府到各级新闻出版广电局着重在'供'上做文章"。[①] 供给水平与质量提升的前提是对

---

① 刘琨：《农村电影放映的基石——论山东农村公益电影标准化放映》，《当代电影》2017年第8期。

需求变化的对接与适配，"供给动能与需求动能之间存在辩证关系，二者间的耦合发展主要以双方系统的互动为基础，需求引导供给，供给创造需求"。[1] 公益电影放映供需耦合更需要供给对需求的回应，"农村公益电影放映只有从观众需求出发，才能有人气、有市场"，[2] 改变以往"填鸭式"放映思路与模式，把"看什么"主动权真正交给群众，将蓝田"送影送新风"公益点单平台的"点单—收单—派单—送单—评单"互动放映模式继续向全省推广，实现从"放什么就看什么"到"看什么就放什么"的转变与升级，以群众真切的观影需求作为精准化放映的基石，让新片、大片、好片快速及时走近群众生活。

（四）改善观影条件、创新放映模式，打造特色"公益电影+"品牌

不仅要让广大群众看得到想看的、中意的电影，还要进一步改变站着看、室外看的观影条件，尽快实现室内与室外放映平稳转移和自由切换，通过放映模式的创新提升公益电影放映的群众认可度和满意度。蓝田县将公益电影放映融入新时代文明实践中心（所、站）等文化阵地，就是实现室外向室内转移的成功尝试，对新时代文明实践场馆以及社区文化设施资源保证其原有风格和功能基础上，尽可能多地补充与融入电影元素，推动公益电影放映与各级公共文化资源互通联通贯通。联合各级各部门力量，在一些新时代文明实践场馆、村（社区）文化阵地扩建或新建前提前介入，根据多功能影厅、影院建设规范与标准，从成本核算、建筑配套、运营管理等层面提前进行布局与谋划，"将规范化、标准化建设作为公益电影放映融入新时代文明实践中心、志愿服务提质增效的着力点和切入点"，[3] 将公益电影放映作为丰富新时代文明实践志愿服务内涵的重要契机。由内蒙古电影局牵头成

① 张红凤、李晓婷：《高质量发展视阈下中国经济增长动能转换的供需耦合效应：理论、测度与比较研究》，《宏观质量研究》2022 年第 5 期。
② 叶鹏：《影院时代的农村公益电影如何叫座？——对山东省农村电影放映工作现状的调查与思考》，《中国电影市场》2021 年第 10 期。
③ 肖凯：《公益电影放映融入新时代文明实践中心及与志愿服务相结合的现状分析》，《中国电影报》2023 年 4 月 19 日。

立的首支电影领域志愿服务队——"文明光影志愿者服务队",内蒙古探索出的颇具特色的惠民电影放映品牌"公益电影 7+"——"公益电影+乌兰牧骑""公益电影+普法宣传""公益电影+电视荧屏""公益电影+文化固边""公益电影+机关课堂""公益电影+学生课堂""公益电影+城市影院"等深得民心,其成功的原因不仅在于对新时代文明实践中心(所、站)主要活动方式——志愿服务的深度认知,更在于其打造公益电影品牌的自主意识。陕西公益电影放映也应该牢固树立精品意识,在让"蓝田实践"走向全国的同时扩展"公益电影+"的边界与内蕴,寻求公益电影与新时代文明实践品牌活动之间的最佳结合点,探索出富有地方特色的"公益电影+"品牌。

(五)培育具备市场生存、运作及抗风险能力的农村影院,探索公益电影放映市场化运营模式

《"十四五"中国电影发展规划》提出,培育具备市场运作能力、资源整合能力、抗风险能力的农村院线,推动形成"公益+商业"的农村电影放映模式。① 农村影院及农村院线的精心培育、"公益+商业"属性的兼顾兼容、"造血功能"的激发提升,都是陕西公益电影放映未来需要破解的重要命题。浙江宁波市充分利用已经建成的文化中心和商业综合体等设施,在商业影院空白的 63 个乡镇所在地创建 63 家乡镇"周末影院",从 2021 年 1 月开始,"计划每个乡镇'周末影院'每年免费放映 100 场电影(每周五至周六放映两场电影),全市乡镇'周末影院'每年放映 6300 场电影,实现乡镇常态化电影放映全覆盖,构建了'中心地区规定放映为主,边远地区流动放映为辅'电影放映网络"②。浙江省湖州市安吉县在经济条件好、人口相对集中的 4 个村(赋石、高禹、龙口、后河)数字影院试点"一卡通"票务系统,早在 2015 年,这 4 家影院"共办理储值卡 619 张,充值金额累

① 《"十四五"中国电影发展规划》,《中国电影报》2021 年 11 月 17 日。
② 唐士军:《提质增效 扎实推进农村电影发行放映优化升级》,《中国电影市场》2021 年第 9 期。

计 15 余万元。放映低价格商业电影 111 场次，累计票房收入 13 余万元，较前年增长 37.6%"。① 乡镇"周末影院"、数字影院"一卡通"都为陕西公益电影放映提供了全新的思路与启示，在坚持公益属性的同时多维度兼顾和激发商业功能，鼓励企业及社会资本以多元化方式参与或者投资乡镇数字影院和农村院线建设与运营。在保证公益电影放映场次的前提下，让乡镇数字影院和农村院线承担市场化放映任务，"公益+商业"的运营模式会带来放映条件和放映环境进一步改善、放映员待遇有所提高以及经费保障更加充裕等一系列良性反应，还会为公益电影行业带来新气象和新变化。

（六）遵循经济社会发展规律、扩大放映活动覆盖范围，推动电影公共服务提优赋能

随着农村人口流动迁移和城镇化进程加快，行政村数量减少是不可避免的趋势，陕西也不例外（见表4），各市（区）行政村都有所减少，多则减少近 400 个，少则减少几十个，这就需要对公益电影放映点布局和放映场次结构方案进行适时调整，以便更好地集中资源，提高放映精准度与实效性。

表4　2018~2020年陕西部分市（区）行政村数量减少情况

单位：个

市（区）	2018 年	2019 年	2020 年	减少数量
西安市	3213	3003	2818	395
咸阳市	2479	2388	2091	388
商洛市	1115	1115	1094	21
渭南市	2104	2109	2084	20

首先，在确保消除行政村（农村社区）公益电影放映空白点前提下，将人口极少和偏远山区的放映场次适当调整至人口密度大、群众观影需求比较强烈的集镇、行政村等，"将人口聚集度较高和群众实际需要的放映点年

---

① 《建设农村数字影院　打造全新安吉样板》，浙江在线，http：//cs.zjol.com.cn/system/2016/04/28/021128949.shtml，最后访问日期：2023 年 9 月 15 日。

放映场次上限提至 50 场，有效提高农村电影观影人次"。① 其次，结合新时代文明实践活动的开展，在重大节庆、集市、庙会、交流会、婚嫁等群众聚集度高、人气比较旺的重要时间节点进行公益电影放映活动，做到"群众在哪里，公益电影就放映到哪里"，既能很好地落实公益电影放映场次，又能达到成风化俗、凝聚民心的效果。最后，进一步扩大放映活动覆盖范围，增加建筑工地、厂矿企业等人口高度集中区域放映场次。明确资金拨付来源与渠道，重视城市社区广场公益电影放映，拓宽拓展公益电影播放场景与放映资源，将城市社区广场放映与文化艺术活动相结合，能够聚合起年轻受众的美术馆、音乐厅、文学馆等都可以成为公益电影放映场地，吸引青年群体，扩充观影队伍。

---

① 唐士军：《提质增效 扎实推进农村电影发行放映优化升级》，《中国电影市场》2021 年第 9 期。

B.12
陕西古代书院文化保护传承弘扬
路径研究[*]

刘 泉[**]

摘　要：　陕西古代书院资源丰富，加强陕西古代书院文化保护传承弘扬，对于推动中华优秀传统文化传承发展、建设文化强省具有重要意义。陕西古代书院文化保护传承弘扬工作已经取得了一定成效，但仍存在研究的创新性和系统性不足、公众对书院文化价值认识不足、资金筹集机制不完善、保护利用不充分等短板。建议：一是成立陕西书院研究机构，集结省内外研究力量；二是加强陕西古代书院专项保护，制定专项保护规划，设立专项保护基金；三是打造"陕西书院"文化品牌体系，做强做优"横渠书院"文化品牌，擦亮打响"关中书院"文化品牌，挖掘培育"弘道书院"文化品牌，激活放大"书院+"文化品牌赋能作用。

关键词：　古代书院　文化保护　陕西

　　书院起源于唐代，原为私人治学场所及政府整理典籍机构。在新的印刷技术应用与文化交融的背景下，书院以书为核心，开展藏书、校书、修书、著书、刻书、读书、教书等诸多活动，成为文化积累、研究、创新与传播的重要文化教育机构。书院对我国教育、学术、文化、出版、藏书等事业的繁荣，以及学

---

　*　本文是陕西省哲学社会科学重大理论与现实问题研究项目（项目编号：2022HZ1330）、陕西省社会科学院2024年度青年专项课题（项目编号：24QN09）研究成果。

　**　刘泉，哲学博士，陕西省社会科学院文化与历史研究所副研究员，主要研究方向为中国哲学文献整理与思想诠释、文化哲学与文化建设。

风土风、民俗风情的培育，国民思维习惯、伦常观念的养成均发挥了重要作用。自明代起，书院成为中华文化走向世界的重要平台，近代更担当起中西文化交流桥梁。1901 年书院改制后，其精神传统仍得以传承，贯穿于我国现行教育制度之中。[①] 陕西古代书院资源丰富，加强陕西古代书院文化保护传承弘扬，对于推动中华优秀传统文化传承发展、建设文化强省具有重要意义。

一 陕西古代书院文化保护传承弘扬现状

自唐代至民国时期，陕西共设有约 239 所书院，空间分布上，关中地区数量居首，陕南地区最少，渭南、宝鸡、延安三地总量最多（见表1）。陕西古代书院发展历程呈现始于唐代、成熟于宋代、普及并发展于明清等基本规律（见表2）。在发展规模、质量、效益、结构等方面，陕西较西北地区具有领先地位。[②] 自北宋至清末，陕西古代书院培养出了大量适应时代发展和社会需求的人才，为陕西乃至西北地区的社会发展做出了卓越的历史贡献。

表 1 陕西各地历代书院数量统计

单位：个，所

自然区域	行政区划		书院发展数量								
	地市	区县数	唐	宋	金	元	明	清	民国	无考	合计
陕北	榆林	12					4	13		2	19
	延安	13		1			4	17		10	32
	铜川	4					3	2			5
关中	宝鸡	12		1		2	10	16	1	5	35
	咸阳	14		1			3	20		6	30
	西安	13	2		1	2	9	6	1	5	26
	渭南	11					11	31		7	49

---

① 邓洪波：《中国书院史》（增订版），武汉大学出版社，2012，第 661~662 页。
② 刘晓喆、胡玲翠：《陕西古代书院的历史概貌与区域特征初探》，《西北大学学报》（哲学社会科学版）2007 年第 5 期。

自然区域	行政区划		书院发展数量								
	地市	区县数	唐	宋	金	元	明	清	民国	无考	合计
陕南	汉中	11						19		3	22
	安康	10					1	8		4	13
	商洛	7					1	5		2	8
总计		107	2	3	1	4	46	137	2	44	239

资料来源：根据陕西各地地方志以及台湾成文出版有限公司印行的《中国方志丛书·华北地方·陕西省》各县县志统计所得。

表2　北宋以来陕西与全国其他地区书院发展情况对比一览

单位：所

朝代	全国各省份书院发展情况			陕西古代书院发展情况	
	平均数	最高值	最低值	书院数	排名
北宋	5214	23	1	1	6/6
南宋	37	147	1	2	11/12
元	27066	91	4	8	10/15
明	103263	270	6	48	16/19
清	229736	531	33	160	15/19

注：有关陕西书院的数字因统计标准不同，故而与表1的统计结果略有差异。本表中南宋有关数字结合了表1的统计情况，在《中国书院史》一书中，南宋陕西书院数目不明确。

资料来源：邓洪波，《中国书院史》，东方出版中心，2000。

　　陕西古代书院研究始于20世纪90年代，中间经过较长时间停滞，集中研究主要在21世纪后。目前，"陕西古代书院"主题的国家社科基金有2项，著作有5部，[①] 1991年至今的硕、博士学位论文有20余篇，期刊论文有90余篇。

　　根据陕西省文物局公布的文物保护单位信息，仅有"宏道书院"为国

---

① 赵军良：《三秦史话张载与横渠书院》，三秦出版社，2004；岳少峰：《三秦史话关中书院与关中学派》，三秦出版社，2004；杨远征、田丽娟：《陕西古代书院简史》，西安交通大学出版社，2016；史飞翔：《关学与陕西古代书院》，西北工业大学出版社，2016；贾三强编《陕西古代文献集成第13辑》，陕西人民出版社，2018。

保级别，关中书院、横渠书院、朝阳书院、汉阴书院、崇实书院、味经书院、龙门书院 7 所书院或部分建筑为省保级别（见表 3）。陕西省内其他现存古代书院或遗址，部分已列入县级文保单位。

表 3　国保、省保级陕西古代书院

名称	时代	地址	地市	分类	等级	批次
宏道书院	1938 年	三原县	咸阳市	近现代重要史迹及代表性建筑	国保	第七批
关中书院	明、清	碑林区南门内西侧书院门街西口	西安市	古建筑	省保	第三批
张载祠（横渠书院）	清	眉县横渠镇街道	宝鸡市	古建筑	省保	第三批
朝阳书院	清	洛川县凤栖镇北关小学院内	延安市	古建筑	省保	第五批
汉阴书院及三沈故居	清	汉阴县	安康市	古建筑	省保	第五批
崇实书院书房	清	泾阳县泾干镇姚家巷	咸阳市	古建筑	省保	第六批
味经书院正堂	清	泾阳县泾干镇姚家巷	咸阳市	古建筑	省保	第六批
龙门书院	清	韩城市金城区街道办书院街	韩城市	古建筑	省保	第七批

　　陕西古代书院文化保护传承弘扬已经取得了一定的成效。除基本的文物性保护外，眉县横渠书院、关中书院等结合自身文化内涵、历史特性和区位优势，积极开展文化传承弘扬工作。眉县横渠书院一直是陕西古代书院文化保护传承弘扬的排头兵，自 20 世纪 90 年代开始，成功举办了多次国际国内学术会议。2020 年，在省委省政府的大力支持下，张载文化园（一期）建成开园，并召开纪念张载诞辰 1000 周年学术研讨会。近年来，横渠书院作为陕西重要的传统文化传承教育基地，平均每年接待超过 10 万名各界游客和学员。与国内 30 余所高校签订了合作协议，定期开展正蒙读书会和学术交流活动。同时，以横渠书院为依托的各类成果也取得了良好的社会效益，

如"横渠书院书系"已由中华书局、陕西人民出版社发行 20 余种，十二集系列广播剧《张载》于 2020 年 7 月在中央人民广播电台播出，并于 2023 年获得陕西省第十六届精神文明建设"五个一工程"优秀作品奖。

关中书院作为西安文理学院的校区之一，自 2023 年 4 月起面向公众开放，更好地融入西安城市发展和文化传承。2016 年 4 月 14～16 日，西安市重大文艺精品创作项目《关中书院》纪录片在中央电视台播出，讲述了关中书院 400 年的兴衰变迁史及其在中国学术史、思想史的发展脉络，对于弘扬关学精神和传承城市文化根脉具有重要意义。持续开展"关中书院大讲堂"，举办关中书院改制 120 周年系列纪念活动等，打造弘扬关学文化的重要平台和文化品牌。这些活动和项目体现了关中书院在保护、传承和弘扬陕西古代书院文化方面的努力和成就。此外，蓝田芸阁书院、三原弘道书院等也是陕西古代书院文化保护传承弘扬的代表性书院，为文化传承发展贡献着重要力量。

二 陕西古代书院文化保护传承弘扬存在的短板

陕西古代书院文化保护传承弘扬仍存在研究的创新性和系统性不足、公众对书院文化价值认识不足、资金筹集机制不完善、保护利用不充分等问题。

（一）研究的创新性和系统性不足

当前，陕西古代书院的研究成果零散，缺乏系统性整合，研究层次不高，未充分展现其历史和文化价值。研究主要集中于传统视角，局限于少数书院，缺乏对整体发展特征的全面把握，且主要集中在明、清两代，其他朝代的研究相对不足。[1] 研究领域仍有大量空白，亟待进一步拓展和深化。学

---

[1] 王孟：《20 世纪 80 年代以来陕西传统书院研究述评》，《延安职业技术学院学报》2019 年第 3 期。

界对陕西古代书院的关注程度尚待提高，未来应更加注重创新性，尝试从社会学、历史学、管理学、经济学等多元角度深入探讨书院深层含义，采用严谨方法和态度挖掘内涵。在数据充分、文献齐全的基础上，实事求是、因地制宜地保护、传承和弘扬陕西古代书院文化。

（二）公众对书院文化价值认识不足

公众对于书院文化价值的认识不足，主要体现在对其历史贡献的忽视、文化传承的不足、教育理念的差异、对书院精神的误解以及在现代教育体系中的边缘化等方面，严重制约了书院文化的保护利用工作。受历史变迁和现代教育体系变革的影响，书院的历史地位和价值逐渐被淡化，导致公众对其历史贡献的忽视。公众对于书院文化的了解渠道有限进一步加剧了文化传承的不足，现代教育理念与书院教育理念的差异也导致公众对书院文化价值认识的局限性，公众对书院精神的误解和书院在现代教育体系中的边缘化地位也是影响书院文化价值认识的重要因素。

（三）资金筹集机制不完善

资金筹集机制不完善也是导致书院保护工作难以持续的重要因素。书院保护利用的资金主要来源于政府拨款和社会捐赠。政府拨款受到财政状况和政策导向影响，数额有限且难以保证持续稳定。政府已经采取的一系列措施，只能覆盖部分书院而不能全面覆盖，只能满足书院的基本维护需求而无法满足更高层次的修复、设施改善和服务质量提升等需求。社会捐赠则受到社会经济发展水平、公众文化保护意识等多种因素的影响，具有不确定性。现有的资金筹集机制缺乏有效的激励和监管措施，难以吸引更多的社会资金参与书院保护工作。

（四）保护利用不充分

在书院保护利用工作中，专业人才的缺乏已成为制约其发展的瓶颈，尤其是在古建筑修复、文物鉴定和书院文化研究等领域表现得尤为明显。系统而明确的专业指导规范的缺乏，也影响到了书院的正常运营和长远发展。书院文化的原真性是决定其文化价值和历史地位的关键因素，商业化的过度介入使部分书院转变为追求短期经济利益的商业景点，这不仅改变了书院原有的教育和文化功能，更使公众难以领略到书院文化的深刻内涵。一些书院历史建筑和文物被忽视，甚至遭到破坏，而代之以各种商业设施和娱乐项目。这种对历史遗产的忽视和破坏，无疑削弱了书院文化的历史价值，也影响了后人从中汲取智慧和启示的能力。

三 关于陕西古代书院文化保护传承弘扬的建议

（一）成立研究机构

鉴于陕西地区在古代书院文化中的重要地位及其深远的历史影响，为推动陕西书院文化的深入研究和传承发展，建议成立陕西书院研究机构。该机构将作为陕西书院研究的核心阵地和智库，致力于组织并开展系统的、科学的书院文化研究工作。为确保研究工作有序进行，建议省财政提供专项资金支持，用于资助课题研究、人才培养和优质成果培育。在明确的研究规划和实施方案指导下，机构将积极集结省内外研究力量，确保各项工作有序开展。同时，加快推进陕西古代书院数据库和陕西古代书院文献集成等大型项目研创工作，以期全面、深入地挖掘陕西书院的历史文化内涵。通过成立陕西书院研究机构，更好地传承和弘扬陕西书院文化，为地方文化事业发展提供有力支持。同时，通过建立机构，推动国内外书院研究领域交流与合作，共同促进书院研究向更高水平发展。

（二）加强专项保护

1. 制定专项保护规划

一是构建四级保护体系。为确保古代书院这一重要的历史文化遗产得到妥善保护，需结合现行文物保护制度，健全国家级、省级、市级、县级四级保护体系。各级保护单位需明确职责，实行申报与储备并行机制，确保书院在面临潜在威胁时，能够及时纳入保护范围。二是加强挂牌保护。对现有古代书院实施挂牌保护措施，明确挂牌书院严禁拆迁及挪用。通过这一措施，旨在确保书院的历史风貌和建筑结构的完整性，为后人留下宝贵的历史遗产。对于具有显著历史、文化、艺术价值的著名书院，应给予重点保护，结合文化强省战略及历史文化名城、名镇、名村的建设规划，加大保护、修缮力度。三是与文化发展战略相结合。古代书院作为中华文化的传承载体，应与文化强省、历史文化名城名镇名村建设规划紧密结合，通过加强书院的文化内涵挖掘和展示，提升书院在文化旅游领域的吸引力，为当地经济社会发展注入新的活力。同时，加强书院的文化传承功能，推广优秀传统文化，提升公众文化素养。四是确保书院的历史真实性。在保护古代书院的过程中，必须严格遵循历史真实性原则。对于书院的保护、修缮工作，应在尊重历史的基础上进行，确保书院的历史风貌和建筑特色得以完整保留。同时，加强对书院历史文献的收集和整理，为书院的历史研究和文化传承提供有力支持。第五，面向未来的可持续保护。在制定书院保护规划时，应充分考虑未来的可持续发展需求。通过科学规划、合理利用书院资源，实现书院保护与经济社会发展的良性互动。同时，加强书院保护工作的宣传教育，提高公众对书院保护工作的认识和参与度，为书院的未来发展奠定坚实基础。

2. 设立专项保护基金

设立书院保护专项基金是保护和利用书院的重要举措。通过政府的资金支持、社会资本的参与以及严格的资金监管，为书院的保护和利用提供坚实支撑，确保这些宝贵的文化遗产得以传承和发扬。各级政府应充分认识到书院作为文化遗产的重要性，并在文物保护专项资金中加大对书院的投入力度。这些资金将专项用于书院的修复、维护以及安全管理等方面，确保书院的完整性和历史价值得以持续传承。同时，鼓励并引导社会资本投入书院保护工作中。通过充分发挥市场机制的作用，吸引更多的企业和个人参与到书院保护项目中，形成多元化的资金来源。这不仅有助于提升书院保护工作的效率和效益，还能进一步推动文化遗产保护与社会经济发展的有机结合。为确保专项保护基金的使用合规性和效率，还应建立健全资金监管体系。通过加强对资金使用的监督和管理，确保每一分资金都能用在刀刃上，为书院保护工作的可持续发展提供有力保障。

（三）打造"陕西书院"文化品牌体系

构建一套完整的文化品牌体系，着力提升陕西书院的文化价值与品牌影响力。通过统一规划，深入挖掘历史文化底蕴，设计富有特色的文创产品。发挥政府、企业及社会各方力量，共同推动书院文化传承发展。

1. 做强做优"横渠书院"文化品牌

针对张载文化园一期（横渠书院）长期空置、二期建设进度滞后以及周边配套设施发展不足等问题，建议将张载文化园移交至太白山旅游景区管委会进行统一管理。此举旨在通过高效的资源整合，推动太白山自然风景区与张载文化园人文景观的深度融合，实现文旅产业的互补与共赢。太白山以其秀美的自然风光和丰富的旅游资源著称，而横渠书院作为张载思想的发源地，承载着深厚的历史文化底蕴。将两者交由同一管理机构负责，有助于将太白山的自然之美与横渠书院的人文气息有机结合，共同塑造一个具有独特魅力的文旅品牌。这不仅能激活张载文化园一期的运营潜力，为二期的建设与发展奠定坚实基础，还能通过文旅融合，实现"1+1>2"的效应，吸引更多游客，促进当地旅游业的繁荣与发展。为确保"太白山—横渠"区域文旅深度融合的高质量发展，建议省、市、县各级政府给予必要的政策支持和资金扶持。同时，积极推动"横渠书院六艺坊"的建设与发展，将其作为区域文旅融合产业链的核心组成部分。通过引入先进的文化传承发展模式，如非遗文化展示、传统工艺体验、文化艺术交流等，将"六艺坊"打造成为集文化、教育、休闲于一体的综合性文旅平台，为区域文旅产业的可持续发展注入新的活力。在此基础上，建议加强太白山旅游景区管委会与张载文化园管理方的沟通与协作，共同制定并执行长期发展规划，明确发展定位与方向。同时，积极引入社会资本和专业技术力量，推动双方在旅游项目开发、文化活动举办、特色旅游产品打造等方面深度合作，共同提升区域旅游品牌形象，为游客提供更加丰富、优质的旅游体验。通过资源整合、模式创新以及政策支持等多方面的努力，将"太白山—横渠"区域打造成为全国乃至国际范围内具有竞争力的文旅融合示范区，为推动区域经济社会发展做出积极贡献。

2. 擦亮打响"关中书院"文化品牌

为了进一步提升"关中书院"这一具有深厚历史文化底蕴的品牌影响力，建议文物部门全力支持其申报国家级文物保护单位。此举不仅是对关中书院历史地位的肯定，更是对其作为中国古代书院杰出代表的文化价值认可。同时，建议积极推进关中书院与书院门整体提升改造工程的融合。这一措施旨在将关中书院的文化魅力与书院门的地理优势相结合，共同打造一个集文化、教育、旅游于一体的综合性历史文化街区，进一步提升其文化内涵和品质形象。为了更好传承和发展中国书法这一中华优秀传统文化，关中书院与西安碑林博物馆应加强合作，共同成立"中国书法学院"。此举将为中国书法艺术的传承与创新提供有力支持，并通过设立省级、市级"中华优秀传统文化传承基地"，推动书法艺术在青少年中的普及与传承。此外，建议打造书法文物活化利用的西安书院门样板，通过挖掘和整理关中书院和西安碑林博物馆的书法文物资源，开展多样化的书法展览、文化交流和教育培训活动，让更多人能够领略中华优秀传统文化的独特魅力。通过上述措施，期望将书院门培育成为中华优秀传统文化传承发展示范区，为西安打造彰显中华文明的世界人文之都贡献重要力量。同时，这也将有利于提升公众对中华优秀传统文化的认知，推动其在现代社会中传承与发展。

3. 挖掘培育"弘道书院"文化品牌

三原弘道书院作为陕西唯一入选全国重点文物保护单位的古代书院，不仅承载着深厚的历史文化底蕴，更是中华优秀传统文化与革命文化相结合的重要见证。为了更好地守护这一文化遗产，加强对其保护与研究，并推进其活化利用显得尤为重要。一是加强保护与研究。弘道书院的历史文化内涵丰富，建筑风格独特，教育制度与学术成就卓越。为深入挖掘其价值，需加强对其的研究工作，通过严谨的学术探究，全面揭示其历史地位与文化意义。

同时，为确保书院文物完整性与安全性，必须采取有效措施，加强保护，防止任何形式的破坏与损失。二是推进活化利用。活化利用是传承和弘扬弘道书院文化的重要途径。为此，建议规划建设"弘道文化园"，以书院为核心，整合区域文化资源，打造一个集革命文化、中华优秀传统文化和科学文化于一体的综合性教育实践基地。通过举办系列文化活动、讲座、展览等，吸引广大游客和学者前来参观学习，使弘道书院的文化内涵得到更广泛的传播与传承。三是注重和谐统一。在推进弘道书院活化利用的过程中，应注重与周边环境的和谐统一。通过科学合理的规划布局，实现文物保护与城乡建设的有机结合，打造关中渭北地区文化传承优秀典范。同时，整合区域文化资源，推动当地经济文化发展，实现文物保护与经济社会发展良性互动。总之，挖掘与培育"弘道书院"文化品牌是一项重要而紧迫的任务，必须以严谨、稳重、理性的态度，加强保护与研究，推进活化利用，注重和谐统一，确保这一历史文化遗产得到更好的守护与传承。

4. 激活放大"书院+"文化品牌赋能作用

书院承载着深厚的学术积淀与文化底蕴。为了充分发挥书院的文化价值，建议采取"书院+"的创新模式，将书院与各类社会资源进行有效结合，以推动文化品牌的深化发展。一是"书院+"书店模式。将书院与书店相结合，不仅可以利用书店丰富的图书资源，还可以借助书院的学术氛围，为读者提供更加多元化、高质量的阅读选择。同时，书院可定期举办读书会、学术讲座等活动，吸引广大读者参与，丰富公众的精神文化生活。二是"书院+"公共图书馆模式。公共图书馆作为公共文化服务体系的重要组成部分，拥有庞大的图书资源和广阔的服务平台。通过与公共图书馆的合作，书院可以进一步拓展文化活动与阅读分享的空间，为公众提供更加丰富的文化体验。三是"书院+"社区教育模式。将书院与社区教育相结合，可以为社区居民提供多样化的培训课程，满足居民的学习需求，提升生活品质。同时，书院可以成为社区居民交流学习的平台，促进社区文化的交流与繁荣。四是"书院+"旅游、文艺模式。将书院与旅游、文艺等领域相结合，可以为游客和文艺工作者提供更加丰富的文化体验和创作灵感。通过举办文化体验活动、设立创作基地等方式，吸引更多人前来书院参观、学习和创作。五是推动基础教育与书院文化的融合。建议由省教育厅主导，策划实施"基础教育与书院文化精神传承工程"，鼓励中小学结合书院文化特色，自主开发本校课程，将书院文化融入基础教育中，培养青少年对书院文化的兴趣与认同。总之，"书院+"模式是一种有效的文化品牌发展策略，能够推动书院在现代社会中焕发新的活力。通过深入实践与探索，书院将成为传承发展中华文化的重要力量，为社会文化繁荣发展做出积极贡献。

B.13
陕西中医药古籍资源转化利用研究报告

党 斌 黄泽凡 张凯宁*

摘 要： 中医药学是中华民族的伟大创造，对世界文明进步产生了积极影响。陕西是中医药文化的重要发源地之一，传世中医药古籍具有资源丰富、门类齐全、分布广泛、价值珍贵等特点，同时也存在专项普查尚未开展、存藏环境普遍较差、管理理念相对保守、专业人才严重短缺等方面问题。陕西中医药古籍资源的传承弘扬和有效利用应当结合资源特点和存在问题，遵循保护第一、传承优先的理念，在推动资源系统性保护基础上，深入挖掘陕西传世中医药古籍的时代价值；不断推动中医药文化传承创新，充分利用人工智能技术加快中医药古籍数据库及共享平台建设；加强中医药古籍人才培养和队伍建设，加快中医知识的普及宣传，不断拓宽中医药文化的传播渠道，用中医药古籍讲好陕西故事。

关键词： 古籍资源 中医药文化 陕西省

中医药文化是中华优秀传统文化的重要组成之一。中医药古籍是中医药文化的主要载体，被列于传统"经史子集"四部分类的"子部"之中，在中华传世古籍资源中占有重要地位。2019年10月，《中共中央 国务院关于促进中医药传承创新发展的意见》明确提出，中医药学是中华民族的伟大创造，是中国古代科学的瑰宝，也是打开中华文明宝库的钥匙，为中华民族繁衍生息做出了巨大贡献，对世界文明进步产生

---

* 党斌，陕西省社会科学院古籍整理研究所研究员；黄泽凡，陕西省社会科学院古籍整理研究所助理研究员；张凯宁，陕西省社会科学院古籍整理研究所研究实习员。

了积极影响。① 2022 年 4 月，中共中央办公厅、国务院办公厅印发的《关于推进新时代古籍工作的意见》提出要"挖掘中古典医籍精华，推动中医药传承新发展"。② 2023 年 2 月，国务院办公厅印发《中医药振兴发展重大工程实施方案》也强调了深入挖掘和传承中医药精华精髓、提高中医药古籍资源的利用效率的重要性。系统普查、整理、研究传世中医药古籍，是推动新时代中医药振兴发展的基础性工作，对于弘扬中华优秀传统文化、不断增强民族自信和文化自信、促进文明互鉴和民心相通、推动构建人类命运共同体具有重要意义。

一 传统中医药古籍的编纂和流传

（一）中医药文化与中华优秀传统文化一脉相承

传统中医药学深深植根于中华优秀传统文化的沃土，集中体现了中国古代先民的朴素唯物论和辩证思维，与中华优秀传统文化一脉相承，是中华优秀传统文化的重要组成部分。

传统中医药学与中国古代社会在时间发展上具有一致性。中国古代"神农尝百草"的神话传说从侧面反映了传统中医药学产生于早期原始社会，而这一时期的中医药学处于萌芽和形成阶段，主要是古代先民在生产生活中不断积累关于各类草药功效的实践经验。有关研究表明，至少在春秋战国至秦汉时期，传统中医药学进入了新的发展阶段——由早期实践经验的积累到相关理论的归纳和总结，即中医药理论体系的逐步形成，其标志性成果就是我国现存最早的中医药学典籍《黄帝内经》。东汉至隋唐时期，传统中

① 《中共中央 国务院关于促进中医药传承创新发展的意见》，中国政府网，https://www.gov.cn/zhengce/2019-10/26/content_5445336.htm，最后访问日期：2023 年 11 月 9 日。
② 《中共中央办公厅 国务院办公厅印发〈关于推进新时代古籍工作的意见〉》，中国政府网，https://www.gov.cn/zhengce/2022-04/11/content_5684555.htm，最后访问日期：2023 年 11 月 9 日。

医药学理论趋于成熟，先后出现了张仲景、华佗、孙思邈等著名中医药学家。其中，孙思邈广泛搜集各种验方，并将前人理论和自身数十年临床实践相结合，先后编纂了《千金要方》《千金翼方》，并在晚年时主持完成了世界上第一部国家药典《唐新本草》，推动了传统中医药学在东亚、中亚、西亚等地的广泛传播。此后的宋、元、明、清时期，传统中医药学不断发展，最具代表性的成果是明代李时珍的《本草纲目》。传统中医药学的发展与中国古代社会的演进保持高度一致。

中医药文化与中华优秀传统文化具有高度的统一性。中华优秀传统文化源远流长、博大精深、包罗万象，大体可以概括为阴阳五行、天人合一、中和中庸、克己修身等四方面基本内容。阴阳五行是传统文化对基本哲学原理的高度凝练，天人合一集中体现自然与人类社会的辩证统一，中和中庸是实现和而不同、万物共生的方式和途径，是中华优秀传统文化追求的理想境界。克己修身则是传统儒家思想中解决个体与社会问题、实现自身价值的道德准则。以上四种思想在传统中医药学理论和著作、中医药学家的人生实践、中医药文化的发展演变中均有不同程度的体现。

中医药文化是中华优秀传统文化的重要组成部分，因此，传承弘扬中医药文化是弘扬中华优秀传统文化的必然要求。中医药古籍是中医药文化的主要载体，加强保护、系统整理中医药古籍资源，深入挖掘中医药古籍资源的时代价值，对于推动传统中医药文化更好地融入广大人民群众生产生活，更好地展示中医药藏品所蕴含的历史和文化内涵，推动中华优秀传统文化的创造性转化和创新性发展等都具有重要意义。

（二）传世中医药古籍是珍贵的华夏文化遗产

传统中医药学源于早期人类生产、生活的实践经验。大致在春秋战国至秦汉时期，开始出现实践经验的理论总结且初步形成体系。传统中医药学四大经典著作《黄帝内经》《难经》《神农本草经》《伤寒杂病论》等即成书于这一时期。

《黄帝内经》分为《素问》和《灵枢》两个部分，二者各有侧重，但主要内容包括脏腑、经络、病因、病机、病证、诊法、治疗原则以及针灸等，结合大量传世和出土文献中《黄帝内经》的不同版本可以确定，该书并非一时一人之作，而是上古至秦汉时期以前大量中医药实践经验的系统总结和理论体系的初步构建，对后世中医药学的发展具有重要意义。《难经》又名《黄帝内经八十一难》，内容涉及脉学、经络、藏象、疾病、腧穴、治疗等，是采用问答方式对《黄帝内经》相关内容进一步的补充和发展。该书假托战国名医扁鹊（秦越人）所撰，实际成书年代则至少为东汉时期。《神农本草经》又称《本草经》《本经》，系统收录前代植物、动物、矿物等365种中药，并结合前人用药经验，将各类药物的性能进行区分，是对前秦两汉时期已经掌握的中药知识的一次全面而系统的整理。该书假托"神农氏"所撰，实际成书年代同样在东汉时期。《伤寒杂病论》是中国古代医药理论的集大成之作，它与《黄帝内经》《难经》《神农本草经》相比有两点明显不同。首先，《黄帝内经》《难经》《神农本草经》均假托前人之名，而《伤寒杂病论》的作者非常明确，是东汉著名医学家张仲景；其次，《伤寒杂病论》在系统分析伤寒的原因、症状、医治方法的基础上，为临床治疗总结了辩证施治的基本原则。《伤寒杂病论》原书零乱散佚、几乎失传，后经西晋时期著名医学家王叔和等人收集和整理，被分编成为《伤寒论》和《金匮要略》。

受到客观因素制约，早期中医药学文献大多未能流传下来。关于早期中医药学典籍的情况，除部分简牍等出土文献之外，只能通过《汉书·艺文志》的著录了解概况。

魏晋南北朝至隋唐时期，传统中医药学逐步发展并进入繁荣时期。这一时期，先后出现了以孙思邈、巢元方、王叔和等为代表的著名中医药学家，在对以《黄帝内经》《神农本草经》等为代表的前代中医药典籍进行注释的同时，中医药典籍的类型进一步丰富、分类进一步细化，出现了以王叔和《脉经》、皇甫谧《针灸甲乙经》等为代表的类书型医籍；以葛洪《肘后备急方》、范汪《范东阳方》和专供皇室家族使用的《梁武帝所服杂药方》等为代表的医方书；以《针灸图要诀》《明堂空穴图》《五脏论》《疗目方》等为代表的专科医书；以巢元方《诸病源候论》为代表的病源学著

作。唐代孙思邈广泛搜集各类民间验方、秘方，并在多年临床中不断改良
最终编成的《千金方》被誉为中国古代的医学百科全书。更为重要的是，
《四海类聚方》《广济方》《广利方》《唐新本草》等官修医药学著作的出
现，体现了统治阶层对中医药学的高度重视，标志着传统中医药学进入繁
荣时期。

宋元明清时期的中医药学进一步发展，主要表现出三方面特点：首先，
官方对中医药学的重视程度越来越高，官方组织和实施的大型中医药图书编
辑工作持续开展，以《宋徽宗圣济经》《太平圣惠方》《开宝重定本草》等
最具代表性；其次，中央和地方的各类医疗机构不断完善和发展，分工日趋
细致，直接推动了《洗冤录》《饮膳正要》《脾胃论》《妇人大全良方》等
各类专科著作的编纂和流传；最后，也是最重要的一点，印刷术的发明和应
用极大地推动了传统中医药学理论和实践的发展和传播，中医药学著作得以
大量印制，并通过陆上丝绸之路和海上丝绸之路流传到世界各地，推动了中
西医学的互动和交流。

中国古代大量传世中医药古籍是传统中医药学发展的重要成果，是中医
药文化的重要载体，是中华优秀传统文化的重要元素，更是弥足珍贵的华夏
文化遗产。

二 陕西中医药古籍资源现状和问题

传世中医药古籍是包括中医理论、技术、文化内核等在内的中医药文
化的重要载体，记载了古代中医哲学思想、中药、中医诊断学技术、临床
诊疗案例、养生保健方法等，承载着中华民族特有的精神价值、思想智慧
和生命知识，蕴含着丰富的原创思维、独特理论和实践经验，是我国数千
年医疗实践经验的智慧结晶，是目前现存各类别古籍中使用频率最高、使
用价值最大的一类古籍，是把中医药文化继承好、发展好、利用好的"源
头活水"。

（一）资源现状和特点

陕西是传统中医药学和中医药文化的重要发源地之一，传世中医药古籍资源类型丰富。2006~2008年，中国中医科学院中医药信息研究所开展"中医药古籍保护技术体系研究与利用"项目研究工作。项目组在全国范围内选择中医药古籍藏量在200种以上的单位（包括25家中医专业图书馆、35家公共图书馆及博物馆），分别从中医药古籍资源、古籍保护与修复、保护环境与场所等方面进行了分析研究。据该项目统计，中医药专业图书馆藏书28324种、公共图书馆博物馆藏书21814种，所涉及的各省级行政单位藏书数量排序依次为：北京、上海、江苏、浙江、天津、四川、吉林、辽宁、山东、广东、安徽、黑龙江、湖北、陕西、河南、湖南、内蒙古、广西、甘肃、山西、江西、云南、贵州、青海。① 其中，陕西藏量居全国第14位。不过，由于在该项目调研对象中，陕西省内仅有陕西省中医药研究院图书馆、陕西中医学院图书馆、陕西省图书馆等3家单位入选，因此无法完整体现陕西传世中医药古籍资源的实际情况。

2007年开始，陕西省古籍整理办公室（陕西省社会科学院古籍整理研究所）正式启动陕西省古籍整理重大项目"陕西古籍总目"，全面普查著录陕西省内现存古籍资源情况。2019年，该项目最终成果《陕西现藏古籍总目》正式出版，为了解陕西传世中医药古籍资源情况、深入挖掘利用其时代价值提供了重要资料。

1. 资源丰富

陕西传世中医药古籍资源十分丰富，从年代上分，有明代，如《本草纲目》《妇人良方》；清代，如《十药神书注解》《名医类案》；民国，如《经验百病内外方》《四科简效方》，包括刻本、抄本、石印本、铅印本、活字本等多种版本，其中以清代刻本为主（见图1）。

---

① 张伟娜等：《全国中医古籍保存与保护现状调查分析》，《中国中医药信息杂志》2009年第61期。

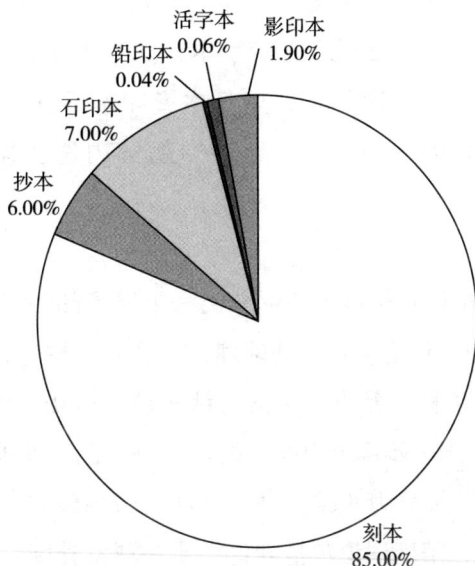

活字本 0.06%
影印本 1.90%
铅印本 0.04%
石印本 7.00%
抄本 6.00%
刻本 85.00%

图 1　陕西中医药古籍版本类型比例

从类型上分，共 3131 种，其中清刻本 2055 种。其他则分别有明刻本，目前可知最早的是明成化二十年（1484）《此事难知》，此外尚有《针灸甲乙经》《刘河间伤寒直格论方》等；明抄本，如《外科经验全方》《银海精微》；明拓本，如明隆庆六年（1572）秦王（守忠）拓本《千金备要》。有清刻本，如《太医院增补药方捷径》《集验良方拔萃》；影印本，如《千金翼方》《病机部》；朱墨套印本，如《临证指南医案》；抄本，如《接骨秘方》《程松崖先生眼科》；铅印本，如《补注黄帝内经素问》《蒙学生理教科书》；石印本，如《医门法律》《医学全书十六种》；活字本，如《尤氏西学读书记》《孙真人卫生歌注释》。有民国刻本，如《汇集金鉴》《医学六种》；影印本，如《类编朱氏集验药方》《伤科补要》；铅印本，如《花柳易知》《止园医话》；石印本，如《卫生鸿宝》《串雅内外编》；活字本，如《瞻山医案》《脉诀新编全集》；抄本，如《医书》《刘氏痘疹全集》。

此外尚有珍贵的海外刻本。一是日本，清刻本，如清嘉庆九年

（1804）日本四德堂刻本；影刻本，如清道光二十九年（1849）日本江户医学影刻本《备急千金药方》；活字本，如日本文久三年（1863）跻寿馆活字本《灵枢识》；影印本，如日本影印本《注解伤寒论》。二是朝鲜，如刻本明万历四十一年（1613）朝鲜内医生院重刻本《东医宝鉴》。

2.门类齐备

中医药古籍在中国古籍传统四部分类法中属子部医家类。陕西传世中医药古籍有3131种，包括医经、基础理论、伤寒金匮、诊法、针灸推拿、本草、方书、临证各科、养生、医案医话医论、医史、综合性著作等12大类，下分58类，进一步细分100小类。其中，医经包括内经、素问、灵枢、难经，其下又可细分为8类，以《补注黄帝内经素问》《黄帝内经灵枢》等较具代表性；基础理论包括理论综合、藏象骨度、中医生理、病源病机、中医病理5类，以《中藏经》《生理学讲义》等较具代表性；伤寒金匮包括合编、伤寒论、金匮要略，其下又可细分为12类，以《仲景全书》《金匮要略浅注》等较具代表性；诊法包括通论、脉诊、望诊、舌诊、其他，其下又可细分为7类，以《诊断学讲义》《望诊遵经》等较具代表性；针灸推拿包括通论、经络孔穴、针灸方法、按摩推拿、外治法，以《奇经八脉考》《幼科推拿全书》等较具代表性；本草包括本草经、综合本草、歌括便读、食疗本草、单味专类、炮制、本草谱录、杂著，以《神农本草经》《饮膳正要》《食物本草会纂》等较具代表性；方书按照时代划分，包括晋唐、宋元、明、清（及民国时期），以《备急千金要方》《外台秘要方》《救济神方》等较具代表性；临证各科包括临证综合、瘟病、内科、妇产科、儿科、外科、伤科、眼科、咽喉口齿，以《活法机要》《赤水玄珠》《时病论》等较具代表性；养生包括养生通论、导引气功、炼丹，以《素女经》《理气源流》《卫生要术》等较具代表性；医案医话医论中，除医案、医话医论之外另有笔记杂录，以《寓意草》《名医类案》《局方发挥》等较具代表性；医史分为通史、专史、传记、会传、史料、杂著，以《医说》《医古微》《太医院传》等较具代表性；综合性著作包括医学通论、丛书合刻、工具书，以《医学入门》《东桓十书》《医要集揽》等较具代表性。根据初步统计，陕西传世中医药古籍分类和数量基本情况如表 1 所列。①

3.广泛分布

按照中医药古籍藏量的多少，陕西中医药古籍存藏单位依次分别是陕西省中医药大学、陕西省中医药研究院、陕西省图书馆、陕西师范大学及其他各单位。其中，①省级事业单位。如陕西省社会科学院、陕西省人民政府参事室（省文史研究馆）。②省内高校。陕西省中医药大学、陕西师范大学等8 所高校。③图书馆。省级图书馆，如陕西省图书馆；市级图书馆，有咸阳图书馆、延安图书馆等 5 家；区县级图书馆，有潼关县图书馆、长安区图书馆等 25 家。④文博单位。其中博物馆有合阳博物馆、青铜博物馆等 11 家。文物局有镇安文物局、大荔文物局、洋县文物局等 3 家。⑤其他单位。档案馆有汉中档案馆、白河档案馆 2 家。民俗馆有略阳民俗馆。文化馆有西乡文化馆（见表2）。

4. 价值珍贵

陕西传世中医药古籍中，先后有多部入选国家和省级珍贵古籍名录。2007 年，国务院办公厅发布《关于进一步加强古籍保护工作的意见》，提出实施中华古籍保护计划，建立该目录。截至 2020 年 10 月已公布六批，共计13026 部古籍入选，其中包括中医珍贵古籍 337 部 171 种（非医学类书目、少数民族医药古籍排除在外），共收藏于 21 个省、自治区、直辖市的 76 个机构（包括个人），六批入选数量分别为 112 部、118 部、57 部、22 部、17 部、11 部，占入选古籍总量的 2.59%。其中陕西省有 4 部中医药古籍入选，具体情况见表3。

---

① 以上关于传统中医药古籍分类内容，参见曾燕《建设馆藏中医药古籍数据库的构想》，《中华医学图书情报杂志》2004 年第 3 期。

表1 陕西存藏中医药古籍门类汇总

单位：种

小类	数量	小类	数量	小类	数量	小类	数量	小类	数量	小类	数量
内经	48	伤寒论	209	按摩推拿	13	晋唐	28	伤科	7	专史	1
素问	52	金匮要略	35	外治法	9	宋元	21	眼科	52	传记	2
灵枢	13	通论	10	本草经	38	明	16	咽喉口齿	86	会传	1
难经	11	脉诊	77	综合本草	152	清（及民国时期）	237	养生通论	24	史料	5
理论综合	19	望诊	1	歌括诵读	10	临证综合	311	导引气功	9	杂著	1
藏象脏腑	14	舌诊	7	食疗本草	20	瘟病	161	炼丹	1	医学通论	77
中医生理	5	其他	2	单味专类	2	内科	56	医案	112	丛书合刻	309
病源病机	7	通论	50	炮制	3	妇产科	203	医话医论	65	工具书	3
中医病理	2	经络孔穴	15	本草谱录	2	儿科	310	笔记杂录	28		
合编	17	针灸方法	7	杂著	5	外科	146	通史	4		

表2　陕西中医药古籍分类和收藏情况

单位：种

存藏单位		医经	基础理论	伤寒金匮	诊法	针灸推拿	本草	方书	临证各科	养生	医案医话医论	医史	综合性著作	总藏量
省社科院	文史所	3	0	1	2	1	2	4	3	0	1	0	4	21
研究所	中医研	30	15	65	24	26	52	135	333	13	77	9	96	875
	商洛职院								1					1
	渭南职院			1										1
高校	陕师大	4	2	18	1	2	12	14	47	2	5		18	125
	西农					1	2		1					4
	延大					1			1				2	4
	西大	3		3	3	3	8	7	12	2	5		4	50
	陕理工	4		5	3	2	6	6	18		8	1	19	72
	中医大	44	23	83	32	22	74	104	508	7	69	4	151	1121
图书馆 省级	省图	25	11	42	24	24	56	103	276	3	45	1	87	697
图书馆 市级	咸阳	1			2		3	2	5				1	14
	宝鸡		1	10			4	3	14		1		14	47
	汉中	3	2	6	1		2	2	12	2	4		9	43
	延安	1												1
	星元	1		1		1	3	2	9		1		5	23
图书馆 区县级	鄠邑								2				1	3
	长安					1	1	1	3	1	1		5	13
	临潼						1		2				3	6

续表

存藏单位	医经	基础理论	伤寒金匮	诊法	针灸推拿	本草	方书	临证各科	养生	医案医话医论	医史	综合性著作	总藏量
高陵			2					3		1		3	9
蓝田	1		4	1	1	3	4	16				6	36
周至		1			1	1	1	4				1	8
富平	2		2		1	2		3				2	12
丹中					1								1
商州			6		1	3	2	14		2		3	31
丹凤			1		4	2	2	9				8	26
临渭	2		1			1	1	3				1	9
华阴						3		2	1			1	7
潼关				1	1	1	2	3				1	9
蒲城							1	1					2
司马迁							1	1				3	5
勉县	2		3	1	2		2	8				1	19
凤祥	2			3		1		5		3		1	13
岐山	2	1	2	3	1	1	1	15				2	30
扶风	1		1		2	5	4	11				4	28
靖边								1					1
佳县					1	1		4				1	7
米脂						2		2				1	5
汉滨	2		10	1	1	3	8	15				1	41
岚皋								2				1	3
平利	1		1										2

（存藏单位：图书馆——区县级）

续表

存藏单位		医经	基础理论	伤寒金匮	诊法	针灸推拿	本草	方书	临证各科	养生	医案医话医论	医史	综合性著作	总藏量
博物馆	兴平		1	1			2	1	5		1		2	13
	洛南						2		2	2			1	7
	青铜			1	1	1	1	1	9		1		2	17
	城固			1			1		2				1	5
	耀州			1			1		1					3
	韩城					1								1
	旬阳			2				4	7		1		1	15
	泾阳			1			1	1					1	4
	合阳	1		4		3	5	4	10				13	40
	神木			4	1		3	2	7				1	18
	西安	2		1		2	3		2					10
文物局	镇安文物局	1		1		1		2	3		1		3	14
	洋县文物局							1	5				4	11
	大荔文物局	1		1		1	2	1	5	1			5	17
档案馆	汉中档案馆	3											1	1
	白河档案馆			2	2	1	4	3	5		2		3	24
文化馆	西乡文化馆	1		5	2	1	1	3	12					25
民俗馆	略阳民俗馆	1						2						3
合计		144	58	293	105	110	285	439	1444	34	229	15	500	3655

注：数据信息包括古籍复本。

资料来源：陕西省古籍整理出版规划重大项目"陕西古籍总目"。

表3 入选国家珍贵古籍名录的中医药古籍

收藏单位	书名	版本	批次	编号
陕西中医学院图书馆（今陕西中医药大学图书馆）	重广补注黄帝内经素问二十四卷	明嘉靖二十九年（1550）顾从德影宋刻本	一	01791
陕西省图书馆	东垣十书三十二卷	明吴门书林德馨堂刻本	二	04519
	活幼便览二卷	明刻本	三	08411
西北大学图书馆	十四经络歌诀图不分卷	明抄本	二	04627

2013 年来公布的《陕西省珍贵古籍名录》，第一批收录古籍 409 种，第二批收录古籍 279 种，其中中医药古籍共 16 种，具体情况见表4。

表4 入选陕西省珍贵古籍名录的中医药古籍

收藏单位	书名	版本	批次	编号
西安博物馆	救荒本草二卷	嘉靖三十四年（1555）陆柬刻本	一	0173
陕西省图书馆	东垣十书三十二卷	明吴门书林德馨堂刻本	一	0174
	重广补注黄帝内经素问二十四卷	明嘉靖二十九年（1550）顾从德影宋刻本	一	0176
	太医院校注妇人良方大全二十四卷	明万历金陵书林唐富春刻本	一	0182
	活幼便览二卷	明刻本	一	0183
	玉机微义五十卷	明正德刻本	一	0184
	痘疹世医心法十二卷格致要论十一卷碎金赋二卷	明嘉靖二十八年（1549）刻本	二	0497
陕西中医学院图书馆（今陕西中医药大学图书馆）	重广补注黄帝内经素问二十四卷	明嘉靖二十九年（1550）顾从德影宋刻本	一	0175
	补注释文黄帝内经十二卷，遗篇一卷	明嘉靖间赵府居敬堂刻本	一	0177
	重修政和经史证类备用本草三十卷	明嘉靖二年（1523）陈凤梧刻本	一	0179
	重修政和经史证类备用本草三十卷	明嘉靖三十一年（1552）周玹、李迁刻本	一	0180
	华先生中藏经八卷	明万历二十九年（1601）吴勉学刻古今医统正脉全书四十四种本	二	0496

收藏单位	书名	版本	批次	编号
西北大学图书馆	十四经络歌诀图	明抄本	一	0178
陕西省中医药研究院	重修政和经史证类备用本草	明隆庆六年（1572）施笃臣、曹科刻本	一	0181
	丹溪心法附徐二十四卷卷首一卷	明嘉靖十五年（1536）姚文清、陈讲刻本	一	0185
陕西省人民政府参事室（省文史研究馆）	重广补注黄帝内经素问二十四卷遗篇一卷，皇帝素问灵枢经十二卷	明万历二十九年（1601）吴勉学刻古今医统正脉全书四十四种本	二	0495

（二）存在的问题

尽管陕西传世中医药古籍资源表现出资源丰富、门类齐备、分布广、价值珍贵等特点，且前期开展的"陕西古籍总目"普查工作也涉及许多单位的中医药古籍资源，为了解陕西全省中医药古籍资源状况奠定了坚实的基础，但从目前情况来看，陕西中医药古籍资源的保护和有效利用仍存在以下四方面问题。

1. 专项普查暂未开展，详细版本信息登记不够完善

受地理因素、经济条件、思想观念、研究素养等影响，陕西省中医药古籍资源的普查工作推动缓慢。《中国中医古籍总目》收录1949年出版的中医古籍13455种，包括150个图书馆（博物馆）馆藏。其中陕西省有陕西省图书馆（编号401）、西安交通大学西校区图书馆（编号412）、陕西中医学院图书馆（编号412A）、陕西省中医药研究院图书馆（编号412B），其他陕西境内各级单位馆藏不明。

2. 存藏环境普遍较差，抢救性保护工作亟待开展

古籍馆藏环境中空气温度、湿度、光照、微生物的繁殖等不同程度地加剧了古籍的腐化速度，从而造成古籍损坏。但目前陕西大部分中医药古籍收藏单位对中医药古籍的价值认识不足，馆藏环境亦不达标，同时缺乏专业修

复人员和管理人员，因此，改善中医古籍存藏环境，抢救性保护工作亟待开展。

3.管理理念相对保守，存在收藏和利用脱节现象

中医药古籍既是珍贵的传世文物，也是重要的文献资料，要充分利用这些古籍资源，挖掘其时代价值，就需要在保护、收藏的基础上，对其进行系统、科学的整理。但目前相关收藏单位管理理念相对落后、保守，不愿将馆藏资源对外公布，数字化扫描或影印出版等再生性保护和利用工作开展较少，存在收藏和利用脱节、资源共享不畅等现象。

4.专业人才严重短缺，制约相关工作的顺利开展

结合前期实地调研资料，各单位均存在古籍专业人才严重短缺现象。目前各单位从事中医药古籍工作的人员中，仅有很少一部分人员具备文献学和中医药学相关专业培训背景，有部分人员曾接受过古籍修复的短期培训，但从人才队伍总体情况来看，无法满足中医药古籍资源保护和利用的实际需要，在很大程度上制约了相关工作的顺利开展。

三 陕西中医药古籍资源转化利用对策建议

2022年11月9日，国家中医药局、中央宣传部、教育部、商务部、文化和旅游部、国家卫生健康委、国家广电总局、国家文物局印发《"十四五"中医药文化弘扬工程实施方案》（国中医药综发〔2022〕10号），该方案将"加强中医药典籍保护传承"列为重点任务，提出要充分发挥中医药典籍的文化载体作用，系统保护、研究和利用中医药古籍，实施中医药古籍文献和特色技术传承专项，编纂出版《中华医藏》。培养中医药古籍整理专业人才，改善中医药古籍保护条件，依托现有数字平台建设中医药古籍数字图书馆，推动中医古籍数字化挖掘，打造中医药古籍数字化服务应用产品。[1]

---

[1] 《关于印发〈"十四五"中医药文化弘扬工程实施方案〉的通知》，中国政府网，https://www.gov.cn/zhengce/zhengceku/2023-04/19/content_5752214.htm，最后访问日期：2023年11月8日。

结合实际情况和存在的问题，为推动陕西中医药古籍资源创造性转化利用，提出以下对策建议。

（一）全面布局、协同推进

《中医药振兴发展重大工程实施方案》指出："部门分工。国家中医药局、文化和旅游部、国家文物局、财政部等负责。"首先专门成立"陕西省中医药古籍工作领导小组"，文化和旅游部、陕西省中医药局、陕西省文物局、财政部、陕西省社会科学院等负责，依级建立省、市、县级领导小组，以统筹行业古籍工作，充分发挥各级政府和领导在古籍保护工作中的作用，加速中医药古籍有效保护和充分利用，为中医药文化弘扬提供更有力的支撑。其次，以各级图书馆、博物馆为中心，成立专门的古籍保护和修复工作室，在此基础上成立中医药古籍保护委员会，通过交流与合作，形成较完善的中医行业古籍保护体系，制定《陕西省中医药古籍分级保护细则》。

（二）专项普查、完善信息

建议启动"陕西中医药古籍调查研究"重大项目，由陕西省古籍整理出版小组牵头，省、市、县级各文博单位协同配合，查明陕西中医药古籍的准确数量、版本、质量、分布区域；收藏机构有无温湿度计、温湿度控制方式、防火防盗措施、防虫防潮措施、是否得到财政支持等古籍基本保护条件；古籍修复中是否已经开展破损修复、有无专业修复人员、修复人员数量、已修复中医估计数量等。重点收集如铜川药王山等地中医药碑刻，倡导民间收藏家将手中的中医药古籍分享，摸清陕西中医药古籍的文物、文献、学术研究等价值，编纂《陕西省中医药古籍联合目录》，为陕西中医药古籍修复、整理出版、开发宣传等研究奠定基础，为后续申报国家乃至全球课题做好准备。

（三）重点保护、分级修复

健全中医药古籍保护体系。古籍是不可再生性资源，古籍原本的保护是发挥古籍价值的基石。以陕西省古籍保护中心（陕西省图书馆）为阵地，其他高校、各地文博机构为主场地，按照古籍珍贵等级、破损情况、修复技术等分阶段、有计划地全面开展陕西省中医药古籍修复工作，包括文物定级、建档、备案等。重点改善古籍集中分布区的保存环境、设备、人才配备等。而对于保护设施、保护能力不足、藏书量少的基层馆藏机构，通过双方协商，用赠送、有偿出让、代管等方式，集中保存，进而促进基层中医药古籍的整合，充分保护陕西中医药古籍的文物价值。

（四）系统整理、分期出版

加快中医药古籍研究工作。整理出版是中医药古籍保护与传承的重要方式之一。由陕西省古籍整理办公室（陕西省社科院古籍整理研究所）主持，制定陕西中医药古籍系列丛书出版规划，出版质量高、口碑好、影响力大的《陕西中医药古籍善本大全》《陕西中医药古籍集成》。围绕陕西珍贵中医药古籍的存藏情况，与省古籍整理出版年度项目相结合，策划出版珍贵中医药古籍整理本，可以从中医药古籍的中医理论、医药学知识、版本等方面，深挖陕西中医药古籍的历史意义和文献价值。

（五）培养人才、形成梯队

建议以陕西中医药大学和陕西省中医研究院为主要平台，分三步完成陕西中医药人才体系建设。第一步，引进高层次人才，铸就陕西中医药研究之魂。动员中医院校教师群体和专家团队，团结地方老中医，并组织统一的古籍保护培训，使从业人员的中医学科素养和古籍修复能力有机融合。第二步，优化中医药专业人才培养计划，增设中医药古籍整理、管理等课程或专业，尤重实践操作，分批培养本科、硕士、博士多层次的研究及管理人才。第三步，集中培训文博单位收藏机构的管理人员。提升管理人员对古籍的甄别能力、修复意识，完善古籍保护队伍建设。深入挖掘陕西中医药古籍中蕴藏的中医药理论与智慧，寻找陕西中医药古籍的发展脉络，全面攻关陕西中医药古籍所蕴含现代医药学价值的重大课题。

（六）搭建平台、资源共享

中医药古籍数字化是指"利用现代信息技术对中医药古籍进行加工处理，使其转换为电子数据形式，通过光盘，网络等介质保存和传播"。① 应从省级层面对陕西中医药古籍数字化进行系统规划，设立专项资金，全面支持各地现藏中医药古籍扫描、缩印，分期完成陕西中医药古籍的初步数据化。明确责任、加强考核，运用联合开发、资源共享等现代技术及理论，争取3~5年内建成"陕西省中医药古籍数据库"，搭建陕西中医药研究大平台，实现资源共享。在数字化的基础上，对古籍内容进行深度的加工与整理，建立中医药知识服务系统，打造中医药古籍数字化服务应用产品，建立"陕西省中医药古籍知识库"，从知识开发与服务的需要出发，全方位推进陕西中医药古籍数字化，以期达到更深层次、精细化的中医药原创知识的开发和利用。

（七）拓宽渠道、广泛宣传

加强陕西中医药博物馆和文化场馆建设，开发中医药文化品牌。建议以陕西珍贵中医药古籍为原型，充分利用其他各省级图书馆、博物馆等，展开省级合作，举办高规格、多频率的全国巡回宣传与展览，扩大陕西中医药古籍的知名度、影响力。尊重陕西中医药古籍现状，围绕陕西中医药古籍文化内核，组织高规格、高质量的学术研讨、讲座、培训等活动，策划出版系列通俗读物，坚持讲陕西中医药古籍故事，加快中医知识的普及宣传工作。筹建陕西中医药博物馆，鼓励相关地区建设具有当地特色的中医药公园、中医药产业园等，推进陕西中医药古籍进行文化基因编码，把握中医药产业发展机遇，开发包含地域特色的文创产品。提高全省中医药古籍保护意识，丰富陕西文化内涵，增强陕西文化自信，提升陕西文化大省国际形象。

---

① 蒋鹏飞、李怡琛、周亚莎、彭清华、陈向东：《中医古籍整理的思考》，《中国中医药现代远程教育》2018年第3期。

B.14
陕西省不可移动革命文物保护利用研究

樊为之 *

摘　要： 陕西拥有丰富的不可移动革命文物资源，具有分布广泛、等级高、时间跨度大、种类丰富等特点。陕西重视保护不可移动革命文物，采取了制定法规和规划，加强制度建设；连片集中保护，创新保护新模式；发挥各方优势，开创共建共享保护模式；将建设革命纪念馆与保护革命旧址相结合等方式，保护不可移动革命文物。陕西采取了建立文物活化利用体验式教学基地，加强革命旧址布展工作，建设爱国主义教育基地，通过互联网宣传不可移动革命文物等方式，大力传承革命文化，为奋力谱写中国式现代化建设陕西新篇章提供强大动力。为保护利用好革命文物，陕西需要加强对新发现不可移动革命文物保护工作，大力培养保护革命文物人才；加强对革命旧址研究和利用，推动革命传统教育，发展红色旅游等。

关键词： 不可移动　革命文物保护　陕西省

一　陕西省不可移动革命文物资源特点突出

陕西拥有丰富的不可移动革命文物。根据 2022 年公布的《陕西省不可移动革命文物名录》（简称《名录》），全省现有不可移动革命文物 1141 处，全国重点文物保护单位 30 处，省级文物保护单位 277 处。全省 68 个县（市、区）分别被列入国家公布的川陕、陕甘、长征和陕甘宁四个革命文物

---

* 樊为之，陕西省社会科学院延安精神（陕甘宁革命史）研究所副所长、副研究员。

保护利用片区。陕西省延安市是全国唯一获批创建革命文物国家文物保护利用示范区的城市。

（一）分布广泛

《名录》中文物分布在全省 11 个城市和杨凌示范区，充分体现了全省不可移动革命文物分布广泛的特点（见表 1）。

表 1　《陕西省不可移动革命文物名录》中国家、省级等文保单位数量

单位：处

地区	国家重点文物保护单位	省级文物保护单位	其他（包括市县级文保单位）
西安市	4	14	14
宝鸡市	1	3	27
咸阳市	3	15	58
铜川市	1	5	19
渭南市	5	22	70
延安市	11	143	225
榆林市	3	23	221
汉中市	1	26	69
安康市		15	67
商洛市		6	58
杨凌示范区		1	
韩城市	1	4	6

资料来源：根据《名录》计算得出。

延安市是全省不可移动革命文物分布最多的地区，其数目占到《名录》中总数的 33.2%。榆林是陕甘宁边区重要组成部分，解放战争时期中共中央转战陕北的大部分时间在榆林度过，这里也保留了数量不菲的重要不可移动革命文物，占《名录》中总数的 21.6%。陕北地区延安和榆林两市占全省不可移动革命文物的大半。土地革命战争时期，中国共产党在渭南发动了渭华起义等，在铜川建立了陕甘边照金革命根据地，在咸阳建立了渭北革命

根据地,均留下了众多宝贵的不可移动革命文物。关中地区的西安、宝鸡、渭南、咸阳、铜川、杨凌、韩城等地不可移动革命文物达到 273 处,占《名录》中总数的 23.9%。陕南地区的汉中、安康、商洛市不可移动革命文物达到 242 处,占《名录》中总数的 21.2%。

(二)等级高

《名录》中收录的文物主要包括各级文保单位和一般不可移动文物。延安现存全国重点文物保护单位多达 11 处,其中 5 处位于宝塔区。这之中最为著名的是被列为第一批全国重点文保单位的延安革命遗址,现有 14 个点,包括第一批全国文保单位公布时列入的杨家岭革命旧址等 6 个点,第四批时归并的岭山寺塔(延安宝塔)等 2 个点,第六批时归并的南泥湾革命旧址等 5 个点,第七批时归并的白求恩国际和平医院旧址。宝塔区还有 4 处第八批全国重点文保单位:金盆湾八路军三五九旅旅部旧址、陕甘宁边区高等法院旧址、延安陕甘宁晋绥联防军司令部旧址、美军驻延安观察组驻地旧址。另外 6 处分布于延安其他地区,分别是位于子长市的瓦窑堡革命旧址(第三批全国文保)、延长县的延一井旧址(第四批)、洛川县的洛川会议旧址(第五批)、吴起县的吴起革命旧址(第六批)、志丹县的保安革命旧址(第六批)、安塞区的张思德牺牲纪念地(第八批)。

榆林全国重点文保单位中有两处不可移动革命文物形成于中共中央转战陕北期间,分别是位于米脂县的杨家沟革命旧址(第五批),位于靖边县的小河会议旧址(第八批)。咸阳的全国重点文保单位有安吴堡战时青年训练班革命旧址(第七批)、马栏革命旧址(第八批),系抗日战争时期的重要革命文物,其中马栏革命旧址中包含陕西省委旧址、关中分区旧址、关中地委旧址等。铜川的全国重点文保单位陕甘边照金革命根据地旧址(第七批)是土地革命战争时期的重要不可移动革命文物。渭南的全国重点文保单位渭华起义旧址(包含 3 个点,第六批)是土地革命战争时期党在陕西领导革命的历史见证。

土地革命战争后期、抗日战争时期发生的西安事变等重要革命历史事件，形成了不可多得的革命历史文物。陕西 4 处全国文保单位位于西安市：西安事变旧址（包括分布在全市 4 个区的 8 个点，第二批全国文保）、西安八路军办事处旧址（第三批）、革命公园（第八批）、葛牌镇红 25 军军部旧址（第八批）。

《名录》中的 277 处省文保单位也保护了大批重点革命文物，其中包括转战陕北期间中共中央所在地，中共中央领导人旧居，重大战役遗址，中共中央部门、中央军委部门旧址，重要党政机关旧址等。

（三）时间跨度大

陕西不可移动革命文物时间跨越了北伐战争、土地革命战争、抗日战争、解放战争和新中国成立后社会主义建设时期等多个阶段。北伐战争时期的革命旧址主要包括全国重点文保单位如西安革命公园等。

土地革命战争时期不可移动革命文物主要由西北共产党人在陕西开展的革命活动旧址和中共中央到陕北以后开展的革命活动旧址构成。前者包括渭华起义旧址、习仲勋亭北村革命活动旧址、"两当兵变"策源地旧址等，后者包括瓦窑堡革命旧址、保安革命旧址等。

抗日战争时期延安是中共中央所在地和陕甘宁边区首府，是中国革命的指导中心和总后方。延安市拥有大批抗战时期不可移动革命文物，除全国和省文保单位外，还有许多其他非常珍贵的文物，如市级文物保护单位的延安平剧研究院旧址在中国京剧发展历史中占有一席之地。此外，县级文物保护单位和一般不可移动文物也颇具特色，如陕甘宁边区税务总局旧址、凤凰山中共中央组织部旧址等。榆林市部分抗战时期的不可移动革命文物还反映了八路军 120 师和晋绥边区重要机关在神木的历史，如八路军 120 师河防司令部旧址、晋绥边区印币厂旧址、晋绥边区公安总局旧址等。

解放战争期间，中共中央有两年半时间坚持在陕北指导中国革命，大批珍贵的不可移动革命文物来自这一阶段，其中不仅有国家重点文物保护单位小河会议旧址、杨家沟革命旧址等，还有青化砭、羊马河、蟠龙战役遗址，西北野战军司令部遗址等各类不可移动文物。除陕北外，还有位于渭南的省级文保单位荔北战役纪念园、壶梯山战役遗址和中共西北野战军第一次代表大会旧址等。这些文物从特定角度体现了陕西在解放战争时期对中国革命的重要贡献。

《名录》还收录了为数不少新中国成立后的不可移动革命文物。有的革命文物反映着新中国航天事业的发展历程，如位于西安市阎良区的试飞院建筑群、腰张阎良试飞院导航台，位于宝鸡市凤县的红光沟航天六院旧址11所科研区、067基地"厕所"实验室、067指挥部、201洞等。有的展现了文化建设的成就，如省级文保单位西安新华书店钟楼店旧址等；有的展现了通信邮政事业的发展历程，如省级文保单位西安报话大楼、西安邮政局大楼等；有的反映了新中国高等教育发展的辉煌历史，如省级文保单位西安交通大学主楼群等；有的展现了新中国科学发展历程，如国家授时中心蒲城授时台旧址等；有的反映了社会主义建设时期农业建设的历史，如位于礼泉县的烽火村社会主义建设时期建筑群、宜君旱作梯田等。这些都是陕西不可移动革命文物的重要组成部分。

（四）种类丰富

陕西不可移动革命文物种类非常丰富，包括重要会议旧址、人物旧居、重要革命活动旧址、党政机关旧址、文教机构旧址、经济部门旧址、烈士陵园等，从不同方面反映了革命事业的发展历程。

重要会议旧址包括洛川会议旧址、瓦窑堡中共中央工作会议旧址等。人物旧居方面，除毛泽东同志在陕西工作生活期间的旧居外，还有位于子长市王家沟的周恩来、朱德、刘少奇旧居，吴起的邓小平、林伯渠、彭德怀、叶剑英旧居等。人物旧居中还有一批属于陕西重要革命历史人物旧址，如位于兴平市的西北地区共产主义革命活动先驱者魏野畴故居、全国重点文保单位的杨虎城旧居（第七批）。

党领导的军事斗争为革命胜利做出了重要贡献，陕西的革命战争遗址，如"切尾巴"战斗遗址、榆林桥战役遗址、直罗镇战役遗址、羊马河战役遗址等展现了不同时期党领导军事斗争的辉煌历史。陕西有的革命旧址反映了战争年代隐蔽战线斗争历史，如位于渭南市的中共中央社会部西安情报处吴家坡交通站旧址、凤凰台（中共中央社会部西安情报处第五秘密电台旧址，省级文保单位）、米家窑地下交通站旧址等。

全省革命文物中有数量较多的各级党政机关旧址，是共产党领导政权建设的见证，除国家重点文保单位外，还有中共陕甘省委旧址、塔儿湾赤安县苏维埃政府旧址等其他各类不可移动文物，它们是党领导人民在各个历史时期开展政权工作的见证。

中国共产党重视宣传和教育工作，陕西有一批革命战争年代的教育机构旧址，在延安分布较多，如中共中央党校旧址、泽东青年干部学校旧址、西北公学旧址等。其他地区也有相当数量的革命教育机构，包括国家重点文保单位安吴堡战时青年训练班革命旧址、马栏陕甘宁边区第二师范旧址等。中国共产党高度重视文化建设工作，革命旧址一定程度上反映了革命根据地文化建设成就，如位于旬邑县的马栏部队艺术学校旧址、延安宝塔区的八一剧团旧址、子长市好坪沟新华电台旧址等。

陕甘宁边区坚持自力更生艰苦奋斗的精神，经济建设取得辉煌成就，一批旧址见证了当年经济领域各个战线的工作，如马栏关中分区粮仓旧址等，见证了公粮征收、管理和分配工作；十里铺兵工厂旧址等见证了抗战时期发展军事工业的历史；茶坊陕甘宁边区机器厂旧址、陕甘宁边区第二机器厂旧址是边区机械工业发展的见证；陕甘宁边区纸坊沟化工厂旧址、光华制药厂旧址等展现了边区发展化工业、制药业等产业的历史；陕甘宁边区难民纺织厂遗址等是边区纺织工业发展的历史证明；八路军通信材料厂旧址等是边区电子工业发展历程的见证；陕甘宁边区振华造纸厂、冯家岔中央印刷厂旧址等是边区文化产业发展的明证；延长油矿七一井旧址是边区发展石油开采、石油化工的历史写照。

烈士陵园是不可移动革命文物的重要组成部分，其中，省级文物保护单位，如杨虎城陵园、延安"四八"烈士纪念堂旧址；属于县级文保单位，如云阳革命烈士陵园、定边县安边烈士陵园等。

二 陕西不可移动革命文物保护工作成效显著

（一）制定法规和规划，大力保护不可移动革命文物

2001 年陕西省公布实施了《延安革命遗址保护条例》，这是全国范围内第一次对革命文物的专门立法。2020 年这一条例经修订后更名为《陕西省延安革命旧址保护条例》。为进一步实施好该条例，陕西还制定了《延安市实施〈陕西省延安革命旧址保护条例〉办法》，对于整合延安不可移动革命文物资源，对其进行统筹规划、整体保护、研究阐释和展示利用发挥了重要作用。2022 年 12 月通过的《陕西省革命文物保护利用条例》特别要求对革命文物实行名录管理制度，对革命文物名录实行动态调整，文物的所有权人或者管理人、使用权人为革命文物保护管理责任人。

陕西省重视通过规划促进不可移动革命文物的保护。2021 年发布的《陕西省"十四五"文物事业发展规划》专门提出要开展"革命文物集中连片保护利用项目""转战陕北旧址利用保护工程""百年党史文物保护展示工程"等，统筹规划、保护修缮中共中央转战陕北路线沿线革命旧址，提升重要会议遗址、重要机构旧址、重大事件遗迹、重要人物旧居的保护展示水平。同时，编制了《陕西省革命文物保护利用总体规划》《陕甘片区革命文物保护利用规划》《川陕片区革命文物保护利用规划》，对陕甘、川陕片区革命文物开展集中连片保护，形成革命文物保护示范区。2022 年出台的《陕西省"十四五"博物馆事业发展规划》中专列了革命类博物馆纪念馆体系建设项目，包括提升渭华起义纪念馆等革命类纪念馆陈列展示和社会教育水平，通过对革命纪念馆、博物馆的提升，推动陕西形成典型性、示范性、引领性相结合的革命类博物馆纪念馆均衡发展格局。

（二）重视连片集中保护，创新陕西革命文物保护新模式

2020 年 9 月延安市开启创建革命文物国家文物保护利用示范区工作，

涉及全市革命旧址 445 处。延安认真开展示范区建设，从规划入手大力加强对革命文物集中连片保护工作，编制了关于延安革命旧址群、革命文物的保护利用和相关革命文物保护单位管理的规划、计划，以及《示范区建设实施方案》等，为连片保护制定了时间表和路线图。延安在规划过程中重视将革命文物保护与国民经济和社会发展相结合，从文物保护、土地利用、生态环境等多方面系统、全面开展工作，深入融合各类规划，有效解决不同规划组成体系中衔接力度不够等问题，凝聚全市力量，全域化开展革命文物的保护。

延安在实施连片保护革命文物过程中，明确了核心保护区多拆少建、革命旧址周边只拆不建的原则。2020 年修订的《陕西省延安革命旧址保护条例》第 19 条规定"延安革命旧址实施原址保护，不得擅自拆除、迁移"。延安在保护革命旧址中强调对周边环境的提升，将推进老城改造、居民搬迁与革命旧址周边环境整治相结合，通过革命旧址周边环境改造提升工程，进一步改善了宝塔山、凤凰山、清凉山、西北局、鲁艺等革命旧址的周边环境。2023 年延安致力于重点推进陕甘宁边区高等法院旧址等 8 处国家重点文保单位的革命文物保护维修工作，推动延安中央医院旧址等 27 处省文保单位保护修缮工作。[1]

（三）重视发挥各方优势，开创共建共享革命文物保护模式

延安充分利用不可移动革命文物与相关部门单位的历史渊源，探索革命文物保护与革命精神弘扬新模式。通过调动外交部与陕甘宁边区政府交际处，中国人民银行与陕甘宁边区银行，有关电信部门、企业与中央军委三局等历史上的情感联系，开展"寻根工程"，推动相关部门单位与对应革命旧址建立对口援助关系，促进维修保护利用工作，为着力打造延安这座中国革命博物馆之城做出贡献。相关部门在保护延安不可移动革命文物方面做出了

---

[1] 《延安革命纪念地管理局 2023 年部门预算公开说明》，延安革命纪念地管理局网，最后访问日期：2023 年 11 月 9 日。

重要贡献,如 2021 年外交部拨付 600 万元,修缮陕甘宁边区政府交际处旧址,其他单位也开展了对口援助,支持了相关革命旧址的维修保护、陈列布展等工作。① 延安的这一调动各方力量保护革命文物、宣传革命精神的做法,对弘扬延安精神具有特殊意义。

(四)将建设革命纪念馆与保护革命旧址相结合,保护革命文物

陕西省结合不可移动革命文物建立纪念馆,传承革命精神,保护革命文物。陕西现有各类革命纪念馆 76 座,相当数量的纪念馆依托不可移动革命文物而建。陕西依托土地革命战争时期的革命文物,建立了陕甘边革命根据地照金纪念馆、吴起革命纪念馆等;依托抗日战争时期的革命文物,建立了中共中央西北局纪念馆、八路军西安办事处纪念馆等;依托解放战争时期的革命文物,建立了杨家沟革命纪念馆等。这些革命纪念馆对于宣传革命历史革命文化具有重要作用和意义。2023 年 10 月,位于延安的中国人民抗日军事政治大学纪念馆新馆开馆,全方位展示抗大发展全过程,系统呈现抗大师生创建的办学经验与优良传统,深度诠释了抗大精神。

三 陕西重视革命文物保护利用与革命文化传承弘扬相结合

(一)建立文物活化利用体验式教学基地

延安重视探索利用旧址宣传革命历史、弘扬革命精神新模式。根据《延安市人民政府关于进一步加强文物工作的实施意见》的要求,② 相关部门结合维修保护项目实施,将桥儿沟、清凉山等旧址 600 余孔窑洞活化利

---

① 《延安加快推进革命文物国家文物保护利用示范区创建工作》,延安革命纪念地管理局网,最后访问日期:2023 年 11 月 10 日。
② 《延安市人民政府关于进一步加强文物工作的实施意见》,延安市人民政府网,最后访问日期:2023 年 11 月 16 日。

用，打造成具有延安特色的体验式教育培训基地。这一现场教学基地运营以来开展"培训教育 428 批次、31529 人次，创造社会经济效益约 6305.8 万元"，[①] 成为进行红色文化宣传，开展革命文物社科普及的特色平台，已被国家广播电视总局、中华全国新闻工作者协会等关注。

（二）加强革命旧址布展工作

陕西重视不可移动革命文物陈列展示工作，严格执行改陈布展管理机制，根据自身特点和条件，打造了一批优秀的革命文物陈列展览精品，实现了政治性、思想性、艺术性相统一，有利于推动延安精神、照金精神、南泥湾精神、张思德精神、西迁精神的研究阐释和弘扬工作。如洛川会议纪念馆专门修建了 10 间仿古的陈列室，展出革命文物；八路军西安办事处纪念馆专门举办"千秋七贤庄——八路军驻陕办事处史实展"等。

近年来，陕西大力推动不可移动革命文物的陈列展出工作，延安的抗大纪念馆和中组部、中宣部、中央党校、延安中央医院、边区政府、交际处、陕甘宁边区儿童保育院等旧址根据自身特点和革命历史，开展了陈列布展工作。[②] 陕西还通过专题展巡展方式，扩大展览影响力，如推动延安杨家岭革命旧址管理处等举办"团结的大会胜利的大会——中国共产党第七次全国代表大会专题展"巡展等工作。

（三）建设爱国主义教育基地，推动革命文化传承

陕西一批依托革命旧址建立的纪念馆等成为各级爱国主义教育基地，其中中宣部命名的全国爱国主义教育示范基地包括延安革命纪念地、西安事变纪念馆、洛川会议纪念馆等纪念馆和直罗烈士陵园、刘志丹烈士陵园等烈士陵园，以及咸阳的马栏革命旧址等，类型多样。

---

① 《延安加快推进革命文物国家文物保护利用示范区创建工作》，延安革命纪念地管理局网，最后访问日期：2023 年 11 月 16 日。

② 《延安革命纪念地管理局 2023 年部门预算公开说明》，延安革命纪念地管理局网，最后访问日期：2023 年 11 月 6 日。

一大批不可移动革命文物依托其建立的纪念馆等成为陕西省爱国主义教育基地，如西安烈士陵园、杨虎城将军陵园、扶眉战役烈士陵园、安吴青训班旧址、延安桥儿沟革命旧址、榆林靖边小河革命旧址，有的属于国家重点文物保护单位，有的是一般不可移动文物，它们在传承革命文化中均发挥着重要作用。

（四）通过现代科技手段宣传革命文物，传承弘扬革命文化

陕西省图书馆建立了"陕甘宁边区红色记忆多媒体资源库"，其中"革命旧址·遗址·纪念地"部分专门介绍不可移动革命文物。该数据库主要由旧址分布图、西北革命根据地旧址、中共中央在陕北活动旧址、纪念场馆等9个一级栏目、17个二级栏目构成，通过网络向读者介绍陕西的革命旧址，让读者对陕西革命历史、中国革命历史有更为全面和深刻的认知，对弘扬传承革命精神产生了特殊的促进作用。

2021年2月，陕西省文物局与陕西省委党史研究室组织开展了陕西革命旧址云传播项目，依托陕西首创的"互联网+革命文物"教育平台，利用5G+VR等先进技术，进行文字、图片和短视频展示等，在互联网上展示了100个具有重要影响的革命旧址，荣获了第三届（2021）全国革命文物保护利用十佳案例等奖项。陕西省各部门也重视用现代技术宣传革命旧址，如省政务服务中心在VR体验设备屏幕上播放各个革命旧址全景视频，起到良好宣传效果。①

四　陕西省保护和利用不可移动
革命文物的建议

（一）积极探索保护机制，加强相关保护

陕西应不断探索革命文物保护机制，重点包括探索文物保护补偿机制、

---

① 《陕西多部门用科技赋"活"革命文物》，陕西省文物局网，最后访问日期：2023年11月6日。

非国有革命文物保护利用补偿办法、取得非国有重要革命文物使用权和所有权机制；推广"三个一点"（保护经费由所有人出一点、政府出一点、文物部门出一点）模式；探索革命旧址与新时代文明实践中心建设相辅相成的有效机制。

不断完善和实践革命文物定期排查制度，进一步加强不可移动革命文物安全防范设施建设；进一步加大革命旧址周边环境整治力度，较大程度保持革命旧址建筑本体与周边环境原有历史风貌的一致性。进一步加强不可移动革命文物内部的可移动革命文物保护工作，加强相关文物的收集和保护工作。通过定期排查制度和革命文献查阅等工作，掌握革命文物的保护现状、保护需求和复原不可移动革命文物内部场景等。

（二）加强对新发现文物的保护，大力培养革命文物保护的人才

重点加强对革命文物的普查工作，对新发现革命旧址定级，纳入文物保护范畴；建立不可移动革命文物多层保护制度，不仅加强重点文物保护工作，对散落在乡村的各级不可移动革命文物也要加强保护。

在加强不可移动革命文物保护利用领域人才培养工作方面，一是建立陕西不可移动革命文物保护人才智库，提高革命旧址管理保护利用的科学化、规范化水平。二是构建不可移动革命文物保护研究利用的多层次人才培养体系，针对革命文物保护、研究和利用需求，分门别类培养各类人才。三是实施不可移动革命文物人才培养系统工程，包括全省高层次革命文物人才培养工程、革命旧址保护研究专业人员能力提升工程、革命旧址行政管理人员培训工程、革命旧址红色教育教培人员专业水平提升工程、革命旧址红色旅游专业人员培训工程等。四是完善不可移动革命文物人才队伍建设保障机制，为培养人才、发挥人才作用、留住人才创造良好的环境。

（三）加强对革命旧址的研究和利用，推动革命传统教育，发展红色旅游

加强研究革命旧址，深度挖掘其价值内涵。一是加强对陕西革命旧址和

其中承载的革命历史、革命文化研究工作，整理、编纂、出版有关陕西革命旧址的资料、文章和图书，对革命旧址蕴含价值进行深度挖掘。二是采取有效举措搜集认定与革命旧址相关的可移动革命文物，并做好革命文物数据库，用数字化技术保护利用革命文物。三是有效利用革命旧址举办具有该旧址特色的文物陈列展览，并按照程序审查陈列展示说明和解说词，为弘扬延安精神、传播革命文化、培育社会主义核心价值观提供准确、完整和规范的科学权威宣传平台。

利用革命旧址，进一步推动革命传统教育。一是制定有效措施，鼓励国家机关、企事业单位和社会组织，充分发挥不可移动革命文物功效开展爱国主义和革命传统教育；二是实施相关政策，促进各级学校和教育机构将弘扬延安精神、照金精神、南泥湾精神、张思德精神、西迁精神等革命精神融入教育教学环节，并鼓励依托相关不可移动革命文物开展现场教学和研学实践活动。同时采取相关举措，鼓励和协助革命旧址所有人、使用人、管理人，为开展有关爱国主义、革命传统教育的研学实践活动提供便利。

利用革命旧址促进文旅结合，发展红色旅游。一是将不可移动革命文物利用纳入区域旅游发展规划，帮助提升其周边环境水平，加强基础设施建设，发展红色旅游。二是将不可移动革命文物、自然景观、非物质文化遗产和其他类型文物遗址相整合，进一步丰富旅游线路和内容，形成联合展示体系。三是根据陕西革命历史特点，合理设置红色旅游线路，扩大红色旅游影响力。

区 域 篇

B.15
陕南生态文化旅游发展研究

杜建括*

摘　要： 本报告主要基于 2022 年度陕南 A 级景区、2022 年公路交通网、调查问卷、2012 年以来的统计年鉴或统计公报、政府工作报告获取的旅游接待人次与旅游综合收入数据，应用 Excel 或 ArcGIS 软件，对 2022 年陕南生态文化旅游景区数量、资源类型及分布、景区间交通可达性、旅游消费结构、旅游接待人数和旅游综合收入等现状进行了分析，整体来看，2022 年陕南 A 级景区创建成效显著，旅游交通持续改善，但旅游消费结构仍以基本消费为主，旅游消费仍属于低层次消费形式。在热点景区数量及旅游接待人数、综合收入上，汉中市大幅领先于商洛市和安康市。基于现状分析，对当前陕南生态文化旅游存在的主要问题进行了概括，针对相关问题提出了对策建议。

---

* 杜建括，陕西理工大学副教授，主要研究方向为区域经济与可持续发展。

关键词：　陕南　生态文化旅游　旅游产业

一　陕南生态文化旅游发展现状

（一）A级景区创建成效显著，资源类型丰富多样

截至 2022 年 12 月，陕南共有 A 级景区 127 个，与 2021 年的 120 个 A 级景区相比，陕南 2022 年共新增 A 级景区 7 个。陕南三市中，汉中 A 级景区数量最少，为 34 个，安康 46 个，商洛 47 个。127 个 A 级景区中，高 A 级景区 49 个，其中 5A 级景区 1 个，在商洛；4A 级景区 48 个，汉中、安康与商洛分别为 17 个、15 个和 16 个，总体相差不大；3A 级景区 73 个，汉中、安康和商洛分别为 16 个、28 个和 29 个。总体来看，与关中的 8 个 5A 级景区、陕北的 3 个 5A 级景区相比，陕南 5A 级景区数量偏少。

按景区资源类型对 127 个 A 级景区进行分类，自然生态类景区与现代游乐类景区都为 45 个，历史文化类景区有 27 个，产业融合类景区 5 个，历史与自然融合类 3 个，其他类 2 个。从陕南三市看，汉中市和商洛市 A 级景区以自然生态类为主，安康以现代游乐类为主。

自然生态类景区 45 个，包括 5A 级景区 1 个，4A 级景区 24 个，3A 级景区 17 个，2A 级景区 2 个，1A 级景区 1 个，该类景区以高 A 级景区为主，占比超过 55.6%；现代游乐类景区包括 4A 级景区 6 个，3A 级景区 38 个，2A 级景区 1 个，高 A 级景区占比为 13.3%；历史文化类景区包括 4A 级景区 12 个，3A 级景区 14 个，2A 级景区 1 个，高 A 级景区占比为 44.4%；历史与自然融合类景区包括 4A 级景区 3 个，全部为高 A 类景区；产业融合类包括 4A 级景区 2 个，3A 级景区 3 个；其他类景区包括 4A 和 3A 级景区各 1 个。

运用 ArcGIS 10.8 软件核密度分析工具，对 2022 年陕南 A 级景区进行核密度分析，并采用自然断点法将形成的景区密度分析图划分为五级，依次为高密度区、较高密度区、中高密度区、中密度区和低密度区。陕南 A 级

景区分布不均衡，大分散、小集中特点较为显著，地势较为平坦的汉中盆地、安康盆地及商丹盆地景区密度整体较高，形成"汉台—勉县—南郑""石泉—汉阴—汉滨—平利""柞水—镇安""商州—洛南"四大核心区，主要扩散趋势是由中心城市向周围地区扩散，周围山地地区 A 级景区分布零散，景区分布密度较低。

（二）交通持续改善

陕南三市对外交通正逐步改善，截至 2022 年，汉中对外的主要交通方式为高铁和航空、安康对外主要交通方式为高速公路和航空、商洛主要对外交通方式以高速公路为主，从目前看，陕南三市中对外交通最好的为汉中市。安康市与商洛市高铁项目正在建设，陕南三市对外交通正在逐步改善。2022 年陕南三市对内交通持续得到改善，汉中市 G108 城固过境段、G244 南郑段等 4 个项目顺利竣工，S27 洋镇高速、略康高速等项目全力推进，G108 佛坪大坪峪至袁家庄旅游二级公路等 13 条旅游公路建成通车；安康市宁石高速公路、安岚高速吉河连接线、蜀河汉江大桥、段家河汉江大桥和中心城市北环线、汉江东路等建成通车；商洛市高铁大道、环城西路等建成通车。

（三）陕南旅游格局发生明显变化

为更好地分析陕南三市旅游业发展现状，本报告通过查询统计年鉴、国民经济和社会发展统计公报、政府工作报告等资料获取了 2012～2022 年陕南三市旅游接待人次和综合收入，其中汉中市 2022 年旅游接待人次、旅游综合收入数据通过官方渠道未能准确获取，但根据各县区旅游综合收入统计，汉中市 2022 年旅游综合收入超过 500 亿元（见图 1）。

据图 1 可知，陕南三市 2012～2019 年旅游接待人次和旅游综合收入呈稳定增长趋势，2020～2022 年受重大突发公共卫生事件影响，安康和商洛两项统计数据出现阶段式下滑，汉中受到的波及较小。2012～2018 年陕南三市中，A 级景区最多的商洛市旅游接待人次、旅游综合收入处于三市中领先地

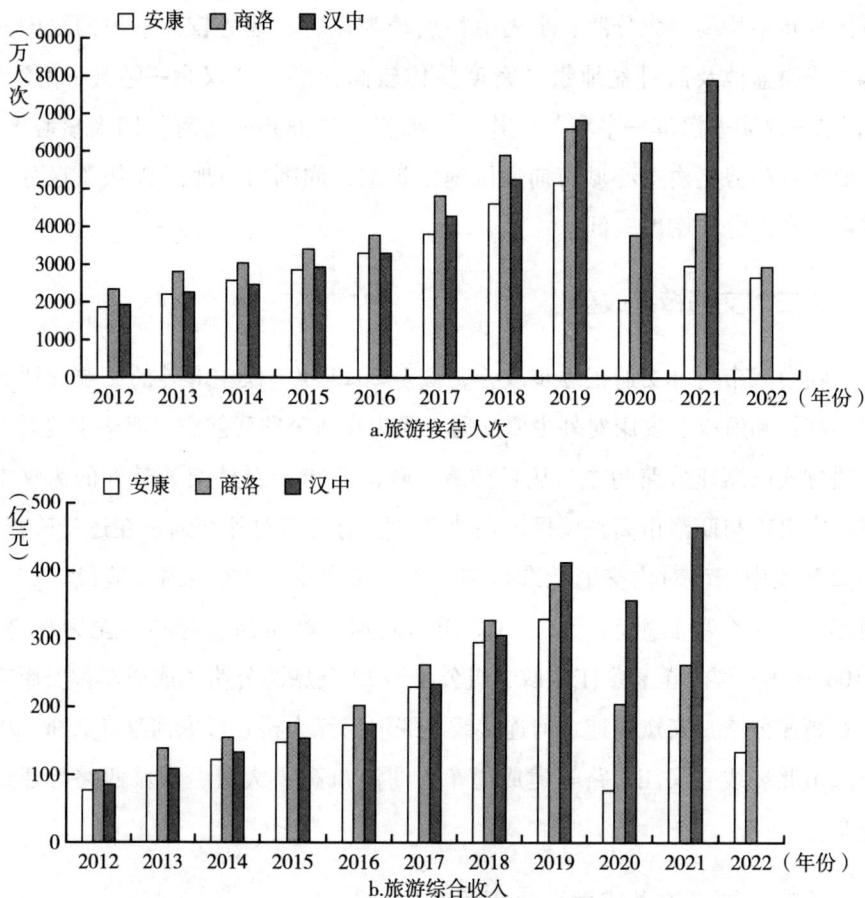

图 1   陕南三市 2012~2022 年旅游接待人次、旅游综合收入

注：汉中市数据至 2021 年。

位，汉中市和安康市相差不大。2019 年，安康市和商洛市两项数据统计值达到最大值，在这一年汉中市旅游业异军突起，接待人次和旅游综合收入开始居陕南三市首位，在受疫情影响的三年，安康市和商洛市两项统计数据均受到较大影响，而汉中市 2020 年两项统计数据减小幅度较小，2021 年两项统计数据已超过疫情之前的水平。根据各县区旅游综合收入统计结果，汉中市 2022 年旅游综合收入实现正增长，超过 500 亿元。可以看出，疫情期间，陕南三市旅游发展格局发生明显变化，汉中旅游业在陕南三市中异军突起。

（四）旅游消费结构仍以基本旅游消费为主

基本旅游消费主要包括住宿、餐饮、交通和游览消费，非基本消费包括购物、娱乐、邮电通信和其他消费。游客消费按旅游六要素，可分为交通、住宿、餐饮、游览、购物、娱乐和其他七部分。根据 2022 年 7 月调查问卷统计结果，来汉中旅游的国内游客，人均消费约 630 元，停留时间较短，以两日游为主，在交通、住宿、餐饮、游览、购物、娱乐和其他七部分的消费比例分别为 36%、18%、8%、20%、8%、8% 和 2%，其中交通花费占比最高，餐饮、购物和娱乐占比较低，基本旅游消费占比超过 80%。

（五）热点景区较集中，景区评价高

采用网络爬虫数据采集技术，对陕南 4A 级及以上景区（共计 49 个景区）评价进行了互联网扫描获取，采集数据包括去哪儿网 43 个 4A 级及以上景区评价 3793 条。部分免费景区和刚升入 4A 级景区在去哪儿网缺少评价数据。对去哪儿网采集的 4A 级及以上景区评价数进行分类汇总，取评价总数前 15 名（见表 1）。在去哪儿网 15 个热点景区中，汉中市占其中的 10 个。可以看出，虽然汉中市 A 级景区在陕南三市中最少，但景区吸引力最大，尤其是近几年打造的龙头山景区、兴汉胜境景区，对来汉游客的吸引力较大。

表 1　陕南 4A 级及以上景区去哪儿网评价数前 15 排序

单位：条

景区名	等级	所属城	评价总数
武侯墓景区	4A	汉中市	37
塔云山景区	4A	商洛市	57
武侯祠景区	4A	汉中市	66
青木川景区	4A	汉中市	69
长青华阳景区	4A	汉中市	70
黎坪景区	4A	汉中市	83

景区名	等级	所属城	评价总数
中坝大峡谷景区	4A	安康市	130
柞水溶洞景区	4A	商洛市	143
石门栈道景区	4A	汉中市	145
熊猫谷景区	4A	汉中市	220
张良庙紫柏山	4A	汉中市	241
金丝峡景区	5A	商洛市	247
兴汉胜境景区	4A	汉中市	335
瀛湖旅游景区	4A	安康市	422
龙头山景区	4A	汉中市	1355

游客对陕南旅游景区的整体评价较高，陕南高 A 级景区在去哪儿网的好评率为 97.8%。在整体评价较高的同时，更应关注景区的差评，一方面差评能够直接反映该景区游览价值，以及景区在建设和规划中存在的问题；另一方面游客的差评可以让景区了解游客对其服务和设施的评价，进而指导景区进行改进，提升游客体验。对 2022 年去哪儿网总评价数靠前的 15 个景区差评原因进行了统计分析，陕南热点景区的差评主要包括（按差评数量由多到少）：①门票价格高和隐形消费多，游客花费不透明；②宣传与实地景观不符，人造景观多，景区内部分设施还在建设；③商家无信，服务水平低和工作人员态度差；④景区管理差和存在落石危机；⑤公共设施陈旧；⑥导游不够专业和景区标牌少；⑦景区位置偏和景区交通体验感差；⑧旅游路线规划不合理。

这些问题和不足会影响游客对景区的评价和满意度，对景区的声誉和形象造成负面影响，从而影响景区的可持续发展。因此，景区需要多渠道获取游客对景区的真实评价，采取相应的措施改进和完善，提高游客的满意度和体验。

二 陕南生态文化旅游存在的主要问题

（一）陕南三市旅游趋同化竞争明显

陕南高 A 级景区以自然生态类景区和历史文化类为主，自然生态类景区资源禀赋大致相同，比如金丝峡、牛背梁、黎坪等景区，都以水体景观、峡谷景观、森林景观为主；历史文化类高A级景区全部为4A级，其中汉中市高A级历史文化类景区最多，两汉三国文化相关景区如古汉台、拜将坛、武侯祠、武侯墓、张良庙等社会知名度较高。综合来看，除资源禀赋相似外，陕南三市客源地也基本相同，客源地都以关中、陕南等省内周边地市为主，因此陕南三市旅游趋同化竞争明显。

（二）景区间交通可达性较差，地区间发展不平衡

陕南地区受自然条件影响，经济发展基础差，公路交通是本区对内最主要的旅行交通方式，是游客前往旅游景区以及旅游中转的主要交通方式。陕南三市目前均实现县县通高速，但受自然条件限制，以及A级景区"大分散、小集中"的分布特征，景区与景区间、景区内部等公路交通较差。

本报告使用ArcGIS软件，利用2022年OSM道路数据，对陕南景区间的公路交通进行了可达性分析。提取的道路图层中按等级对时速分别赋值，高速公路赋值90km/h，国道赋值70km/h，省道和城市一级道路赋值60km/h，县道和城市二级道路赋值40km/h，利用软件构建网络数据集，对陕南A级景区与景区之间的可达性进行分析，基于分析结果进行反距离权重插值，最终得到陕南A级景区通行时间分布情况，陕南A级景区平均通行时间在2.45~7.74小时，平均为5.05小时，从通行时间看，区域内景区可达性差异较为显著。陕南三市中，安康景区到其他景区平均通行时间最短，平均为4.56小时，汉中次之，为5.20小时，商洛平均通行时间最长，为5.41小时。

为更好地比较景区与景区之间的可达性水平，本文采用可达性系数对景区平均通行时间进行了归一化处理，其数据表达式为：

$$K = A_i / \left(\sum_{i=1}^{n} A_i / n \right)$$

式中：K为i景区的可达性系数；A_i为景区i的平均通行时间；n为节点总数。其中，K值越大，表示景区i的可达性越差；$K>1$表明该景区可达性

水平低于区域内 A 级景区平均水平；$K<1$ 说明该景区可达性优于区域 A 级景区平均水平。从表 2 可以看出，陕南 A 级景区可达性系数在 0.49~1.54 区间，可达性系数大于 1 的景区有 58 个，占景区总数的 45.7%；可达性系数小于 1 的景区有 69 个，占景区总数的 54.3%，可达性系数进一步验证了陕南交通可达性水平的不均衡性。

表 2　陕南 A 级景区可达性系数统计

单位：个

景区等级	可达性系数>1 景区数	可达性系数<1 景区数
AAAAA	1	
AAAA	23	25
AAA	33	40
AA		4
A	1	

据表 3 可以看出，汉中市 A 级景区可达性系数小于 1 的景区个数为 17 个，占汉中市 A 级景区的 50%；安康市 A 级景区可达性最好，可达性系数小于 1 的景区有 35 个，占区域内 A 级景区的 76.1%；商洛市 A 级景区可达性最差，可达性系数小于 1 的景区个数为 17 个，占区内 A 级景区的 36.2%。从可达性系数也可以看出，安康市到陕南 A 级景区的可达性最好，汉中市次之，商洛市最差。

表 3　陕南三市 A 级景区可达性系数统计

单位：个

地市	可达性系数>1 景区数	可达性系数<1 景区数
汉中市	17	17
安康市	11	35
商洛市	30	17

（三）饮食未成独立体系，旅游带动作用弱

饮食本身也是一种旅游资源，饮食对于旅游者来说不仅仅是品尝美食、填饱肚子，通过饮食，旅游者可以了解当地的饮食文化与传统习俗，感受地域文化魅力。陕南不乏名吃，热面皮、核桃馍、炕炕馍、商芝肉、西乡牛肉干、腊肉、蒸盆子、乌鸡、洛糍粑、北瓜揽饭、魔芋豆腐……但是陕南饮食未成独立体系。陕南地区位于川陕交界处，饮食习惯与川菜相似，受四川饮食文化的影响比较大，地方餐饮业以川菜为主。陕南本地名吃多以小吃类为主，价格实惠，饱腹感强，作为一种旅游资源，陕南本地的饮食旅游带动作用较弱。

（四）旅游产业发展水平层次低，专业人才短缺

从发展现状分析不难得出，陕南景区景点普遍存在档次不高、旅游基础设施落后、旅游产业规模较小、管理体制不健全等问题。从旅游消费看，陕南以基本旅游消费为主，占比超过80%。根据发达国家旅游产业结构高级化标准，旅游产业发展水平迈入高级化阶段的标准之一是非基本旅游消费（即购物、娱乐、邮电通信和其他消费）支出比例达到60%以上。不难得出，陕南旅游产业发展水平还处于较低层次。陕南三市旅游业均为其主导产业之一，对旅游从业人员的需求量较大，落后的经济基础决定了陕南对旅游专业人才吸引力弱。陕南本科高校有陕西理工大学、安康学院和商洛学院，三所高校中，陕西理工大学旅游管理专业已停止招生，商洛学院无旅游相关专业，仅有安康学院旅游管理专业正常招生，区内专业人才培养数量远远满足不了社会需求。

三　陕南生态文化旅游发展的对策与建议

（一）强化顶层设计，统筹系统布局

陕南资源禀赋、客源地和消费结构高度相似，决定了陕南旅游业发展必

须同中求异。一是以政府为主导，打破陕南行政界限，构建旅游利益共同体，共同规划、建设、布局景区与旅游基础设施配套，共同打造和宣传陕南旅游商品和旅游产业，增强陕南旅游整体影响力。二是强化部门联动，推动旅游产业高效率发展。旅游业是一个综合性产业，涉及国民经济的多个行业和部门，行业之间的关联度高，行业管理部门间的通力协作是景区可持续发展的前提条件之一。三是出台激励性政策，引导鼓励社会资本进入旅游投资领域，提升景区旅游品质，培育旅游发展新动能。

（二）优化提升旅游交通，助力全域旅游创建

陕南景区整体呈"大分散、小集中"的分布特点，在注重差异化发展、避免同质化竞争的同时，优化提升旅游交通也是关键因素之一。一是对内公路交通提质升级，持续完善 A 级景区公路网络，优化区域交通布局，积极争取国家新建主干交通线路在本地的规划布局，加强景区与现有主干交通的多点对接。二是未来规划以高铁为主轴、各级公路为辅的对内交通出行方式，大大缩短陕南景区与景区间的旅行时间，提升区域旅游竞争力。

（三）打造特色旅游商品，助力旅游产业提档升级

陕南旅游在未来比较长的时期内仍会以基础旅游消费为主，如何延长游客停留时间，改变游客基础旅游消费结构，是短期旅游产业提档升级的重点之一。一是以汉中的秦岭四宝和汉风古韵、安康富硒产业，以及复杂多元的地域文化、商洛的秦岭最美和秦风楚韵文化等为落脚点，通过政策引导，鼓励政企合作，开发出能体现陕南地域特色的旅游商品，多方位、多维度和多层次满足旅游消费者需求。二是开发与地方文化紧密结合的地方菜系，打造区域特色品牌。2021 年汉中市商务局、汉中市饭店与餐饮行业协会、汉中市标准化协会共同起草了《汉家菜烹饪技术规范》。该标准立足于汉中传统饮食文化与现代饮食文化的有机结合，对汉中市辖区内具有地域性、代表性的传统菜、创新菜、风味小吃和非物质文化遗产菜点的制作工艺、烹饪技法、感官评价等方面进行规范。汉中市还集中打造了陕西首个全品类农产品

区域公用品牌"味见汉中",并打造了"味在汉中"特色街区,目前已成为汉中市知名的网红打卡点之一。三是密切关注游客诉求,改善旅游基础设施,提升旅游商品品质。针对舆情较差的邮电通信、票务、餐饮、交通等进行重点监督和引导,如建立陕南旅游大数据平台,一站式解决游客对旅游商品的不同需求。

(四)挖掘地方特色资源,推动旅游产业升级

陕南生态旅游资源和文化资源较为丰富,旅游资源密集,但陕南旅游消费结构不甚合理,基本旅游消费占比超过 80%,代表旅游产业发展水平的非基本消费不足 20%,说明现有旅游产品以参观游览为主,旅游产品的参与性和体验感不足,景区娱乐服务缺失或对游客的吸引力不强。一是应充分利用陕南生态文化、汉水文化、两汉三国文化、秦楚文化等,深入挖掘地方特色资源,优化旅游产品,增强旅游服务特色。如对陕南民歌、秦岭古道、三线精神、龙岗寺遗址、红色革命遗址、汉中天坑等特色资源进行深入挖掘,打造新的旅游产品。二是紧跟时代发展,利用元宇宙赋能传统旅游。随着科技的发展,越来越多的年轻人通过电子产品了解各地旅游资源,在充分调研基础上,针对不同客户群体,利用虚拟现实技术,通过短视频等方式吸引游客,同时在历史文化类景区还应大力发展演艺消费或沉浸式体验等娱乐活动,在提升景区参与性和体验感的同时,增加游客停留时间,实现景区收益最大化。三是针对陕南地方特产如戏剧、藤编、腊肉、牛肉干、核桃馍、热面皮等应开设特色街区,建立研学基地,让游客或学生深度参与特色产品的生产过程,增强游客的参与性和体验感,增加非基本收入,提升旅游产业发展水平。

(五)推行定制化人才培养模式,全面提升从业人员服务素质

旅游产业的发展核心是旅游专业人才,旅游业作为陕南三市支柱型产业之一,每年对旅游专业人才的需求量较大,旅游专业人才队伍建设对陕南旅游产业的发展至关重要。一是在陕南有条件的高校设立或恢复旅游专业,通

过校企合作方式，定制化培养旅游专业人才。二是与高校合作，对现有旅游从业人员进行定期业务培训，提升从业人员的服务素质。三是实施人才引进激励政策，通过人才公寓、购房补贴、生活补贴等方式，引进一批优秀的旅游专业复合型人才。

西安工业遗产保护利用与文旅融合
发展路径研究[*]

张影舒[**]

摘　要：　本报告从工业考古、工业遗产保护及工业旅游理论出发，通过对西安工业遗产保护利用与文旅融合发展现状的多重分析，并对地方产业消费升级等案例进行整合总结，认为应彰显西安作为历史文化名城的近现代工业文化内涵，进一步提升城市多元社会文化功能。报告指出，要以城市更新的发展眼光看待工业遗产保护利用的重要性，不仅需要梳理西安地区工业精神内涵的丰富多义性，还应充分推动社区历史与日常生活的有机融合，增加工业遗产保护的多种利用形式，提升西安工业遗产附近社区的整体文化品质，统筹工业遗产保护利用，与其他地方优势文旅资源形成联动，从而推进新时期西安城市文旅融合的高质量发展。

关键词：　工业遗产　保护利用　文旅融合　西安

一　西安工业遗产保护利用与文旅融合
发展现状

（一）西安工业遗产保护利用的相关背景

2003 年，国际工业遗产保护协会（TICCIH）通过《下塔吉尔宪章》

---

* 本文系陕西省社会科学院 2022 年度项目"西安工业遗产保护及其旅游文化资源利用研究"（项目编号：22ZD15）的研究成果。
** 张影舒，陕西省社会科学院社会学研究所副研究员，主要研究方向为文化人类学、社会史、博物馆与文化遗产等。

（*Nizhny Tagil Charter*）对"工业遗产"加以界定：工业遗产（Industrial Heritages）即具有历史价值、技术价值、社会意义、建筑或科研价值的工业文化遗存，以及由新技术带来的社会效益与工程意义上的成就。① 我国的工业遗产有狭义和广义之分，狭义的工业遗产特指中国近现代时期的工业建筑；广义的工业遗产指所有具有历史学、社会学、建筑学和科技、审美价值的工业文化遗存，包括建筑物、生产空间、工业流程、企业档案、工业历程史等物质与非物质资源等。

2006年，国家文物局召开中国首届工业遗产保护与利用研讨会，并通过《无锡建议》。随后，国家文物局着手整理相关普查结果，分级进行评估，并在此基础上制定保护规划。2008年，陕西省人民政府办公厅印发《陕西省工业遗产普查工作方案》，省文物局与省工信厅、国防办等多个部门联合，委托陕西省文物保护研究院于2008~2017年开展调查。2022年，工信部等八部门印发《推进工业文化发展实施方案（2021~2025年）》，旨在重点提高工业遗产保护利用水平、促进工业文化与产业融合发展、推动工业旅游创新发展、完善工业博物馆体系，进一步挖掘工业遗产、工业博物馆、现代工业企业的价值内涵。随后，陕西省工信厅联合省内各相关厅局印发相关行动计划，提出加强工业遗产科学保护和活化利用，推进工业文化发展载体建设，推动工业文化和产业高质量融合发展。2021年9月，西安市人民政府出台《西安市推动工业遗产保护利用打造"生活秀带"工作方案》，提出2022年底前将建立工业遗产清单，把闲置和废弃的工业遗产转变为产业发展转型和城市发展的更新资源，吸引社会资本开发利用，实现遗产保护与城市建设同步推进，打造一批集城市记忆、知识传播、创意文化、休闲体验于一体的"生活秀带"，延续城市历史文脉，为西安城市高质量发展增添新动力。②

---

① 联合国教科文组织世界遗产中心、国际古迹遗址理事会、国际文物保护与修复研究中心、中国国家文物局主编《国际文化遗产保护文件选编》，张松译，文物出版社，2007，第251~255页。

② 《西安市推动工业遗产保护利用打造"生活秀带"工作方案》，西安市人民政府，2021年9月19日。

（二）西安工业遗产资源概况

西安的工业在西北内陆地区发展时间较早，体系完备，企业类型多样，不仅是近代时期西北地区民族资本与工业发展的中心、社会主义建设初期西北地区布局的核心工业基地，也是"三线"建设时期战略后方重点建设地区之一，百年间留下许多丰富宝贵的工业遗产。从晚清西安机械局，到抗战初期西北机器厂，再到"一五""二五"时期苏联援建的"156"重点项目，以及"三线"建设时期各类项目，都为西安地区工业化体系形成和现代化社会建设奠定了深厚基础。这些不同社会经济建设时期留下的工业遗产，不仅展现着西安市、陕西省乃至西北地区近现代工业化的发展历程，更是地区社会经济发展史的重要见证、人类文化遗产的有机组成部分，其中蕴藏着丰富的地方历史积淀与文化旅游价值。加强西安工业遗产的保护利用，对传承工业精神、弘扬工业文化、加快西安工业产业化转型及发展工业文旅产业都具有重要意义。与此同时，整合工业遗产资源、采取相应措施，对工业遗产进行及时有效的保护与合理利用，并推动工业遗产资源在文旅融合中的活化利用，在历史叠加中实现新旧人地关系的互动，从而能够真正实现西安工业遗产文化场景化、活态化、生动化的可持续传承发展。

2008年，陕西省人民政府办公厅印发《陕西省工业遗产普查工作方案》，省文物局与省工信厅、国防办等多个部门联合，委托陕西省文物保护研究院于2008~2017年开展调查。《陕西省工业遗产调查及保护实践》一书是这次调查成果的集中展现，内容主要涉及对现有陕西工业遗产资源的价值评估、利用情况、周边环境的调查资料等，同时包括对相关工业建筑物、代表性机器设备、企业档案资料保存状况等，以及各地在工业遗产保护实践中亟待解决的问题，其中涉及的西安地区工业遗产资源，主要以新中国成立以来国家重点建设、苏联援建的"一五"时期重点项目工业企业为调查对象，涵盖军工、航空、电力等企业，对保留完整的20世纪50年代具有典型性和代表性的建筑及老机器设备进行详细列表（数量、基本状况、功能作用等)、照片拍摄工作,涉及企业 19 处。此外,附录部分还列出了第五批、第六批省级文物保护单位中工业遗产信息,其中位于西安市的有陕建集团办公楼、西北一印旧址、陕西纺织供销公司办公楼、大华纱厂旧址、西安报话大楼和中华水利会馆。① 《西安工业建筑遗产保护与再利用研究》结合工业建筑的历史、文化、技术、艺术和经济价值,列出西安市近现代优秀工业遗存 17 处。② 2017 年,工信部发布《关于开展国家工业遗产认定试点申报工作的通知》,至今已先后发布五批共 195 项国家级工业遗产。其中位于西安市的有 2 处,分别是 2018 年第一批的大华纱厂(大华 1935;大华工业遗产博物馆)和 2021 年第五批的西影厂(老办公楼、洗印车间、摄影棚、置景车间、8.75 车间;电影放映机等设备,老爷车等电影道具;档案资料)。

(三)西安工业遗产保护利用与文旅融合发展现状

1. 现状概览

西安工业遗产保护利用与文旅融合发展情况如表 1 所示。

表 1　西安工业遗产保护利用与文旅融合发展现状

工业遗产保护地	原址(创始时间)	改造时间	业态主体构成	工业文化内涵呈现形式	周边文化旅游资源	开发运营团队
半坡国际艺术区	西北第一印染厂(1960)	2007 年	艺术工作室、摄影棚、餐厅、创意品商店、咖啡馆	建筑风貌	半坡博物馆	陕西省美术家协会、灞桥区委区政府、纺织城综合发展办
大华 1935	大华纱厂(1935)	2013 年	博物馆、书吧、小剧场、咖啡馆、创意品商店、精品酒店	博物馆、建筑风貌	大明宫国家考古遗址公园	西安曲江大华文化商业运营管理有限公司

---

① 陕西省文物保护研究院编著《陕西省工业遗产调查及保护实践》,太白文艺出版社,2018,第 477~490 页。

② 王西京、陈洋、金鑫:《西安工业建筑遗产保护与再利用研究》,中国建筑工业出版社,2011,第 142~146 页。

续表

工业遗产保护地	原址（创始时间）	改造时间	业态主体构成	工业文化内涵呈现形式	周边文化旅游资源	开发运营团队
老钢厂创意设计产业园	陕西钢铁厂（1958）	2016年	博物馆、咖啡馆、酒店、手工店铺、餐厅、创客企业、创业中心	博物馆、建筑风貌	西安建筑科技大学华清学院	西安华清创意产业发展有限公司
西影艺术街区	西安电影制片厂（1958）	2018年	博物馆、电影院、酒店、咖啡馆、主题餐厅、书吧、购物中心	博物馆、电影院、建筑风貌、主题元素	大雁塔景区、大唐不夜城、陕西历史博物馆	陕西西影文化旅游发展有限公司
老菜场市井文化创意街	西安平绒厂（1952）	2019年	老菜场、民宿、咖啡厅、展厅、创意品商店、酒吧	建筑风貌、主题元素	明城墙景区、信义巷近代建筑群、碑林博物馆	西安城门里商业运营有限公司
量子晨开放街区	西安圆珠笔厂（1960）	2020年	电竞中心、潮玩娱乐、餐厅、购物、酒吧、运动健身场馆、咖啡馆、办公场所	建筑风貌	西影艺术街区、大雁塔景区	西安域竞游创意文化传播有限公司
叁伍壹壹文创科技园	解放军3511厂（1949）	2021年	花鸟市、宠物店、餐厅、咖啡馆、酒店、创意市集	直营店、建筑风貌、主题元素	无	西安际华文化创意产业园发展有限公司

资料来源：整理自工业遗产保护地网站、公众号、实地考察、相关历史文献。

2. 相关特征分析

西安市以文旅融合为发展方向的工业遗产保护利用起步较早，从2007年至今，持续推进已有十余年，从多层面各角度展示出新时期西安调整原有工业要素、空间规划、社会功能及产业布局的具体方案。除西安电影制片厂外，其余几家企业或破产倒闭，或搬离原址，因此在其作为工业遗产的保护利用工作中，可供文旅融合发展的改造空间较大，涉及更新面积较广，对周边环境的面貌改观、当地社区有一定影响力，在工业遗产的保护利用与文旅融合实践中体现多重可持续路径，在承续城市肌理、留住城市记忆的同时，延续城市精神根基、振兴地方产业多元化发展、丰富城市文化风貌。

但是，对近现代西安工业生态与社会发展的总体状况呈现不足，难以厘清地方近现代工业化进程的历史叙事与社会逻辑。保护利用对象以社会主义发展初期"一五"建设工业企业为主，只涉及大华纱厂一家近代开办的企业，未能全面反映出西安近现代工业发展历程与重要工业遗产，如近代工业产生时期的官办、私营民族工业遗产（1869~1934）、工业起步发展阶段及抗战期间的工业遗产（1935~1948）、社会主义发展初期以及苏联、东德援建的工业遗产（1949~1965）、社会主义曲折发展时期的"三线"建设工业遗产（1966~1976）等，从而无法充分挖掘出地方社会近代化的多元性与复杂性，并为文旅融合实践提供相应工业文化主题资源基础。

同时，保护利用模式多以商业消费型创意街区为主，业态主体构成较为相似，受众群体单一，对原有工业文化内涵呈现多为建筑空间风貌本身，动态关联度、精神内核契合度水平较低。在单纯商业开发的思路中，主要从工业遗产的物质属性、建筑空间分析维度中加以保护利用，未能深入体现西安工业遗产保护利用中的非物质属性，欠缺系统性整合物质性载体与非物质性内涵的实践途径，无法深入提供工业化、后工业化进程中城市人文精神与地方认同情感寄托，从而难以激活"经济—社会—生态""机器—工业—人"的地方记忆与社会认知。

二 西安工业遗产保护利用与文旅融合发展存在的问题

（一）保护利用工作统筹不足，文旅融合整体性规划相对欠缺

不同地区的工业遗产具有特定的历史文化价值，其中包含不同形式的工业特色物质形态遗存及其蕴含的工业技术史历史文化，从而构成地方城市文

化认同的重要内容和当代城市风貌的组成部分。针对现有西安工业遗产保护利用与文旅融合的状况，可以看出最早的保护利用项目发展至今时间已经不短，相关项目的数量也形成一定规模，但由于各文旅开发项目各自有不同的文创开发和运营团队，项目之间又相对独立，缺乏相应的互动交流平台与机制，处于各自为政、各自发展的单体化改造与运营状态。因此，对西安工业遗产保护利用工作，难免忽视工业遗产保护利用与文旅融合发展、城市特质之间的文化底色联系，整体性规划有限，缺乏对工业遗产与地方传统文脉之间内在联结的关注，也就难以对城市发展进程中工业遗产保护利用的共时性与历时性内涵进行统一协调发展。

（二）工业精神多元内涵挖掘有待深入，同质化商业开发倾向较为突出

工业遗产作为工业文化的重要载体，凝结着不同地方不同时代工业发展的历程和成就，具有赓续工业文化、凸显红色精神的深厚积淀作用。理应传承守护好工业遗产，以设计赋能，推动工业遗产保护利用与城市转型发展相结合，与地方人文环境和谐共生，以优秀工业文化丰富城市品牌内涵。如半坡国际艺术区所处的纺织城地区，是当年西北地区最大的纺织工业基地，不仅见证了我国纺织工业的发展，纺织业也是当时西安最重要的工业经济支柱之一，半坡国际艺术区所处原址的西北第一印染厂，是"一五"期间中国自行设计和建造的第一座现代化印染厂，也是当时亚洲最大的印染厂。叁伍壹壹文创科技园原址所在的解放军 3511 厂，新中国成立后为西北军区后勤军需部染织厂，后定名为中国人民解放军第三五一一工厂，一度为中国最大的毛巾厂，为军需后勤保障和陕西改革开放初期的出口创汇做过重要贡献。凡此种种，都蕴含着老一辈工业人的"奉献精神"，记录着社会主义建设不同阶段的工业辉煌历程。但现有的工业文化内涵呈现形式，均以静态化的建筑风貌为主。除此之外，半坡国际艺术区仅有刻着"西北一印"的字样的省级文保单位铭牌，叁伍壹壹文创科技园在海报展板、直营店有 3511 厂的历史介绍和产品销售，但现有文旅发展中以同质化的商业活动开发为主，以

往工业场所中所蕴含的工业精神消失不再，文旅开发与工业遗产的精神内核未能充分有机融合，包括对其各具特色的历史记忆价值、精神文化载体的认知不足，对相应时期工业遗产的精神内核、"红色基因"挖掘有待深入，未能将工业遗产的历史价值与现代生活深度结合起来，寻找到相应的有机契合点。

（三）工业遗产保护利用对社区建设关注不够，与居民日常生活关联有限

工业遗产的保护与一般不可移动文物的保护不同，最重要的一点就是要对这些产业建筑、构筑物进行适应性再利用，在尽可能保留、保护其工业生产类建筑特征和所携带历史信息的前提下，一定要注入新的空间元素、开发新的功能。① 上述已有工业遗产保护利用中，由于对工业精神的多元内涵挖掘不够，未能将其历史价值与现代生活有机结合起来，寻找到对应的有机契合点，而周边社区居民又大多与原址这些企业有着相对紧密的联系。因此，在不少工业遗产利用与文旅融合发展过程中，对当地社区建设的关注度不够高，与周边居民日常生活的关联度较低，以静态化关联为主，缺少活态性关联，难以嵌入居民的日常生活。举行的相关文化活动与当地社区文化建设结合不够紧密，也与工业遗产本身缺乏直接关联或精神传承，而更愿意面对商业、文艺活动开展中的年轻、潮流、文艺群体，作为社区组成部分的工业遗产仅仅提供空间地点与工厂化建筑风貌，工业遗产的利用大多停留在建筑风貌、主题元素层面，深层文化链接不足。

（四）工业遗产主题旅游线路宣传策划不足，与周边旅游资源联动较少

工业旅游主要包括对工业遗产、工业场所、工业产品生产过程的参观体

---

① 张松：《历史城市保护学导论——文化遗产和历史环境保护的一种整体性方法》，同济大学出版社，2008，第 208~209 页。

验及对工业文化、工业精神的认知与理解等。通过开展工业旅游，能够促进产业转型升级，对工业遗产有效保护、对工业文化进一步发扬、对工业品牌进一步提升，工业被重新赋予旅游价值，实现绿色发展。2023 年 4 月 13日，以"大国重器看陕西，赋能旅游进工业"为主题，陕西旅游集团发布首批 20 条陕西工业旅游精品线路，其中涉及不少西安开展经营的工业场所，如爱菊粮油、张裕解百纳酒庄、圣唐乳业等，但没有将前文表 1 中的工业遗产文旅融合开放街区纳入，未能将工业旅游、工业遗产保护利用的线路勾连起来。而在现有官方文旅宣传中，对工业遗产文旅融合街区、工业旅游的推广力度不够，详细的介绍、推广更多见于网络新媒体中，如抖音、小红书等个人分享平台，造成民众对本地工业遗产的认识有限，关注不足；而对工业遗产旅游的策划也较为欠缺，未能按照工业遗产的内涵，凝练主题，策划设计相关旅游线路，也未能根据地区优势，与周边优质文化旅游资源形成联动关系。

三　西安工业遗产保护利用与文旅融合发展路径的对策建议

（一）以城市更新的发展眼光看待工业遗产保护利用的重要性

现代城市的发展进程已由原有的增量式建设、"大拆大建"、统筹开发等转为存量更新式建设，以营造式微更新、文化型微更新为主，强调社区营造、历史地段有机更新、存量工业用地非正式更新等，因此，城市更新的本质是一个空间价值重组与再分配的系统性重构过程。[1] 在当前城市更新过程中，如何处理、面对工业遗产是其中重要的组成部分。保护和再利用旧建筑，循环使用各种潜在资源，是与整个社会的生存与发展息息相关的重大战略问题，并成为城市规划和建筑设计领域的国际性潮流。[2] 因此，应整体性

---

① 曾鹏、李晋轩：《城市更新的价值重构与路径选择》，《城市与区域规划研究》2022 年第 1 期。

② Silvio Mendes Zancheti, "Urban Conservation and Sustainable Development", Rua do Bom Jesus: CCIUT, 1999.

统筹规划西安市工业遗产保护利用工作，并从不同角度、各个层面全面研究西安工业遗产文旅融合发展路径，力争通过建立科学评价体系、划定保护利用级别、制定文旅融合发展规划等措施，统筹推进西安工业遗产保护利用与文旅融合发展，并将其作为西安城市更新建设的重要组成部分，实现城市建设从经济效益向社会效益、生态效益发展模式推进。

（二）强调工业精神内涵的丰富多义，推动社区历史与日常生活的有机融合

工业遗产与其他一般文物遗产不同，存在一定的特殊性，其建筑改造与新旧延续、更迭发展的复杂状况，使其在保护利用过程中更易看到建筑空间的功能性转换，而易于忽略其作为工业活动场所衍生出的工业精神文化，以及其工业活动的精神内涵。"工业遗产通常被人们厌恶并与污染或沉痛的回忆联系在一起，它们正面临严峻威胁。一方面，其工业活动的连续扩展迫使它适应于不断发展的生产方式；另一方面，逆工业化的过程使这些场所废弃不用，同时影响着从属的工人团体。最后，对这些巨大或高度专业化的结构保护，或对污染遗址的保护，给我们提出很难的技术挑战，它要求实践经验和知识的集中共享。"① 因此，工业遗产的保护利用时常被简单等同于建筑空间改造。诚然，对旧有工业建筑空间的改造与转换是工业遗产保护的必经第一步，但是对工业遗产的整体保护利用，必须深入挖掘其特有历史、精神等相关文化资源。与此同时，还需要寻找其精神文化价值与当下现代生活之间的契合点，寻找它可体现出地方社会特质与工业现代文明之间的链接点及其所呈现的城市精神和社区文化。

在文旅融合发展的过程中，开展相关的历史追溯与研究访谈工作，利用口述访谈、档案资料以及工业遗产博物馆、文创开发、研学游览等多种文旅深度融合途径，阐释工业遗产历史内涵与现场感，拓展地方可持续发展的文化内核与社会资源。应该认识到，工业遗产的保护利用需要将历史

① D. 班巴鲁：《生产遗产》，《中国文物报》2006年1月14日。

文化资源在空间改造中深度内化，相关展示方式构成社区历史与日常生活的双向交融，不是简单地将传统与现代元素并列放在一起，而应深入研究其中的有机链接与互动关系，形成动态、发展和具有生命力的工业遗产文旅融合空间，从而弘扬工业精神，讲好工业故事，彰显地区工业发展的历史积淀与美好前景。

（三）丰富工业遗产保护利用形式，提升社区整体文化品质

应丰富西安工业遗产保护利用在地方产业结构转型、提升社区公共空间的可塑性途径，同时探讨如何在工业遗产保护利用中以居住、办公、休闲、娱乐等复合功能的融入带动新的公共生活方式，并通过工业遗产利用中的博物馆、剧院、公园和广场逐步形成新的公众社会栖息地，[①] 从而实现提升人居环境，加强地方社会认同，在社会文化良性发展中更新文旅业态的重要目的，提升社区整体文化品质。强调"以人为本，以文立意"文创产业研发思路，完善工业遗产文旅购物体系，对区域整体品质与格局进行优化升级，满足各类购物需求，设立工业遗产主题游览中心、工业遗产主题线路，各重要工业遗产保护地提供常态化旅游公共服务，提高文创开放街区便利化与人性化的旅游服务水平，完善智慧服务网络平台建设，启用工业遗产主题智慧旅游，为民众提供自助导览与线上文创产品购买服务等。

同时，丰富保护利用业态实现融合发展，营造创新创业业态，如周末市集、直播基地等业态矩阵；打造各类展演业态，分为常态化驻场艺术展演与特邀艺术展演活动，邀请知名展演活动等优秀巡演剧目，除静态化展示之外，还可与演艺团体合作，编导打造原创戏曲、歌舞剧、话剧、说唱等多种艺术形式，迎合各类各年龄阶层民众的多元化文化生活需求，提升民众对工业遗产保护利用街区的文化认同感与日常生活黏合度，成为当地社区日常生

---

① Yucel Can Severcan, Adnan Barlas, "The Conservation of Industrial Remains as a Source of Individuation and Socialization", *International Journal of Urban and Regional Research* 31 （3）, 2007: 675-682。

活中不可或缺的重要组成部分。强调其社区精神文化的多元化塑造，融现代生活、历史沿革、文化体验、休闲购物于一体，融合传统文化与现代生活，平衡文化传承与知识创新，将工业遗产的价值属性为环境优化、社会服务、产业转化等提供社会效能，以文旅业态发展推进生活空间、社区文化建设的品质提升。通过对工业遗产的保护利用，实现经济和文化的双重发展，为地方经济的持续健康发展提供新的动力与方向。探索文化传承新业态，赋予西安这座古城以全新的活力，历史街区与工业遗产焕发新的生机与活力，为城市可持续发展贡献力量。

（四）统筹工业遗产保护利用，与地方优势文旅资源形成联动

根据西安不同工业遗产的价值内涵，凝练主题，形成工业遗产主题游览线路，采用老牌文旅 IP 加文旅"新贵"、协同周边优质文旅资源，以及跨区域合作等方法，设计贴合现实、具有地方特色、多元化的工业遗产主题游径。制定工业遗产主题线路整体宣传策划、推广方案，积极探索多层次多维度的宣传推广方式。开启相关工业遗产图片、主题线路宣传进校园、社区、商圈活动；通过旅行团、旅行地图软件、文博打卡小程序等，进行工业遗产主题游览线路手册派发、路线导航、游径榜单等信息推送，目标嵌入式深度宣传，精准高效扩大其公众影响力。

创新沉浸式体验模式，在以地方工业文化培育民众的过程中，以润物无声的方式，促进民众对工业遗产、工业文化、地方近现代历史、周边社区发展的认同与关注。将场景、体验、传播、认知、消费等元素贯通起来，线上、线下实时联系，形成动态、发展具有生命力的文旅融合空间，以多元化的方式丰富民众的工业科技、工业文化、工业精神体验和感知渠道。点面结合，结合文旅产业发展规划，以工业遗产主题游览线路为抓手，推出工业旅游、工业遗产主题线路，涵盖工业旅游示范点、工业遗产保护地、工业博物馆、文化产业园区等多类型工业旅游资源，融合工业美学、科技发展等元素，兼具科技性与艺术性，富有人间烟火气息和生态休闲味道。分析梳理西安工业遗产保护利用路径多元方案，并以闲置和废弃

工业遗产转变为产业发展转型和地方社会发展的有益资源，以政府主导、社会资本开发利用的途径，实现遗产保护与地方社会建设同步推进，考量分析一批集地方记忆、知识传播、公共文化、休闲体验于一体的工业遗产文旅、研学目的地，延续多元历史文脉，从而为西安文旅融合高质量发展增添新动力。

社会科学文献出版社

皮书

智库成果出版与传播平台

✦ 皮书定义 ✦

皮书是对中国与世界发展状况和热点问题进行年度监测，以专业的角度、专家的视野和实证研究方法，针对某一领域或区域现状与发展态势展开分析和预测，具备前沿性、原创性、实证性、连续性、时效性等特点的公开出版物，由一系列权威研究报告组成。

✦ 皮书作者 ✦

皮书系列报告作者以国内外一流研究机构、知名高校等重点智库的研究人员为主，多为相关领域一流专家学者，他们的观点代表了当下学界对中国与世界的现实和未来最高水平的解读与分析。

✦ 皮书荣誉 ✦

皮书作为中国社会科学院基础理论研究与应用对策研究融合发展的代表性成果，不仅是哲学社会科学工作者服务中国特色社会主义现代化建设的重要成果，更是助力中国特色新型智库建设、构建中国特色哲学社会科学"三大体系"的重要平台。皮书系列先后被列入"十二五""十三五""十四五"时期国家重点出版物出版专项规划项目；自2013年起，重点皮书被列入中国社会科学院国家哲学社会科学创新工程项目。

皮书网

（网址：www.pishu.cn）

发布皮书研创资讯，传播皮书精彩内容
引领皮书出版潮流，打造皮书服务平台

栏目设置

◆ **关于皮书**

何谓皮书、皮书分类、皮书大事记、
皮书荣誉、皮书出版第一人、皮书编辑部

◆ **最新资讯**

通知公告、新闻动态、媒体聚焦、
网站专题、视频直播、下载专区

◆ **皮书研创**

皮书规范、皮书出版、
皮书研究、研创团队

◆ **皮书评奖评价**

指标体系、皮书评价、皮书评奖

所获荣誉

◆ 2008 年、2011 年、2014 年，皮书网均
在全国新闻出版业网站荣誉评选中获得
"最具商业价值网站"称号；

◆ 2012 年，获得"出版业网站百强"称号。

网库合一

2014 年，皮书网与皮书数据库端口合
一，实现资源共享，搭建智库成果融合创
新平台。

皮书网

"皮书说"
微信公众号

权威报告·连续出版·独家资源

皮书数据库
ANNUAL REPORT(YEARBOOK)
DATABASE

分析解读当下中国发展变迁的高端智库平台

所获荣誉

- 2022年，入选技术赋能"新闻+"推荐案例
- 2020年，入选全国新闻出版深度融合发展创新案例
- 2019年，入选国家新闻出版署数字出版精品遴选推荐计划
- 2016年，入选"十三五"国家重点电子出版物出版规划骨干工程
- 2013年，荣获"中国出版政府奖·网络出版物奖"提名奖

皮书数据库　　"社科数托邦"
　　　　　　　微信公众号

成为用户

登录网址www.pishu.com.cn访问皮书数据库网站或下载皮书数据库APP，通过手机号码验证或邮箱验证即可成为皮书数据库用户。

用户福利

- 已注册用户购书后可免费获赠100元皮书数据库充值卡。刮开充值卡涂层获取充值密码，登录并进入"会员中心"—"在线充值"—"充值卡充值"，充值成功即可购买和查看数据库内容。
- 用户福利最终解释权归社会科学文献出版社所有。

社会科学文献出版社 皮书系列
SOCIAL SCIENCES ACADEMIC PRESS (CHINA)

卡号：514118586856
密码：

数据库服务热线：010-59367265
数据库服务QQ：2475522410
数据库服务邮箱：database@ssap.cn
图书销售热线：010-59367070/7028
图书服务QQ：1265056568
图书服务邮箱：duzhe@ssap.cn

S 基本子库
SUB DATABASE

中国社会发展数据库（下设 12 个专题子库）

紧扣人口、政治、外交、法律、教育、医疗卫生、资源环境等 12 个社会发展领域的前沿和热点，全面整合专业著作、智库报告、学术资讯、调研数据等类型资源，帮助用户追踪中国社会发展动态、研究社会发展战略与政策、了解社会热点问题、分析社会发展趋势。

中国经济发展数据库（下设 12 专题子库）

内容涵盖宏观经济、产业经济、工业经济、农业经济、财政金融、房地产经济、城市经济、商业贸易等 12 个重点经济领域，为把握经济运行态势、洞察经济发展规律、研判经济发展趋势、进行经济调控决策提供参考和依据。

中国行业发展数据库（下设 17 个专题子库）

以中国国民经济行业分类为依据，覆盖金融业、旅游业、交通运输业、能源矿产业、制造业等 100 多个行业，跟踪分析国民经济相关行业市场运行状况和政策导向，汇集行业发展前沿资讯，为投资、从业及各种经济决策提供理论支撑和实践指导。

中国区域发展数据库（下设 4 个专题子库）

对中国特定区域内的经济、社会、文化等领域现状与发展情况进行深度分析和预测，涉及省级行政区、城市群、城市、农村等不同维度，研究层级至县及县以下行政区，为学者研究地方经济社会宏观态势、经验模式、发展案例提供支撑，为地方政府决策提供参考。

中国文化传媒数据库（下设 18 个专题子库）

内容覆盖文化产业、新闻传播、电影娱乐、文学艺术、群众文化、图书情报等 18 个重点研究领域，聚焦文化传媒领域发展前沿、热点话题、行业实践，服务用户的教学科研、文化投资、企业规划等需要。

世界经济与国际关系数据库（下设 6 个专题子库）

整合世界经济、国际政治、世界文化与科技、全球性问题、国际组织与国际法、区域研究 6 大领域研究成果，对世界经济形势、国际形势进行连续性深度分析，对年度热点问题进行专题解读，为研判全球发展趋势提供事实和数据支持。

法律声明

　　"皮书系列"（含蓝皮书、绿皮书、黄皮书）之品牌由社会科学文献出版社最早使用并持续至今，现已被中国图书行业所熟知。"皮书系列"的相关商标已在国家商标管理部门商标局注册，包括但不限于LOGO（🖐）、皮书、Pishu、经济蓝皮书、社会蓝皮书等。"皮书系列"图书的注册商标专用权及封面设计、版式设计的著作权均为社会科学文献出版社所有。未经社会科学文献出版社书面授权许可，任何使用与"皮书系列"图书注册商标、封面设计、版式设计相同或者近似的文字、图形或其组合的行为均系侵权行为。

　　经作者授权，本书的专有出版权及信息网络传播权等为社会科学文献出版社享有。未经社会科学文献出版社书面授权许可，任何就本书内容的复制、发行或以数字形式进行网络传播的行为均系侵权行为。

　　社会科学文献出版社将通过法律途径追究上述侵权行为的法律责任，维护自身合法权益。

　　欢迎社会各界人士对侵犯社会科学文献出版社上述权利的侵权行为进行举报。电话：010-59367121，电子邮箱：fawubu@ssap.cn。

社会科学文献出版社